Kritische Erziehungswissenschaft und kommunikative Didaktik

UTB 9

UTB Uni-Taschenbücher

Eine Arbeitsgemeinschaft der Verlage

Birkhäuser Verlag Stuttgart und Basel
Gustav Fischer Verlag Stuttgart
Francke Verlag München
Dr. Alfred Hüthig Verlag Heidelberg
J. C. B. Mohr (Paul Siebeck) Tübingen
Quelle & Meyer Heidelberg
E. K. Schattauer Verlag Stuttgart-New York
Ferdinand Schöningh Verlag Paderborn
Eugen Ulmer Verlag Stuttgart
Vandenhoeck & Ruprecht in Göttingen und Zürich
Verlag Dokumentation München-Pullach
Westdeutscher Verlag Opladen
Leske Verlag Opladen

Kritische Erziehungswissenschaft und kommunikative Didaktik

Von Karl-Hermann Schäfer
und Klaus Schaller

Quelle & Meyer · Heidelberg

Satz und Druck: Druckerei Georg Appl, Wemding
Einbandgestaltung: A. Krugmann, Stuttgart
ISBN 3 – 494 – 02001 – 9

Vorwort

Dieses Buch geht auf eine Reihe von Studien[1] zurück, die sich als eine schrittweise Einübung in eine kritische und kommunikative Erziehungswissenschaft sowie die emanzipatorische und kommunikative Didaktik verstehen. Diese selbst wieder entstammen der permanenten Diskussion der beiden Autoren dieses Buches, die sie teils miteinander, zumeist aber zusammen mit den Teilnehmern ihrer Haupt- und Oberseminare an der Ruhr-Universität Bochum geführt haben. So ist das Buch selbst so etwas wie das Kommuniqué eines über Jahre währenden Kommunikationsprozesses, und es hat all denen zu danken, die daran teilgenommen haben.

Jeder der beiden Autoren hat jeweils die Abschnitte signiert, die zunächst von ihm konzipiert worden sind; was aber nicht ausschließt, daß auch die vom anderen Verfasser entworfenen Kapitel ihm viel zu verdanken haben. Wo es ging, wurde terminologische und sachliche Abstimmung angestrebt. Der Leser wird aber auch Stellen finden, wo auf eine restlose Harmonisierung der Auffassungen verzichtet wurde – und zwar vor allem dort, wo es um die Kriterien einer für den gesellschaftlichen Prozeß und damit auch für die Erziehung relevanten Kommunikation geht. Der eine wird vom Horizont der edukativen Kommunikation reden, um das Ganze zu bezeichnen, in dessen Grenzen die edukative kommunikative Inter-Aktion abläuft; der andere sieht diesen Horizont zusammenfallen mit dem Umkreis der Frage: was es mit dem und jenem auf sich habe, was hier und dort eigentlich los sei – welche die Kommunikanten jeweils bei konkretem Anlaß zu Gedanke, Wort und Tat züsammenführt. Auch geht der eine mit dem Begriff des Interesses großzügiger um als der andere. – Ein Kommuniqué ist eben nie das absolute Ende eines Dialoges. Hier gibt es noch vieles weiter zu bereden, und es ist zu hoffen, daß auch die Leser am weiteren Gespräch teilnehmen.

Aber noch in einer weiteren Hinsicht bedarf die hier geführte Erörterung der Fortsetzung: Was in diesem Buch vorgetragen wird, ist keine *Fachdidaktik*, sondern eine Theorie des pädagogischen Handelns als gesellschaftlichen Handelns, ohne die das konkrete Tun in Unterricht und Erziehung „blind“ wäre – weder über sich selbst noch über seine Ziele Bescheid wüßte. Auch wird keine *Allgemeine Didaktik* als isolierter und eigenständiger Gedankenzusammenhang versprochen. Die Didaktik erreicht hier vielmehr auf dem Hintergrund moderner wissenschaftstheoretischer Überlegungen den Grad an Allgemeinheit, der den Horizont der herkömmlichen pädagogischen Gedankenführung sprengt und das Gespräch mit den Fachwissenschaften ermöglicht, ohne das eine Allgemeine Didaktik wirkungslos ist und ohne das die Fachdidaktiken in einem Naivstadium stecken bleiben. Dieser Grad an Allgemeinheit ermöglicht zugleich auch die kommunikative Integration von pädagogischem und gesellschaftlichem Prozeß, ohne welche die moderne Erziehungswissenschaft nicht aus dem Getto des „Pädagogisch Eigentlichen“ herauskommt.

Der Gegenstand dieses Buches ist eine Pädagogik – oder, was uns dasselbe besagt, eine Erziehungswissenschaft, und zwar eine „kritische“. Seit altersher und auch heute sind Erziehung und Unterricht ihre Hauptthemen. Sie werden in den Kapiteln dieses Buches durchgesprochen. Vorausgeschickt wird eine Einleitung, die sich als „Einführung“ in die kritische Erziehungswissenschaft versteht.

Bochum, den 1. März 1971

Karl-Hermann Schäfer
Klaus Schaller

Inhalt

IV. Emanzipatorische und kommunikative Didaktik

I. Einführung in die kritische Erziehungswissenschaft

1. Das Vorhaben

Im folgenden wird der Versuch unternommen, eine Theorie des pädagogischen Handelns – also eine Pädagogik, eine Bildungstheorie – vorzulegen, welche den Anspruch erhebt, die *gegenwärtig* anstehenden Probleme von Erziehung und Unterricht *angemessen* zu lösen: eine Pädagogik also, die nicht in der „Besserung" des Zöglings, in der Perfektibilität des Edukandus ihr erstes und einziges Ziel erblickt, sondern deren Interesse über das gesellschaftliche Handeln des „Zöglings" auf Zustand und Wandel („Besserung") der Gesellschaft und ihrer Verhältnisse gerichtet ist; als solche ist sie eine *kritische* Erziehungswissenschaft oder, materialiter, eine kommunikative Pädagogik. Schrittweise wird sie im Zuge ihrer Entfaltung diesen Anspruch rechtfertigen müssen.

Sie wird sich hierbei nicht auf ein „Wesen"[2] von Erziehung und Bildung, nicht auf das „Pädagogisch Eigentliche"[3] berufen können; denn was Erziehung und Bildung heute sind, ist losgelöst vom Gesellschaftsgebilde, das sie für den Fortgang des eigenen gesellschaftlichen Prozesses für unerläßlich hält, nicht auszumachen[4]. Nicht eine Idee von Erziehung und Bildung ist also Grund einer pädagogischen Praxis, sondern das soziale System im Prozeß seiner Selbstverständigung und Wandlung. Demgemäß kann auch die Theorie dieser Praxis nicht von einem *Begriff* von Erziehung und Bildung ausgehen, sondern eben von jener gesellschaftlichen Praxis, welche Erziehung und Bildung einrichtet – einrichtet trotz der Gefahr, in die sie sich damit begibt, daß es nämlich durch Erziehung und Bildung der Gesellschaft verwehrt wird, sich als diese zu etablieren, daß sie sich durch Erziehung und Bildung in Gestalt der heranwachsenden Generation den Stachel ins Fleisch treibt, sich über die bestehenden gesellschaftlichen Einrichtungen hinaus ständig neu einrichten zu müssen. Erziehung ist eine „Funktion der Gesellschaft"; aber ebenso ist die Gesellschaft eine Funktion der Erziehung: Erziehung und Bildung, kommunikativ dem realen gesellschaftlichen Prozeß integriert, decken in den konkreten Verhältnissen Möglichkeiten menschlicher Lebensführung auf, die der bestehenden Gesellschaft, verwickelt in ihre eigenen Institutionen und deren Interessen, noch gar nicht in den Blick gekommen sind, geschweige denn, daß sie es unternehmen konnte, sich auf sie hin zu verändern. – Demgemäß wird man auch keinen „Inbegriff" von Erziehung und Bildung, etwa im Durchlaufen ihrer Geschichte,[5] für gegenwärtige Praxis als verbindlich eruieren können. Wir bedenken zwar unvermeidlich pädagogische Praxis im Kontext gesellschaftlicher Praxis in den Kategorien, die der „Pädagogischen Vernunft“[6] im Verlaufe der Geschichte „habituell“ geworden sind; indem wir sie aber in den ihnen zugrunde liegenden geschichtlichen Vor-Urteilen und deren politischen, sozialen, religiösen, ökonomischen Hintergründen in der Geschichte der Pädagogik uns vergegenwärtigen und im Blick auf gesellschaftliche Erziehungspraxis diskutieren, distanzieren wir uns von ihnen und sind imstande, die unerkannte pädagogische Kategorialität der jeweiligen Erziehungspraxis, die möglicherweise die gesellschaftliche Praxis verfälscht, selbst zu kritisieren.[7]

Aber auch auf eine *Anthropologie* kann diese Pädagogik nicht zum Zwecke ihrer Begründung zurückgreifen. *Den* Menschen gibt es ebensowenig, wie es *die* Erziehung und Bildung gibt. Demgemäß hat man etwa das „Prinzip der offenen Frage“ in einer zeitgemäßen Anthropologie für unerläßlich gehalten[8], und man hat darauf hingewiesen, daß jegliche Praxis sich ihren Menschen voraussetze, ohne den sie eine Torheit wäre. Auch jede pädagogische Praxis stellt sich einen Menschen vor, im Blick auf welchen allein diese oder jene Maßnahmen sinnvoll sein können.[9] Dasselbe gilt für gesellschaftliche Praxis im ganzen; in ihr bekundet sich die „Auffassung“ der jeweiligen Gesellschaft vom Menschen. Anstelle einer expliziten Anthropologie sollte man vielleicht formulieren: der Mensch ist stets das, was er gemäß dem der gesellschaftlichen Praxis zugrundeliegenden Kommuniqué von sich erwartet.

Auch diese Pädagogik wird sich den für jede Systematische Pädagogik leitenden Fragen nach der *Notwendigkeit* und der *Möglichkeit* von Erziehung und Bildung, nach *Ziel* und *Weg*, nach *Maßgaben* und *Maßnahmen,* nach *Institution* und *Ökonomie* stellen müssen, ohne sie jedoch ständig als solche auszuwerfen und abzuhandeln. Diese Fragen selbst liegen als solche noch gar nicht vor, sondern sie können erst innerhalb der Analyse jener gesellschaftlichen Praxis auftauchen. Über die Hauptthemen einer jeden Pädagogik, über *Erziehung* und *Unterricht,* was sie heute, gemäß der „kritischen“ Intention der Erziehungswissenschaft, zu besagen haben und was hier zu tun ist, wird allerdings ausführlich zu sprechen sein.

2. Pädagogik der Kommunikation

Die vorzutragende Theorie pädagogischen Handelns im Konzept der kritischen Erziehungswissenschaft nennt sich auch „Pädagogik der Kommunikation“. Nach dem Gesagten wird hier die beschworene gesellschaftliche Praxis als kommunikativer Prozeß beschrieben und bezeichnet. Hierbei wird von dem Satz ausgegangen, daß Mensch und Gesellschaft ebensowenig wie deren Lebensverhältnisse außerhalb von Kommunikation anzutreffen sind. Die subjektiven Daten und Fakten, wie Gehirnvolumen, Hirnfurchung, Sprachvermögen, aufrechter Gang, bestimmte Höhe der Intelligenz u. ä. sind gewiß immer dort gegeben, wo wir es mit Menschen zu tun bekommen. Wo sie aber nicht in ein kommunikatives System eingebracht sind, können sie kaum als Konstituentien menschlicher Lebensführung angesehen werden. Die Beispiele der homines dissociati,[10] der sog. Wolfskinder, zeigen dies aufs deutlichste. Zwar hat man auch bei Tieren immer wieder darauf hingewiesen, daß es in der Tier-„Gesellschaft" Kommunikation gibt: Kommunikation im Sinne der Mitteilung von Nahrungsquellen, der Übermittlung von lebenerhaltendem Rudelverhalten usf. Diese Formen der Kommunikation sind auch unter Menschen anzutreffen; und sie werden von der Kommunikationsforschung auch wissenschaftlich dargestellt.[11] So ist nach G. Maletzke[12] Kommunikation ein Vorgang der „Bedeutungsübermittlung zwischen Lebewesen", und C. J. Hovland[13] definiert Kommunikation „sozialpsychologisch" als einen Prozeß, durch den ein Individuum Reize (gewöhnlich verbale Symbole) anderen Individuen übermittelt, um deren Verhalten zu beeinflussen. Umschreibt man gesellschaftliche Praxis aber als kommunikativen Prozeß, dann muß mehr damit gemeint sein als in diesen linearen Modellen (über die Kriterienproblematik der Kommunikation wird später noch zu sprechen sein). Dann handelt es sich in der Kommunikation um einen Prozeß der *Inter-Aktion*, wo man nur noch von Teilnehmern an dieser Aktion sprechen kann, nicht mehr nur von source und destination, von Sender und Empfänger. In der kommunikativen Inter-Aktion wird nicht lediglich schon vorher Vorhandenes übermittelt, sondern in ihr wird etwas hervorgebracht, *gebildet*, was vorher nicht da war. Diesem Kommunikationsverständnis kommt C. Cherry[14] recht nahe, der von Kommunikation redet, wenn durch den Gebrauch von Sprache soziale Einheiten *gebildet* werden. Demnach wird man auch umgekehrt gesellschaftliche und somit auch pädagogische Praxis dann nicht als kommunikativen Prozeß beschreiben können, wenn sie nur auf die Vermittlung, d. h. auf die Perpetuierung des augenblicklichen Zustandes bedacht sind. Erst wenn in ihnen vor allem Neues hervorgebracht, gebildet wird – Menschen, Dinge, Verhältnisse –, ist in ihrem Titel das Wort Kommunikation anwendbar. Diese „kreative" Qualität pädagogischer Praxis erlaubt es, deren Theorie – die *Bildung*stheorie – in Kategorien der Kommunikationsforschung abzuhandeln. – Damit ist weiterhin gesagt, daß der Prozeß der Kommunikation nicht auf die verbale Ebene eingeschränkt ist. Hervorbringung ist in Wort und Gedanke nicht zu Ende, sondern wird erst in der Tat offenkundig.

Die Pädagogik der Kommunikation begreift Erziehung und Unterricht als spezifisches gesellschaftliches Handeln, wodurch die Gesellschaft der im gesellschaftlichen Kommuniqué an sich selbst gerichteten Erwartung, die im Blick auf die bestehende Gesellschaft immer deren Wandlung bedeutet, nachkommen möchte. Von diesem Gedankengang her ist zumindest verständlich, wenn K. Mollenhauer sagt, Erziehung sei die Hervorbringung des Potentials gesellschaftlicher Veränderung in der jungen Generation.[15] Eine kritische Erziehungswissenschaft wird freilich jedes Wort dieser Definition sorgsam interpretieren und theoretisch begründen müssen, wobei sich die gedanklichen Horizonte, die mit Worten wie „Potential" gleichsam mitgeliefert werden, als höchst hinderlich erweisen werden. „Potential" muß hier verstanden werden als neue Möglichkeiten gesellschaftlicher Praxis und ist nichts anderes als die progressive Erwartung der Gesellschaft. Auch ist keineswegs „die junge Generation" die Stelle, an der dieses Potential anzuhäufen ist, sondern der gesamtgesellschaftliche kommunikative Prozeß ist es.

Was aber ist die im herkömmlichen Prozeß der Gesellschaft an sich selbst gerichtete, über sich selbst hinausgehende *Erwartung?* Zunächst ist sie gewiß nicht mit der gesellschaftlichen Wirklichkeit identisch, sondern im Blick auf diese progressiv (zur Unterscheidung der kritisch-affirmativen von der kritisch-emanzipatorischen Erwartung, s. III, 1, b); und je kritischer eine Gesellschaft sich selbst gegenüber ist, desto weiter gespannt wird das gesellschaftliche Kommuniqué sein, das sie sich erarbeitet. Solch ein Kommuniqué nimmt zu Zeiten paragraphierte Formen an, wie z. B. das Grundgesetz – als gesellschaftliche Erwartung formuliert beim Untergang des Dritten Reiches im restlosen Zusammenbruch der bisherigen Gesellschaftsstruktur. Ein solches Grundgesetz ist nicht für die Ewigkeit geschrieben – aber doch von relativer Dauer. Es erlangt keine kanonische Würde; es beendet gerade nicht den Prozeß weiterer Kommunikation. Zwar wird es in staatlicher und gesellschaftlicher Gestaltung verwirklicht; aber auch mit dieser seiner Verwirklichung ist der kommunikative Prozeß nicht abgeschlossen. Im Gegenteil: indem nun eben diese Verwirklichung mit in die Diskussion – als neue Information – hineingenommen wird, gerät das Grundgesetz selbst in die Bewegung dieses Prozesses: die Kommunikation offenbart in ihm Reste, die noch nicht verwirklicht sind und die nun wieder als noch nicht verwirklichte gesellschaftliche Erwartung auf Verwirklichung drängen. Im Prozeß der Verwirklichung der gesellschaftlichen Wandlung bleibt ein gesellschaftliches Kommuniqué, wie das Grundgesetz, selbst dem kommunikativen Prozeß der Gesellschaft ausgesetzt. Die gesellschaftliche Erwartung ist abhängig von gesellschaftlicher Wirklichkeit, wie gesellschaftliche Wirklichkeit abhängig ist von gesellschaftlicher Erwartung.

Man sollte hier nicht vom *gesamtgesellschaftlichen Interesse* reden. Die Gattungsvernunft ist nicht besser als die individuelle; das Gattungsinteresse ist nicht edler als das des einzelnen Menschen: man sollte in dieser Hinsicht nicht Lösungen des 19. Jahrhunderts wiederholen (wir vermeiden darum auch in I. und II. Wendungen wie: „Interesse der Vernunft“, „Interesse an Emanzipation“ oder „kritisches Interesse“ der Erziehungswissenschaft).

– Interessen gibt es zwar in je verwirklichter gesellschaftlicher Erwartung. Gewiß wird das politische und soziale Leben gegenwärtiger Wirklichkeit unseres gesellschaftlichen Kommuniqués geregelt von Partei- und Gruppeninteressen sowie deren Machtkämpfen. Nichts anderes kam heraus, als Studenten in einem Seminar gemeinsam der Frage nachgingen, wie denn die gesellschaftliche Erwartung zu eruieren sei, als daß man den Interessen- und Machtkonflikten nachgehen müsse, da dies doch die *Wirklichkeit* wäre. Und plötzlich erhob sich in der Kommunikation über diese Wirklichkeit gesellschaftlich-politischer Praxis die Frage: „Ist das denn wünschenswert?“ So wird in der Kommunikation über einen Sachverhalt – und hier gewiß im Erwartungshorizont des Kommuniqués „Grundgesetz“ – der Prozeß auf Formulierung einer gesellschaftlichen Erwartung hin in Gang gebracht, die über die je gegebene Wirklichkeit hinausgeht; denn einmal ist in dieser das Neue nicht als es selber anwesend, sondern noch eingebunden in die Strukturen des Alten, zum anderen ist jede vollzogene Verwirklichung die Negation des Prozesses von Verwirklichung und von diesem her zu überholen. Fragte man die in der Wirklichkeit agierenden Interessenten, was sie von der über sie selbst hinausgehenden Erwartung hielten –, sie wären gewiß dagegen, weil die Aufhebung ihrer Interessen gerade nicht in ihrem Interesse liegt. Interessen sind immer auf Durchsetzung ihrer selbst und somit auf Dauer eingerichtet. Als Prinzip gesellschaftlichen Wandels ist ein gesellschaftliches Kommuniqué aber gegen alles, was Stagnation intendiert, und insofern ist es für die Interessen der Gesellschaft ein kritisches Element. – Für eine Pädagogik der Kommunikation bedeutet dies, daß sie sich nicht mit den Interessen der jeweiligen Gesellschaft verbünden darf, sondern mit dem gesamtgesellschaftlichen Kommuniqué, das über das Bestehende als Prinzip seines Wandels hinaus ist. Hierauf beruht der utopische Charakter aller Erziehung[16]: real-utopisch, weil der Topos des Menschen, auf den sie aus ist, nicht aus einer „spekulativen Idee“ oder einem abstrakten Menschenbild deduziert, sondern im kommunikativen Prozeß in der Realität als deren Noch-nicht eruiert worden ist. Dieser notwendig utopische Zug der Erziehung wird dort oft nicht hinreichend beachtet, wo man sie als Sozialisationsprozeß beschreibt und dabei gar zu leicht dem Anpassungsmodell verfällt[17]. Die Absicht einer kritischen Erziehung geht über die Unterscheidung zwischen passiver und aktiver Anpassung, zwischen Akkomodation und Assimilation hinaus. – Wegen des realutopischen Zuges einer Pädagogik der Kommunikation gibt es auch keinen Sinn zu sagen, es wäre doch wirkungsvoller und auch für die Heranwachsenden effektvoller, sie derart zu ermächtigen, daß sie aus dem Machtkampf der gegenwärtigen Gesellschaft als Sieger hervorgehen; man solle doch nicht – wie es hier geschieht – das schwächere Beil dem stärkeren vorziehen (J. HENNINGSEN). Gewiß, auch so wäre Veränderung der Gesellschaft denkbar (und vielleicht sogar noch wahrscheinlicher; die Jugend ist auf dem besten Wege dazu). Pädagogisch und gesellschaftspolitisch sind solche linearen Vermittlungsmodelle aber nicht mehr ausreichend (vgl. „Bildungsmodelle“, I, 5a) – sie gehören dem funktionalen Typ an. Und wie sähe die gesellschaftliche Konsequenz hiervon aus? Eine Generation käme an die Macht, die selbst nicht mehr bereit ist, sich zu verändern, die keine Macht außer der ihren dulden und sie unterdrücken würde! Kann dies beim Durchdenken der vorgetragenen Argumente das Ziel gegenwärtigen gesellschaftlichen Wandels sein?

– Das gesellschaftliche Kommuniqué gesamtgesellschaftliches Interesse zu nennen, erweckte (um noch mehr Gründe für die Zurückweisung dieses Sprachgebrauchs zu nennen) den Eindruck, als gäbe es für die Gesellschaft so etwas wie ein *natürliches* Interesse (ihr wesensgemäß zukommend wie ein Naturrecht). Davon kann aber gar keine Rede sein. Das gesamtgesellschaftliche Kommuniqué ist immer „positiv“: durch den gesellschaftlichen Prozeß, welcher ein kommunikativer ist, hervorgebracht.

– Der Ausdruck „*gesamt*gesellschaftliches Interesse“ beinhaltet einen Widerspruch. Interessen gibt es nur dort, wo es andere gibt, die sie nicht teilen, gegen die sie durchzusetzen sind. Darum verbergen sich hinter diesem Terminus sehr häufig elitäre Herrschaftsabsichten, und er ist ein Beweis dafür, daß die bestehende Gesellschaft noch nicht demokratisch, sondern herrschaftlich strukturiert ist.

– Interessen sind nur für ihre Träger handlungsrelevant. Die anderen müssen gezwungen werden, diese Interessen zu heucheln und dieser Lüge gemäß zu leben.

– Die Verbindlichkeit des gesellschaftlichen Kommuniqués betrifft einen jeden, da jeder als Teilnehmer am kommunikativen Prozeß Subjekt dieses Kommuniqués ist, auch wenn er gar kein Interesse daran hat und es gar nicht will; gerade durch seine eigene Position ist er in den gesellschaftlichen Prozeß verwickelt worden, der in den Positionen der einzelnen seinen Anfang nimmt. Die Verbindlichkeit des gesellschaftlichen Kommuniqués betrifft ihn als Selbst des kommunikativen Prozesses; als Subjekt seiner Interessen will er sich ihr dagegen oft entziehen. – Wieso sind auch die Außenseiter Subjekte des gesellschaftlichen Kommuniqués? Gemäß der an sich selbst gerichteten Erwartung ist es sich die demokratische Gesellschaft schuldig, Vorkehrungen zu treffen dafür, daß jede Gruppe, jeder einzelne seine Meinung äußern, seinen Standpunkt artikulieren kann, ja muß. Erziehung hat die Heranwachsenden in solche Offenheit einzuüben; sie muß die hierfür erforderlichen und hierzu auffordernden Einrichtungen der Gesellschaft, die in dieser vielleicht noch nicht verwirklicht sind, vorwegnehmen (Forderung der Öffentlichkeit und der Transparenz!). Mit der Formulierung seines Interesses, seiner Einspeisung in die kommunikative Inter-Aktion der Gesellschaft ist der einzelne – und sei seine Meinung noch so absonderlich, noch so einseitig, noch so dogmatisch – bereits Teilnehmer am kommunikativen Prozeß; denn mit der Verbalisierung der je eigenen Position wird diese dem kommunikativen Prozeß preisgegeben, indem sie sogleich von den Kommunikationspartnern infragegestellt wird. Erst im Koordinatensystem von Frage und Rückfrage nimmt der Kommunikationsprozeß an den mitgeteilten Daten, Fakten und Positionen seinen Anfang – wobei häufig die hinter ihnen stehenden Interessen erst sichtbar werden. Mit solcher Infragestellung werden die einzelnen Positionen und die, welche sie bezogen haben, in einen im kommunikativen Prozeß mit seiner Infragestellung selbst aufgebauten kritischen Horizont gerückt, der gerade dadurch „kritisch" in einem rational rechtzufertigenden Sinne wird, daß jede Position in den Gesprächsgang eingespeist, keine „verschleiert" oder zurückgehalten wurde. Nur im kritischen Horizont der Kommunikation schlagen die Einzelinteressen für ihren Träger wie für die Gesellschaft zu Buche; für sich behalten, sind sie weder für den einzelnen noch für die Gesellschaft von irgendeiner Effizienz. Sie außerhalb der gesellschaftlichen Kommunikation im Rückgriff auf Macht durchzudrücken, ist gemessen am derzeitigen gesamtgesellschaftlichen Kommuniqué reaktionär, ist „bürgerlich". – Der kommunikative Prozeß der Gesellschaft darf auch nicht dadurch aufgehoben werden, daß man sich durch quantitative Wichtung der eingebrachten Positionen der für den kommunikativen Prozeß konstitutiven Infragestellung entzieht. Die formal-demokratische, die „technische" Lösung, die Regelung der Konflikte auf der Ebene der Konflikte ist nur zulässig, wenn der Kommunikationsprozeß selbst dies als den letzten Ausweg akzeptiert und insofern damit seinen Fortgang nicht unterbricht.

– Interessen, aber auch Emotionen, sind also für den kommunikativen Prozeß, in dem die Gesellschaft ihr Leben hat, konstitutiv. Deren Widerspruch ist es, daß er überhaupt geführt wird. Sie sind die „Wirklichkeit"; die in der gesellschaftlichen Kommunikation „zum Gedanken drängt". Sie sind für die Kommunikation unerläßliche Informationen über die in der Gesellschaft von einzelnen und von Gruppen bezogenen Positionen. Ihr Konflikt ist der Anfang der sie überschreitenden Kommunikation, die im gesellschaftlichen Kommuniqué, der gesamtgesellschaftlichen Erwartung, ihr vorläufiges Ende erreicht. – Die sogenannte Konflikterziehung[18] bestätigt die Konfliktsituation der gegenwärtigen Gesellschaft und entspricht nicht der gesamtgesellschaftlichen Erwartung.

– Eine Gesellschaft, die sich entschlossen hat, ihr gesellschaftliches Leben nach einem gesamtgesellschaftlichen Kommuniqué zu führen – und das ist in unserer Gesellschaft trotz der dagegenlaufenden Interessen der Fall (vgl. II, 3) –, kann nicht hinter sich selbst zurück. Die im kommunikativen Prozeß aufgebaute Identität der einzelnen Kommunikanten bewahrt sie davor. Diese müßten ja gegen sich selbst sein, wenn sie sich entschließen sollten, nicht mehr demokratisch zu leben.

– Der Entschluß der Gesellschaft, kommunikativ-rational zu prozedieren, macht vor der Erziehung nicht halt. Ja diese wird zu erheblichem Teil zur Ermöglichung solcher Lebensführung beizutragen haben (s. u.: Bildsamkeit, II, 6). Hierfür sind weder die herrschende pädagogische Praxis und ihre Institutionalisierung noch die bildungstheoretische Reflexion gerüstet. Die Pädagogik der Kommunikation sowie die kommunikative Didaktik wollen diesem Anspruch nachkommen.

3. Kritische Erziehungswissenschaft

Diese Pädagogik der Kommunikation nennt sich „kritische Erziehungswissenschaft“. Damit wird kein Pleonasmus begangen. Der Titel will mehr besagen, als daß jede Wissenschaft, und also auch die Erziehungswissenschaft, kritisch sein muß gegen sich selbst, gegen das sie leitende Interesse, gegen das eigene Verfahren und die begründenden Theoreme, gegen ihre Ergebnisse. In diesem Sinne sind auch die neopositivistischen Wissenschaften – und gerade sie – kritisch. Dennoch aber ist hier die Erinnerung an diese Selbstverständlichkeit für eine kritische Erziehungswissenschaft nicht umsonst, da sie es häufig in den ersten Versuchen ihrer Selbstbegründung an der nötigen kritischen Umsicht fehlen läßt. Eine kritische Erziehungswissenschaft wird keine Theorie ungeprüft übernehmen dürfen; sie darf sich die Mühe eigener Einsicht nicht ersparen durch Rückgriff auf sozialpsychologische, politisch-ökonomische und psychoanalytische Theorien; sie wird sich auch nicht an die „kritische Richtung“ der Sozialwissenschaft, an die „Frankfurter Schule“, einfach anhängen dürfen. Zwar wird sie die Erkenntnisse all dieser Theorien zur Kenntnis zu nehmen haben; sie darf sich aber von ihnen nicht sagen lassen, was sie in ihrem eigenen Zusammenhang besagen sollen. Im Fortgang der eigenen wissenschaftlichen Kommunikation hat die Erziehungswissenschaft in Zusammenarbeit mit anderen Wissenschaften ihre eigene kritische Theorie zu erstellen.

Darüber hinaus aber ist die kritische Erziehungswissenschaft kritisch gegenüber der geheimen Normativität der von einer rein empirischen Erziehungswissenschaft erhobenen Fakten, der von ihr aufgedeckten Wenn-dann-Zusammenhänge. Sie weiß, daß die in begrenzter Fragestellung nachgewiesene Effizienz einer Maßnahme noch nicht besagt, daß diese Maßnahme im komplexen Zusammenhang von Erziehung und Bildung auch zu ergreifen ist. A. H. FRANCKE (1663–1727) z. B. ist es durchaus bekannt, daß die Lehrer ihre Schüler durch „Erweckung törichter Hoffnungen" (etwa daß sie durch fleißiges Lernen „dermaleinst Superintenden werden") erfolgreich zum Lernen antreiben; dennoch aber weiß er, daß dieses Verfahren in seiner Pädagogik, die auf die „Ehre Gottes" abzielt, keinen Platz haben kann.[19] Die durch eine rein empirische Erziehungswissenschaft, durch eine rein empirisch vorgehende Lernforschung festgestellten Daten und Fakten müssen diesen abgenommen und aus dem die Empirie leitenden Erkenntnisinteresse („technisches Interesse") befreit werden, nicht um sie dem „praktischen Interesse" eines normativen Horizonts und einer Sollenspädagogik auszuliefern, sondern um ihre emanzipatorische Energie auszuschöpfen im „kritischen" Horizont der gesamtgesellschaftlichen Kommunikation und ihrer pädagogischen Erwartung, in dem die „kritische" Erziehungswissenschaft ihre Sätze und Forderungen formuliert (vgl. IV, 1). Dort erst kann angemessen die Frage beantwortet werden, welche der angebotenen probaten Mittel praktiziert und welche nicht praktiziert werden sollen. Kritische Erziehungswissenschaft ist hier zunächst um der pädagogischen Praxis willen wichtig. Wo sie, oder allgemeiner: wo ein systematischer pädagogischer Gedankengang fehlt, dort sind Daten und Fakten in ihrer reinen Praktikabilität bloßgestellt und ihr ausgeliefert. Dann bedient sich ihrer, wer will: der Technokrat oder der Ideologe. – Damit ist allerdings noch nicht gesagt, was die durch kritische Erziehungswissenschaft ermöglichte Praxis für den fortlaufenden Prozeß gesellschaftlicher Selbstverständigung und Wandlung bedeutet.

Was also meint der Titel „Kritische Erziehungswissenschaft" mehr als diese selbstverständliche Kritik gegen sich selbst? „Kritisch wird hier" (vgl. III, 2), so schreibt W. KLAFKI[20], „in einem ähnlichen Sinne verstanden, wie etwa die Gesellschaftstheorie der sogenannten Frankfurter soziologischen bzw. sozialphilosophischen Schule, die vor allem durch die Namen THEODOR W. ADORNO, MAX HORKHEIMER und

Jürgen Habermas bezeichnet werden kann, sich als kritische Theorie versteht. – Kritische Theorie in diesem Sinne schließt ein ganz bestimmtes *Erkenntnisinteresse* ein, nämlich ein auf Gestaltung oder Veränderung der (gesellschaftlichen) Praxis gerichtetes Interesse ... Wir (verstehen) Erziehungswissenschaft also als Forschung und Theoriebildung im Hinblick auf die Klärung des Problems der Selbstbestimmung, der Demokratisierung, der Emanzipation in pädagogischer Perspektive ... Wir (versuchen) zugleich zu zeigen, daß in diesem Erkenntnisinteresse solange keine Beeinträchtigung der Objektivität der Forschung und der Theoriebildung zu liegen braucht, wie man eben dieses eigene Interesse selbst reflektiert, also das Bewußtsein der eigenen Position dauernd wachhält und damit diese Position selbst diskutierbar und kritisierbar macht.“ Wenn hier von „Emanzipation“, „Selbstbestimmung“, „Freiheit“ usw. die Rede ist, so geht das im Kontext einer kritischen Erziehungswissenschaft damit Gemeinte weit über das hinaus, was die Geisteswissenschaftliche Pädagogik darunter verstand. Diese Begriffe werden nicht nur auf den Zögling, der vorrangig im Blickpunkt der Pädagogik etwa H. Nohls (1879–1960) und seiner Schüler stand[21], bezogen, sondern zugleich auf die Gesellschaft, ja die ganze Menschheit. „Die Förderung des einzelnen Kindes zur Entscheidungsfähigkeit oder Mündigkeit hin wird erst möglich, wenn die Beschränkung der pädagogischen Sorge auf das Individuum aufgehoben und die Dialektik individueller und gesellschaftlicher Emanzipation *dadurch* in den Blick gerät, daß die jeweiligen sozialen Bedingungen sowie die gesellschaftlich-politischen Funktionen der Erziehung untersucht werden.“[22] Hatte man in der Geisteswissenschaftlichen Pädagogik die „Verantwortung vor dem individuellen Wohl des Zöglings“[23] als das pädagogische Kriterium angegeben, so scheint nun das „Interesse“ an Veränderung gesellschaftlicher Praxis auf dem Wege von Erziehung und Bildung an ihre Stelle zu treten. Aber dieses „Interesse“, so wird man bekennen müssen, ist ja gar nicht Produkt der Pädagogenhirne, sondern ist der für Erziehung und Bildung verbindliche Auftrag des gesamtgesellschaftlichen Kommuniqués, zu dem auch die Pädagogen das Ihre beigetragen haben. – Es ist bereits darauf hingewiesen worden, wie problematisch es ist, hierfür das Wort „Interesse“ zu gebrauchen.

4. Kritische Erziehungswissenschaft im Horizont ihrer Geschichte

Die kritische Erziehungswissenschaft ist keine modernistische Erscheinung. Hält man sie dafür, so zeugt dies von dem Vergessen maßgeblicher und *für das pädagogische Denken* verbindlicher Horizonte, die uns in der Geschichte von Bildung und Erziehung erschlossen worden sind. Die allgemeine Verblüffung, Erziehung und Bildung, die doch den „Menschen“ meinen, könnten nicht „im Zögling“, im individuellen Subjekt zu Ende sein, sondern ihn an sein Werk in der Sachen- und Menschenwelt als an ihn selbst verweisen, rührt daher, daß wir des geschichtlichen Horizonts der kritischen Erziehungswissenschaft nicht eingedenk sind, und sie führt oft zu voreiligen, auf ungeprüft übernommene Thesen anderer Theoreme gestützten Lösungen. Der geschichtliche Horizont der kritischen Erziehungswissenschaft ist unverzichtbar, wenn es heute darum geht, in klarer Erkenntnis der politischen, der ökonomischen und der sozialen Situation unserer Gesellschaft das pädagogische Handeln an einer kritischen Erziehungswissenschaft zu orientieren; wenn wir uns den relativen pädagogischen Subjektivismus[24] einer geisteswissenschaftlichen und einer dialektisch-reflexiven Erziehungswissenschaft „angesichts der Lage“ nicht mehr gestatten können. Der geschichtliche Horizont der kritischen Erziehungswissenschaft will also nicht ein „Pädagogisch Eigentliches“ in Erinnerung rufen und für pädagogisch-gesellschaftliche Praxis verpflichtend machen. Er führt statt dessen in eine Gedanklichkeit ein, die immer dann kritisch fungiert, wenn das gesellschaftliche Leben in seiner pädagogischen Praxis gedankenlos auf Praktiken zurückgreift, die seine eigene gesellschaftliche Praxis verfälschen. – Diese zur Erhebung der Wirklichkeit in den Gedanken unerläßlichen Horizonte gehen allerdings auch dann verloren, wenn Geschichte der Pädagogik verkürzt wird auf den Bericht über administrative Maßnahmen, affirmative oder revolutionäre Aktionen der an der Erziehung beteiligten Personen und bildungsinstitutionelle Veränderungen, die unmittelbar als Konsequenzen (responses auf die stimuli) der „Verhältnisse“ gedeutet werden können. Wo sie nur Reaktionen sind und nicht Handlungen, geleitet von der Einsicht in die „Verhältnisse“, welche wiederum nur möglich ist, wenn diese kommunikativ im Lichtbündel einer Theorie aufgeklärt werden, sind sie für die theoretische und praktische Bewältigung des pädagogischen Problems der Gegenwart bedeutungslos. Wer es einmal weiß, daß auch die geschichtlich-pädagogischen Theorien Versuche sind, die „Lage“ zu klären und nicht homunculi des Menschen*geistes*, dem braucht dies nicht immer und überall bescheinigt zu werden, und dessen Interesse sollte sich auf solche Bescheinigung nicht beschränken; der durchlaufe vielmehr diese Theorien selbst, denn in ihnen sind die Horizonte jener Begriffe ausgebreitet, in denen auch wir uns der anstößigen (pädagogischen) Wirklichkeit nähern, wie Emanzipation, Selbständigkeit, Autonomie, Mündigkeit und Verantwortung, Entwicklung, Individualität, Selbstsein, Personalität usw.[25]. Erst im Konflikt dieser Begriffe mit der durch sie angeschauten Wirklichkeit bewegt Wirklichkeit das Denken zu sagen, was Selbstsein z. B. heute zu besagen hat und wie vorhandene Wirklichkeit zu ändern ist, damit Selbstsein auch heute möglich ist. Die Geschichte der Pädagogik erfüllt ihre kritische Funktion erst, wenn sie uns über die großen Gedanken der Erziehung und Bildung, die uns als Vor-Urteile im Denken bestimmen, und damit zugleich über die Vorurteile der gängigen Praxis, aufgeklärt hat.

a) Platon

Den großen Entwurf einer emanzipativen Pädagogik z. B. finden wir bei PLATON (427–347 v. Chr.)[26]. Emanzipation, Entfesselung der in der Höhle derart gebundenen Menschen, daß sie nur die Schatten hinter ihnen vorbeigetragener Dinge vor Augen haben, ist die Voraussetzung des Bildungsprozesses des Menschen schlechthin. Mit dieser Feststellung erfahren wir aber durch PLATON zugleich, daß Emanzipation nicht Ziel der Erziehung ist, sondern Öffnung des Weges des Menschen zu sich selbst. In der Entfesselung erreicht sich also der Mensch gerade noch nicht, sondern erst im Wissen, in der episteme, in dem dabeistehenden Schauen der Dinge, wie sie wirklich sind im Lichte der Sonne, außerhalb der Höhle. Was er nicht wußte, und was auch die Emanzipation noch nicht beinhaltete, das muß er „lernen", daß er erst in diesem Dabeisein (PLATON spricht vom Prinzip des Eros) sich selbst als Menschen erreicht. Und dieses ihn selbst ausmachende Dabeisein bei der Wirklichkeit ist es, das den „Gebildeten" umkehren heißt, um auch den anderen Menschen zu helfen, da er erst jetzt um ihre fatale Lage weiß[27]. – Von Emanzipation ist heute viel die Rede – als Schlagwort ist sie überall plakatiert. Daß sie bei PLATON positiv aufgehoben wird im dabeistehenden Schauen der Wahrheit und im eingreifenden Handeln, sollte nicht vergessen werden. Solche Gedankenlosigkeit wäre gefährlich; denn wir wissen, daß Emanzipation, als Ziel proklamiert, leicht in negativer Dialektik entartet: wenn Freiheit von „höheren" Interessen usurpiert wird und wenn sie dem Menschen sich selbst entfremdet, indem sie ihn seiner eigenen Willkür ausliefert. – PLATONS pädagogische Lehre von der Emanzipation, im Umkreis seiner Gedanken ausgemessen, erfüllt eine wichtige kritische Funktion hinsichtlich vieler Erscheinungen von Emanzipation in ihrer negativen Entartung, wie auch hinsichtlich der „Verhältnisse", die möglicherweise Emanzipation als Voraussetzung des Zu-sich-selber-Kommens verhindern. – Im Falle PLATON sind seine Gedanken für uns wohl wichtiger als deren gesellschaftliche Herkunft; letztere läßt sich anderswo deutlicher aufweisen.

Kritische Erziehungswissenschaft verstand sich als eine Theorie, die nicht nur den Menschen als Subjekt, sondern die Gesellschaft (um eine aus der Zeit der Aufklärung stammende Formel aufzugreifen) „bessern" wollte. Um die geschichtliche Dimension dieser Sinngebung von Erziehung und Bildung aufzuweisen, nun einige Beispiele.

b) J. A. Comenius

Angesichts der Unterschiede zwischen Arm und Reich, der immer noch herrschendenden Feudalordnung und ihrer Trennung der Menschen in Adlige und Nichtadlige, angesichts des religiösen Unfriedens und des politischen, ökonomischen und sozialen Chaos' des Dreißigjährigen Krieges ist das „erkenntnisleitende Interesse" der Pädagogik des J. A. Comenius (1592–1670) die „emendatio rerum humanarum" – die Verbesserung der vom Menschen zu erstellenden Ordnungen in Wissenschaft, Politik und Religion[28]. Damit entzieht er sich dem auf subjektive Selbstdarstellung bezogenen reflexiven Bildungsverständnis des Humanismus. Ausdrücklich geht es ihm in der Erziehung nicht um Pflege des Gemütes (cultura animi), sondern um die Pflege der ganzen Wirklichkeit, um die Pflege von allem (cultura omnium). In den Denkkategorien einer christlich-neuplatonischen Philosophie kommen die Verhältnisse seiner Zeit zur Sprache, und was Anlaß war, wird im Horizont seines Denkens als defectus – als Mangel – decouvriert. Wir wissen über den Gang seines Denkens innerhalb der von der Tradition vorgegebenen Kategorien sehr genau Bescheid, und wir sehen, daß dieser je länger je mehr (in gewissem Sinne) rationalisiert wird, um der Wirklichkeit den Offenbarungseid abzuzwingen, daß es schlecht mit ihr steht. Dieses Urteil wird im Denken ausgesprochen, weil es im Bedenken der Wirklichkeit innerhalb ihrer Strukturen die Möglichkeit einer besseren Wirklichkeit hervorgebracht hat, der die gegebene Wirklichkeit nicht standhält. Dieses „dialektische" Wirklichkeitsverständnis ist Grund des „Syllogismus practicus"[29], der das Handeln der Menschen in den Dienst ihrer selbst, nämlich der selbstermittelten Besserung (emendatio) der Verhältnisse stellt. Diese „kritische Pädagogik" ist als Pädagogik der Besserung zugleich eine politische Pädagogik. Folgt man ihrer Systematik, so übt der gedankliche Horizont *dieser* politischen Pädagogik angesichts jener „politischen Bildung" eine kritische Funktion aus, die auf Vermittlung einer Institutionenkunde verkürzt wurde oder die ihre Aufgabe in der Affirmation der bestehenden politischen Strukturen erblickt. – Das pädagogische System des Comenius hält darüber hinaus noch manchen anderen Hinweis bereit, der uns die eigene pädagogische Problematik besser durchschauen läßt. Seine Ablehnung eines subjektivistischen Verständnisses des Ich-Selbst[30] z. B. wäre angetan gewesen – hätte man seinen gedanklichen

Horizont nicht vergessen –, den idealistisch-neuhumanistischen monadischen Personalitätsbegriff zu kritisieren, lange bevor wir heute über die „gesellschaftliche Vermittlung“ des Selbst unterrichtet werden. Aber selbst diesem „neuen“ Selbst-Verständnis täte es gut, in dem weiten Horizont, dem uns die Geschichte aussetzt, kritisch diskutiert zu werden – ähnlich wie dem Schlagwort Emanzipation.

c) *G. W. Leibniz*

Es gibt offenbar zwei Grundmöglichkeiten der pädagogischen Intention: eine „kritische“, die, wenn sie vom Menschen redet, welcher sein Selbst verwirklichen soll, auf seine Gedanken, Worte und Taten schaut, die die Welt verändern, oder eine solche, die ihren Blick auf das von allen Weltbezügen abstrahierte Wesen „Mensch“ richtet, das mit sich selbst auskommt, das für sich selbst aufkommt, dem Welt und Gesellschaft „Material der Pflicht“ sind, das, wenn es handelt, handelt, um *sich* in seinen Taten wiederzufinden und unter Beweis zu stellen. Beide Weisen einer Pädagogik sind im Werk des G. W. Leibniz (1646–1716) noch als Möglichkeiten enthalten[31]; aber die Neuzeit hat im wesentlichen nur die zweite verfolgt – gewiß weil es im Zuge gesellschaftlicher Umgestaltung im 18. und 19. Jahrhundert, im Zuge der Ablösung feudalistischer Gesellschaftsstrukturen dem Bürgertum nur auf dem Wege der Selbstbehauptung gelang, seine neue gesellschaftliche Position zu erringen, – und andererseits dürfte dieses Selbstverständnis nicht unerheblich dazu beigetragen haben, daß sich das nationale Bewußtsein im 19. und 20. Jahrhundert nationalistisch übersteigerte und schließlich im Imperialismus entartete. – Die pädagogische Theorie von G. W. Leibniz ist seiner „Monadologie“ zu entnehmen: das Sein der Monade ist ein Tun, das nur in ihr selbst seinen Grund hat. Es vollzieht sich als Vorstellen alles dessen, was sie nicht ist. Die Monade ist, was sie ist, sie ist sie selbst als einmaliger, einziger und einzelner, aus ihr selbst heraus vorgestellter Anblick des Ganzen. Das Wissen um sich selbst als Vorstellen seiner selbst im individuellen Bilde des Ganzen ermöglicht zugleich, daß dieses Selbst als Vorstellen für die Perfektibilität seiner selbst aufzukommen vermag. Aufklärung über sich selbst ist immer schon Bildung, Zurüstung zur Übernahme der eigenen Möglichkeit, sich selbst im individuellen Bilde des anderen dasein zu lassen. Bildung und Erziehung haben den Menschen anzuhalten, das Ganze im Selbstvollzug des Selbst ans Licht treten zu lassen; insofern sichern sie einerseits sein Selbstsein im Vorstellen, zugleich aber andererseits auch das Sein von allem und jedem im Akt des Ich. Im Konzept der Monadologie ist sowohl eine Pädagogik möglich, die auf die Seite des Selbstgewinns blickt, der Welt und Gesellschaft Mittel sind, das eigene Sein zu gewinnen, als auch eine solche, die das Selbst als Organ begreift, in dessen Akt Welt und Gesellschaft stets neu, in unwiederholbarer Einzigartigkeit ins Werk gesetzt werden.

d) J. H. Pestalozzi

Als weiterer hervorragender Vertreter einer kritischen Pädagogik ist J. H. Pestalozzi (1746–1827) zu nennen[32]. Sein kritischer Ansatz verweist ihn nicht an den Menschen als Wesen der Kraft und der Stärke, sondern an den Menschen als Wesen des Glaubens und der Liebe. Das monadische Subjekt, überzeugt von seiner Autarkie, verließ sich auf seine Natur als die ihm individuell zugemessene Kraft. Allein auf sie sich stützend, von Welt und Gesellschaft hinsichtlich seiner Kräfte nicht im geringsten überspannt und überanstrengt, mußte das monadische Subjekt, auf Grund der Hypothese des Gleichgewichts von natürlichem Bedürfnis und natürlicher Kraft, mit sich selbst auskommen, sein Menschsein – subjektivistisch – aus sich heraus realisieren können. Dieses Wesen der Selbstliebe[33] (Rousseau – 1712–1778 –) aber schließt sich nach Pestalozzi von der Dimension des Menschlichen aus. Um sich dies in aller Deutlichkeit vor Augen zu führen, stellte er schon in seiner Frühschrift „Abendstunde eines Einsiedlers" (1780) ein Gedankenexperiment an. Die These der subjektivistischen Selbstverwirklichung des Menschen mußte überprüft werden. Wenn überhaupt, dann muß sie sich verifizieren lassen bei Individuen, deren Kraft größer nicht gedacht werden kann, im Blick auf die Politik: beim absoluten Fürsten und im Reich des Geistes – bei Goethe (1749–1832): „O Goethe, in deiner Kraft" – „O Goethe, in deiner Höhe" – „Ich sehe Dich an und seufze!" Versteht man den Menschen als Wesen der Kraft, dann schließt man ihn von Welt und Gesellschaft ab, in denen sich nun einmal das reale Leben abspielt. Kraft ist immer auf sich, auf ihren eigenen Vollzug bedacht – dem Wahn verfallen, daß darin schon das menschliche Leben bestehe. Das Tier zwar lebt „von der Stunde seiner Geburt an in einer lebendigen Gierigkeit nach dem Gebrauch seiner Kraft"[34], nicht aber der Mensch. Gewiß bedarf der Mensch der Kraft in seinem Leben, und in der „Idee der Elementarbildung" unterbreitet Pestalozzi Vorschläge, wie sie in einem Höchstmaße zu entfalten ist. In all seiner Kraft aber, damit sie sich *menschlich* entfalte, muß er erinnert werden an die „Quelle aller Menschenweisheit", an die anfängliche Kraftlosigkeit; zu ihr muß er zurückgebracht werden als der entscheidenden Gabe der *menschlichen* Natur, die ihn dem anderen (Welt, Gesellschaft, Gott) öffnet, damit er in *Vertrauen* und *Glauben* aus diesem lebe und in der *Liebe* für dieses handele. Dieser Liebe des schwachen und darum menschlich starken

Pestalozzi entspringt sein Einsatz für die Ärmsten des Volkes, ihr entstammen seine pädagogischen und zugleich sozialkritischen Schriften wie „Über Volksbildung und Industrie“ (1806/07). – Auch dieser gedankliche Horizont sollte nicht vergessen werden, wenn es heute darum geht, unter den Theorien, die der kritischen Erziehungswissenschaft hilfreich entgegenzukommen scheinen, kritisch zu scheiden. Zumindest einige Richtungen der Psychoanalyse wiederholen die Auffassung subjektivistisch-monadischer Selbstverwirklichung des Menschen, wenn sie erwarten, daß ein keinerlei Repression ausgesetzter Triebvollzug nicht in Aggressionen entarte, sondern selbst sich menschlich sublimiere; wobei eine Veränderung der Gesellschaft dahingehend gefordert wird, daß solcher Triebvollzug ungehindert vor sich gehen könne: wenn etwa mit der Selbstentfremdung des Menschen seitens des Kapitals ein Ende gemacht werde. Hier ist das kritische Interesse nur scheinbar auf die Besserung der gesellschaftlichen Verhältnisse gerichtet; in Wahrheit werden die Gesellschaft und ihr Wandel einer Diätetik des subjektivisch ausgelegten Ich-Selbst aufgeopfert. Wenn eine kritische Erziehungswissenschaft oder der Marxismus der zwanziger Jahre sich mit dieser Lehre verbanden und verbinden, dann sind sie beide sich selbst untreu geworden, weil diese Theorie sie nötigte, aus ihrem Element herauszutreten (s. Anm. II, 14). – Pestalozzis Lehre des selbstlosen Selbstseins übt solchen Gedankenkonglomeraten gegenüber eine kritische Funktion aus, auf die das pädagogische Denken der Gegenwart nicht verzichten sollte.

e) Jean Paul (F. Richter)

Auch Leute, die mehr am Rande der Heerstraße großer Pädagogik wohnen, nehmen die kritische Tendenz auf; so wendet sich Jean Paul Friedrich Richter (1763–1825) mit seinem „Titan“[35], der eigentlich „Antititan“ heißen müßte, gegen den Geniekult seiner Zeit. „Jedes Ich ist Persönlichkeit, folglich geistige Individualität ... (und) besteht nicht im Fichteschen Ob- und Subjektivieren des Ich ... welches überall wiederkehrend jede Zahl und Zeit ausschließt ... Sie besteht ferner nicht in einem zufälligen Weg- und Zuwägen einzelner Kräfte ... sondern sie ist immer ein innerer Sinn aller Sinne ... Sie ist das am andern, worauf unser Befreunden oder Anfeinden ruht.“ Auch hier wird die Persönlichkeit aus sich, aus dem Umkreis ihrer Selbstmächtigkeit (Subjektivität) herausverwiesen in die konkreten Dimensionen von Zeit und Zahl, wo es andere Menschen gibt. Demgemäß wird die „positive Sittlichkeit“ der Liebe, die im anderen Menschen ihr Prinzip hat, über die Moralität des kategorischen Imperativs gestellt, der kein Verständnis für das Zwischenmenschliche aufbringt und auch die Liebe nur subjektivistisch als Trieb verstehen kann. Demgemäß lautet JEAN PAULS Erziehungsregel: „... bringe nur deinem Kinde das fremde Leben und Ich lebendig genug vor das seinige, so wird es lieben ... Das Erregungsmittel besteht in Versetzung in fremdes Leben – in Achtung für Leben überhaupt." Mit der Liebe ist keine dunkle Emotionalität gemeint; Liebe zeichnet sich vielmehr durch eine aufklärerische Tendenz aus. In der Rationalität der Liebe – die freilich wenig gemeinsam hat mit der ratio des 18. Jahrhunderts, welche als Vermögen des Subjekts verstanden und aus diesem selbst heraus kultiviert werden konnte – wird etwas „vernommen", was gerade noch nicht gegenwärtig ist und was auch jene Zukunft übersteigt, die von der Gegenwart als erbberechtigter Nachkomme projektiert wird. Was in der Rationalität der Liebe hervorgebracht wird, ist dennoch keine phantasiebeflügelte, unverbindliche Ausschweifung. Was in der Liebe Neues erschaut und hervorgebracht wird, entspringt ja gerade der Bindung an das Konkrete und ist darum für das Konkrete nicht belanglos: es ist das Prinzip seiner Wandlung, seiner Besserung. Die Rationalität der Liebe ist theoretisch und praktisch zugleich, und zwar deshalb, weil schon die Theorie, die Schau, eine Praxis ist – „Versetzung in fremdes Leben". – „Zum Ziel der Erziehungskunst ... gehört die *Erhebung über den Zeitgeist.* Nicht für die Gegenwart ist das Kind zu erziehen – denn diese tut es ohnehin unaufhörlich und gewaltsam – sondern für die Zukunft, ja oft noch wider die nächste." – Von der Gegenwart und von der von ihr im Schoße getragenen Zukunft her gesehen ist dies eine „Erziehung zum Ungehorsam"[36], als die sich heute bisweilen eine „kritische Erziehung" empfiehlt. Wenn aber – ähnlich wie bei der Forderung der Emanzipation – in der Negation von „Gehorsam" nicht die Position des Menschen kritisch freigelegt wird, jene Rationalität, die nur in der „Versetzung in fremdes Leben" möglich ist, wo der Mensch das bislang Unerhörte hört und, dieser seiner Rationalität gehorsam, die Lebensverhältnisse bessert, dann wird die geschichtliche Theorie JEAN PAULS kritisch solcher Gedankenlosigkeit entgegentreten. Die „vernünftige Liebe"[37] stand bei ihm über dem „vernünftigen Willen": „Der Wille wiedererzeugt nur sich, und nur in sich, nicht außer sich; denn die äußere Tat ist so wenig das Neue des besonderen Wollens, als der Zeichen-Laut das Neue des besonderen Denkens."

f) W. G. Belinski

Die Rationalität der Liebe – welche doch oft genug so „unvernünftig" ist – ist freilich schwer zu fassen, und nur mit einiger Anstrengung läßt sich JEAN PAUL wie oben interpretieren. W. G. BELINSKI (1811 bis 1848) will darum in seiner berühmten JEAN PAUL-Kritik ein wenig

Licht in die Sache der Liebe bringen. Die Vernunft der Liebe scheint ihm bei JEAN PAUL noch gar zu sehr von der Emotion gefährdet. Wenn die Liebe nicht auf etwas, auf Konkretes gerichtet ist, droht sie in subjektivistischem Selbstgenuß zu entarten – und gerade aus der Enge idealistischen, neuhumanistischen Selbstverschlossenseins wollte BELINSKI gemäß der kritischen Absicht seiner Pädagogik den Menschen befreien: „Um die Liebe in einem jungen Herzen zu entwickeln, muß man es veranlassen, *etwas* zu lieben, und dieses ‚Etwas' muß die Wahrheit ... sein". Auch hier taucht nun sofort das Problem des Ungehorsams auf – freilich nachdem zuvor die dadurch zugänglich gewordene Position: „Liebe der Wahrheit" genannt worden ist –, und im gleichen Zusammenhang wird die gesellschaftskritische Energie einer solchen Erziehung angesprochen: Wenn die solcherart erzogenen Menschen „ins Leben treten, verfolgt man sie der Wahrheit wegen, und ihre Wahrheitsliebe nennt man Stolz, Überheblichkeit, Querköpfigkeit und ‚Freidenkerei' – ein beliebtes Wort für Philister und Hofräte ... folglich besteht das Problem darin, ob man die Kinder so erziehen soll, daß sie sich in der Gesellschaft einleben können, oder ob man verlangen soll, daß die Gesellschaft fähig wird, sich an wohlerzogene Menschen zu gewöhnen. Diese Frage ist wichtiger als die Frage über alle möglichen Arten der Liebe."[38] – Im übrigen ist dieses gesellschaftskritische Interesse BELINSKIS, der zu den größten Literaturrezensenten seiner Zeit gehörte, vom Bildungswissen des damaligen Europa überwuchert und nicht immer leicht aus der idealistischen und neuhumanistischen Diktion seiner Gedanken herauszuhören. Da wird auf die Humanität verwiesen, welche verstanden wird als „die lebendige Vereinigung jener allgemeinen Elemente des Geistes in einer Person, die jeder Mensch gleichermaßen braucht, und zwar unabhängig von Nation, Stand, Vermögen, Lebensalter und Umständen – d. h. jener allgemeinen Elemente, die sein Innenleben, sein heiligstes Gut ausmachen und ohne die er kein Mensch wäre." Aber welch ein Begriff von „*Innen*leben", wenn es weiter heißt: „Unter diesen allgemeinen Elementen des Geistes verstehen wir die Aufgeschlossenheit gegenüber jedem menschlichen Gefühl und Gedanken ... der Mensch ist ein vernünftiges, bewußtes Wesen und das Organ des Seins ...", worunter die konkreten, nationalen, gesellschaftlichen Verhältnisse verstanden werden. Die Humanität verweist den Menschen bei BELINSKI also nicht an sich selbst; nicht in ihm als harmonisch in seinen Kräften ausgebildete Persönlichkeit gewinnt sie Gestalt; die Humanität erreicht der Mensch erst, wenn er Werkzeug wird – „Organ des Seins". Auch hier ist es nun die Liebe, die menschliche Liebe, welche den Menschen an das „Sein" und seine Wahrheit bindet, daß er sie, die noch nicht gegenwärtig ist, verwirkliche. In der menschlichen Liebe einen sich die Vernunft und die Wahrheit. In der Liebe vernimmt die Vernunft innerhalb des „Seins", innerhalb der Wirklichkeit, die in dieser noch nicht verwirklichte Wahrheit als praktische „Idee", die es als das Noch-nicht der Wirklichkeit nun gleichfalls zu verwirklichen gilt. Die gesellschaftliche Relevanz dieser Pädagogik wird von TSCHERNYSCHEWSKI (1828–1885) klar ausgesprochen: „Es ist besser, ein Mensch entwickelt sich überhaupt nicht, als daß er sich ohne den Einfluß des gesellschaftlichen Denkens und der Gefühle, die aus der Teilnahme am gesellschaftlichen Leben erwachsen, entwickelt."[39]

Damit hat sich im Gedankengang dieser kritischen Pädagogen eine bemerkenswerte Verschiebung dessen vollzogen, was Humanismus genannt wird. Wir beschreiben diese Wandlung hier mit den Worten von HEINRICH DEITERS: „Das gesellschaftliche Bewußtsein der Gegenwart formt seine Vorstellungen von dem Wesen des Menschen aus den Stoffen der gegenwärtigen Wirklichkeit und in kritischer Auseinandersetzung mit der Geschichte. Obwohl dies Bild demnach der Wirklichkeit entnommen ist, eilt es doch dieser voraus und nimmt die künftige Entwicklung vorweg. In dem Bestreben, die Kluft zwischen dem, was ist, und dem, was sein wird, auszufüllen, entfaltet das Bewußtsein seine Aktivität. Sein erster Schritt ist die Kritik an den bestehenden gesellschaftlichen Zuständen. Sie ist als Analyse des Kapitalismus und seiner Funktionsgesetze von KARL MARX geleistet worden. Diese Analyse war eine radikale Kritik unter dem Gesichtspunkt der Humanität ... Der zweite Schritt des Humanismus auf diesem Wege ist der Entschluß zur tätigen Anteilnahme an den Bestrebungen unserer Zeit, das Bestehende zu ändern und durch Besseres zu ersetzen ... Der reale Humanismus (entwickelt) seine Programmatik aus der vollen Wirklichkeit und wendet sie auf die volle Wirklichkeit an. In seiner Auffassung vom Menschen bestreitet er die Richtigkeit der Antithese von Geist und Materie, auf der im Grunde der gesamte Idealismus aufgebaut ist, und behandelt den Menschen als eine Einheit. Entsprechend verneint er die Möglichkeit, innerhalb der Existenz des Menschen eine Sphäre der Innerlichkeit von dem übrigen, äußeren Leben abzutrennen. Er behandelt das Leben des Menschen als einen einheitlichen Vorgang, in dem alle Teile aufeinander wirken und voneinander abhängen. Und wiederum entsprechend lehnt er es ab, sich vorzugsweise an eine Elite Höhergebildeter zu wenden, ... infolgedessen kann er sich auch nicht damit begnügen, im Bereich des geistigen Lebens zu wirken, er leiht vielmehr seine Unterstützung allen Bestrebungen zur Umgestaltung der gesellschaftlichen Verhältnisse, die einer solchen bedürfen, angefangen von den Formen der materiellen Produktion."[40]

g) K. Marx

Auch die Theorie des KARL MARX (1818–1883)[41] hat, worauf HEINRICH DEITERS soeben hinwies, bedeutend zum Aufbrechen der monadologischen Konzeption des Menschen beigetragen – wenngleich er diese freilich auf der Ebene des Gattungswesens Mensch in Gestalt eines gewissen sozialen Subjektivismus wiederholt. Dieser Schritt wird eingeleitet dadurch, daß ihm der Mensch nun nicht mehr als ein in seinem Inneren harmonisch gebildetes Kunstwerk vor Augen tritt. Der Mensch ist nur da Mensch, wo er außer sich handelt. Demgemäß wird die Arbeit zur Bildungskategorie. Denn in der Arbeit, die grundsätzlich und vor allem im „Zeitalter der großen Industrie" ein Handlungszusammenhang der Gesamtgesellschaft ist und darum immer auch in ihrer gesellschaftlichen Relevanz verstanden werden muß, liegt das Glücken und das Scheitern des Menschlichen beschlossen. In der Arbeit kann sich der Mensch, sich selbst darstellend, verwirklichen; er kann sich aber auch – ja er muß sich, wenn ihm die Selbstbildung in der Arbeit zufolge der Produktionsverhältnisse des Kapitalismus verwehrt wird – verfehlen: Selbstentfremdung. Um des Menschen, um seiner Bildung als Mensch willen, sind die ökonomischen, politischen und sozialen Strukturen, die zur Selbstentfremdung des Menschen führen, zu beseitigen. Dies ist aber deshalb so schwierig, ja auf dem Wege von Erziehung und sozialen Reformen ganz unmöglich, weil – so wird man MARX später auslegen – die bestehenden gesellschaftlichen Strukturen selbst das Wissen, das Bewußtsein um ihre Unmenschlichkeit verhindern. Erst die Revolution – die gewaltsame Änderung der gesellschaftlichen Verhältnisse – und ineins damit die Befreiung des Bewußtseins machen Strukturen, die zur Selbstentfremdung des Menschen führen und die auch bei bester Absicht zufolge der Dialektik der Wirklichkeit unvermeidbar sind, als solche durchschaubar. Wer die gesellschaftlichen Verhältnisse wie JEAN PAUL, wie BELINSKI – oder denke man an HENRI DE SAINT-SIMON (1760–1825), CHARLES FOURIER (1772–1837), ROBERT OWEN (1771–1858), LOUIS BLANC [1811–1882) und andere – durch Erziehung ändern und also die Revolution vermeiden möchte, gehört demnach in die Reihe der „utopistischen Sozialisten". Erst wenn durch Revolution die „unmenschlichen" Verhältnisse zerschlagen und damit die Wandelbarkeit der Verhältnisse, die Dialektik der Wirklichkeit grundsätzlich aufgedeckt worden ist und diese der „Vernunft und der Liebe" entgegendrängt, hat die Erziehung für die Besserung der Verhältnisse eine Chance. Erst jetzt wäre die Vernunft oder die Liebe BELINSKIS imstande auszumachen, inwiefern und in was vorhandene Wirklichkeit hinter sich selbst zurückbleibt und was also an und in ihr zu verändern, was zu bewahren ist. Die schwer zu fassende Rationalität der Liebe wird im „dialektischen Materialismus" durch eine neue Rationalität abgelöst, die für eine Pädagogik der Kommunikation nicht bedeutungslos sein dürfte. Für die moderne kritische Erziehungswissenschaft ist hierbei wohl dies das Entscheidende, daß menschliches Denken und Tun nicht mehr verstanden werden als Handlung eines Subjekts einem Objekt gegenüber (wobei freilich die Distanz zwischen beiden verschieden groß angenommen werden konnte: groß in den objektivierenden theoretischen Wissenschaften, eng in der zupackenden Rationalität der Liebe), daß hier der im Denken und Handeln sich selbst begreifende Mensch nicht mehr vom Wandel der Real- und Sozialverhältnisse losgelöst, diesen als Subjekt vorausgesetzt oder als deren Opfer umhergetrieben, wird, sondern daß die durch menschliche Aktion sich wandelnden und als solche begriffenen Real- und Sozialverhältnisse nichts anderes als der Mensch sind. – Die Lehre von der Voraussetzung der Revolution hat für die Entstehung dieser Theorie eine wichtige Rolle gespielt: Es mußte dem autonomen Subjekt im Bewußtsein seiner Autarkie und im Anspruch seiner Herrschaft über Mensch und Welt sichtbar gemacht werden, daß es selbst in monadischem Selbstbewußtsein gerade nicht Herr der Geschichte und der Lage ist; daß der Mensch nur auf der „Basis" seines Selbstseins stehend, die in den konkreten sachlichen, gesellschaftlichen und ökonomischen Verhältnissen zu suchen ist, handelnder Mensch ist; daß diese Basis ihr die Humanität bedrohendes Eigenleben aufgibt, wenn sie als solche durchschaut und ins Bewußtsein aufgenommen worden ist; daß sie dann den Wahn subjektivistischer Freiheit zerstreut, den das monadische Subjekt zuvor durch Geist, Metaphysik und Religion eifrig bestrebt war aufrechtzuerhalten. Eine naive, mechanistische Auslegung der Theorie des dialektischen Materialismus war mitunter die Folge dieser Einsicht, als ob die Basis automatisch das ihr entsprechende Bewußtsein hervorbrächte: die Basis wurde dem Bewußtsein gegenübergestellt wie zuvor der Geist (das Bewußtsein) der „Materie". Dieser „Ismus" ist K. MARX jedoch nicht gemäß und nicht nur deshalb zurückzuweisen. Die Theorie des dialektischen Materialismus erreicht seine dialektische Struktur erst dort ganz, wo sichtbar wird, daß es die konkreten Lebensverhältnisse nicht außerhalb von Wort, Gedanke und Tat, sowie andererseits Gedanke, Wort und Tat nicht außerhalb der gesellschaftlichen Verhältnisse gibt. Erst wenn man weiß, daß der Mensch nichts anderes ist als ein Prozeß, nämlich die Besserung der Lage im Fortgang von Wort, Gedanke und Werk, sowie Verbesserung von Wort, Gedanke und Tat im Wandel der Verhältnisse aufgrund ihrer dialektischen Struktur – erst dann sind funktionale Vermittlungsmodelle vermieden, wie es eine kritische Bildungstheorie voraussetzt.

h) J. Dewey

Das Menschliche als Einheit von Gedanke und Handlung, von Wort und Werk anzusehen, war auch das in diesem Zusammenhang wesentliche Anliegen von JOHN DEWEY (1859–1952)[42]. Hier kann nur knapp auf sein vielgestaltiges und wirkungsvolles Werk hingewiesen werden. Er ist nicht Hedonist und Utilitarist im strengen Sinne, wie man ihm gelegentlich vorwarf. An diesen ethischen Positionen stört ihn, daß sie wie andere einen obersten Wert postulieren. Für ihn gibt es dagegen nur *ethische Situationen,* die im wesentlichen Konfliktsituationen sind. Mit Hilfe seiner kritischen Intelligenz soll der Mensch diese nach Motiven, Fakten, Zusammenhängen und Folgen analysieren, um zu einer angemessenen Wertung und Entscheidung zu kommen. Man wird ihm nicht vorwerfen dürfen[43], daß er bei diesem Verfahren keine Trennung zwischen der für die Naturwissenschaften verbindliche Frage „Was ist" von der für die Ethik relevante „Was soll ich tun" vornehme. DEWEY weiß sehr wohl, daß die Was-ist-Frage mehrere Dimensionen hat: einmal fragt sie nach dem Gegebenen, zum anderen nach den Motiven und Hintergründen, die zum Gegebensein des Gegebenen geführt haben. Auf der Ebene solcher Argumentation wird das Gegebene als solches in Frage gestellt und im kritischen Verfahren die Frage der Rechtmäßigkeit *dieses* Gegebenen aufgeworfen und erörtert. Auch wird man nicht sagen können, daß DEWEY eine Art von kategorischem Imperativ voraussetze, wenn er erwartet, daß eben diese ermittelte Rechtmäßigkeit von Gegebenem, womit seine Veränderung möglich gemacht wird, auch von anderen Menschen eingeräumt wird. DEWEY liegt der Gedanke fern, nach absoluten Instanzen zu suchen, die den Menschen zu diesem oder jenem Handeln überreden oder gar zwingen. Der Mensch ist gar nicht außerhalb des anzustrebenden kritischen Verfahrens aufzufinden, so daß er nachträglich noch dafür einstehen müßte, sondern er ist eben dieses Verfahren selbst, und so wie dieses fortschreitet, schreitet das Ich selbst fort, konstituiert es sich, *wächst* es. Darum und so verstanden ist das Wachsen (growth) das Ideal seiner Erziehung. „Erwerb von Fertigkeiten, Besitz von Wissen, Erlangen von Bildung sind keine Ziele, sie sind Marksteine des Wachstums und Mittel, es fortzusetzen." Diese Erziehung des Wachsens hat mit der „Pädagogik des Wachsenlassens" nichts gemein. Solch ein Mensch, welcher „wächst" in kritischer Ermittlung dessen, was es mit einer konkreten Lebenssituation auf sich hat, was mit ihr los ist und der in solcher Praxis sich und eben diese Situation wandelt, ist der Mensch, den Demokratie voraussetzt. Diese Position wurde von DEWEY gewonnen in Auseinandersetzungen mit der vielleicht spezifischen amerikanischen Denkrichtung des Pragmatismus und dem bis dahin auch in Amerika sehr einflußreichen Neukantianismus europäischer Prägung sowie der Tradition des deutschen Idealismus, vor allem mit HEGEL. „Die philosophische Auseinandersetzung mit allen Formen des Apriorismus, die überall bei DEWEY die Grundlagen für den Aufbau seines eigenen Gedankensystems schafft, verbindet sich mit der entschiedensten Polemik gegen die traditionelle, klassizistische Erziehungslehre . . . In seiner Jugend hat er eine Monographie über LEIBNIZ geschrieben, und wir verstehen aus der deutschen philosophischen Tradition seine Tendenz vielleicht am besten, wenn wir sie auf die Überwindung des LEIBNIZschen Monadebegriffs gerichtet betrachten . . . DEWEYS ganzes Bestreben geht nun dahin, die Isolierung des Ichs aufzuheben und das seelische Leben in allen seinen Formen als einen einheitlichen Prozeß des Sich-Verhaltens in der Welt zu erklären . . . Die Herstellung möglichst vielseitigen und produktiven Kontakts zwischen dem Kind und dem Leben in allen seinen Gestalten bildet für DEWEY zugleich Methode und Ziel jeglicher Erziehung, die selbst nichts anderes darstellt als einen Bestandteil des allgemeinen gesellschaftlichen Lebensprozesses und aus ihm nur durch eine künstliche Isolierung herausgeschnitten wird.“[44]

Das „Wachsen“, von dem die Rede war, ist keineswegs auf das Subjekt beschränkt; denn dieses ist ja, wie gleichfalls gesagt, nicht außerhalb des kritischen Verfahrens der „Aufklärung“ einer Situation, in dem nun auch das scheinbar Objektive sich verändert, wächst. Dieser koinzidente Dualismus ist von EDUARD BAUMGARTEN treffend beschrieben worden. „Seelisches wird hier also gefaßt als ein bestimmter Zusammenhang spezifischer *Interaktionsphänomene* oder als ein eigentümlicher Zusammenhang faktischer Betragensweisen eines bestimmt ausgestatteten Organismus *in* seiner Welt . . . die einzelnen Ich-Akte (wie Trieb, Emotion, Reflexion) (sind) auch ihrerseits nicht mehr statisch abhebbare Seiten oder Stufen des Bewußtseins . . ., sondern einander zugeordnete, aufeinander eingespielte *Momente* der einheitlichen Interaktion Ich-Welt.“ Auch die Denkprozesse wurden gleichfalls als Weisen der Interaktion von Ich und Welt aufgefaßt. „Die ‚Umwelt‘ der *Menschen* . . . ist nicht eine gegebene ‚Außenwelt‘, ‚an die‘ sich ein gegebenes Selbst ‚anpaßt‘ oder ‚gegenüber‘ welcher es ‚sich selbst erhält‘. Im ‚Umgang‘ ist ein Organismus immer schon unlöslich mit seiner Welt durchsetzt und in seine Welt verwickelt. ‚Selbsterhaltung‘ (‚Selbstverwirklichung‘ oder wie immer die Liste dieser irreführenden Titel fortläuft) ist keine auf ein ‚Selbst‘ schon direkt gerichtete Aktion, sondern verläuft immer indirekt – als eine Einwirkung gegenwärtiger Handlungen eines Organismus auf einen zugleich mit ihm unterwegs seienden Gang der *Dinge*. ‚Anpassung‘ ist – in allen höheren Formen des Lebens – nicht ein Sich-Anpassen des Organismus *an* eine ihm vorgegebene Umgebung, sondern – wiederum indirekt – ein tätiges

Verwandeln bestimmter Faktoren der Dingverläufe *in* der Welt des Umgangs, so daß ihre Wirkungen auf den Organismus (im Zusammenhang mit dessen Rückwirkungen auf sie) eine für sein Leben günstige Richtung nehmen."[45] Demgemäß wird auch im Bereich der Erziehung der Dualismus überwunden. DEWEY schreibt in „Demokratie und Erziehung": „Es gibt kein größeres Trauerspiel als die Tatsache, daß soviel ausgesprochen geistiges und religiöses Denken jeweils eines dieser beiden Ideale betont hat: Selbstaufopferung oder geistige Selbstvervollkommnung – anstatt sein Gewicht gegen diesen Dualismus in die Waagschale zu werfen . . . Aufgabe der Erziehung in der Gegenwart ist es, für ein Ziel zu kämpfen, in dem soziale Leistung und Persönlichkeitskultur nicht Gegensätze, sondern gleichbedeutend sind." In dem genannten Werk wandelt DEWEY den französischen Sinn der Worte Freiheit, Gleichheit, Brüderlichkeit radikal um, so daß dieses Motto der Revolution einen völlig neuen Sinn erhält. „Freiheit interpretiert DEWEY als echte Zukünftigkeit; die Welt ist eine unfertige und werdende Welt. Was aus gegebener Welt noch werden kann, hängt von Wille und Tat ab. – Gleichheit interpretiert DEWEY als die durch keinen Vorgesetzten oder Untergebenen abnehmbare und nirgendshin abschiebbare Verantwortung, die jeder Person (gleichviel welchen Ranges) an ihrer Stelle zufällt, daß sie da das ihrige schafft und tut. – Brüderlich interpretiert DEWEY als das Kennwort der natürlichen Tatsache, das jede Initiative und Tat der Person ihr Gewissen und ihren bestimmten Sinn aus dem Zusammenhang der sozialen Gemeinschaft gewinnt, deren Glied diese Person ist."[46] Ein spezifisches Moment der menschlichen Gesellschaft ist nach DEWEY das Reden, die Sprache der Gesellten miteinander. Hier wird nun von ihm der erste Entwurf einer kommunikativen Handlungstheorie vorgelegt. Die Sprache, ebensowenig wie die Seele oder der Geist, sind im einzelnen Subjekt als Vermögen eingesetzt. Sie entspringen vielmehr zwischen den Handelnden, und zwar überall da, wo zwei tatsächliche Handlungspartner nicht mehr nur vermittels präformierter Reflexe aufeinander reagieren, sondern wechselweise einer des anderen Reaktionen antizipiert. Ebenso die Sprache. „Alle Sprache als gesprochene Rede hat dieses fundamentale Ereignis zur Voraussetzung, daß natürliches Handeln natürlich gesellter Partner aus der Ebene der Aktion und Reaktion in die Ebene der Partizipation und Kommunikation übergesprungen ist; daß in der Gestalt des kreuzweisen Handelns den Handelnden im Schnittpunkt der beiderseitigen Handlungslinien gewissermaßen die gemeinsame Richtungsresultante, besser: die ‚Seele' ihres Unternehmens, der λόγος desselben – da draußen – sichtbar wird und sie einander auf diesen äußeren, vorauseienden Schnittpunkt hin ‚Zeichen' geben und verstehen können." – „In der ‚Antizipation' des sozialen (des kommunikativen) Handelns werden die natürlichen Inhalte, Zusammenhänge des gelebten Lebens in diese Offenbarkeit und Sicht des schon getätigten und noch fernerhin zu tätigenden Einverständnisses gebracht. Diese ‚Inhalte' werden aber in dieser Mitgeteiltheit oder öffentlichen Sicht zugleich tiefgreifend und ‚wunderbar' ‚transsubstanziiert' ... Die ganze Leidenschaft des DEWEYschen Philosophierens sammelt sich an diesem Punkt, wo es ihm möglich scheint, Geist, Denken, Vernunft natürlich entspringen zu lassen aus dem Phänomen der Genossenschaftlichkeit und Gesellung."[47]

i) M. Buber

Kritische Erziehungswissenschaft als kommunikative Pädagogik hat ihre große geschichtliche Vorwegnahme auch in der Pädagogik des dialogischen Denkens, ausgehend vom „dialogischen Prinzip", gefunden. M. BUBER (1878–1965) hat in seinem Buch „Das Problem des Menschen" die Vorgeschichte seines anthropologisch-pädagogischen Ansatzes berichtet, soweit er aus der Philosophiegeschichte zu eruieren ist; über die theologische Herkunft dieses Gedankenganges informieren BUBERS Schriften zum Chassidismus. Auch hier die große Infragestellung der Subjektivität des menschlichen Subjekts! Als er 1925 „Über die Entwicklung der schöpferischen Kräfte im Kinde" zu sprechen hatte[49], kann er ihnen eine das Menschsein des Menschen fundierende Leistung nicht zutrauen – ebenso wie das Erziehen nicht den Kräften des Erziehers (dem Machttrieb oder dem Eros) zugesprochen werden kann. Freilich ist die Bedeutung der Kräfte für das Leben des Menschen nicht zu übersehen – wie sollte er anders tatkräftig handeln; aber um *menschliche* Kräfte zu werden, bedürfen sie der Umkehr, für welche Erziehung mittelbar aufkommt, indem sie in Gestalt des Erziehers zwischen Edukandus und Welt das Verhältnis des Vertrauens ermöglicht und ihn damit in das dialogische Prinzip einweist, welches Menschlichkeit fundiert. Auch hier kommt es jetzt, wenn zwischen Mensch und Welt das Grundwort Ich-Du gesprochen wird, zu einer Kommunikation: zu einer Kommunikation zwischen der Welt, ihren Dingen und Situationen und dem für sich ermächtigten Menschen, die das auf sich bedachte Subjekt aus sich hervor- und zu bewahrendem Einstand für Menschen und Dinge aufruft. Menschliches Engagement, immer wieder überraschend und immer wieder beschrieben, bestätigt diese Theorie; aber ihrer theologischen Prämissen, sowie des ereignis- und gnadenhaften Charakters ihrer entscheidenden Wendungen wegen ist heute nur noch selten jemand bereit, sie zu durchdenken – andererseits hat sie nach dem Zweiten Weltkrieg zahlreiche Interpreten gefunden[50], so daß sie hier nicht in extenso vorzuführen ist.

j) Die Pädagogik der Entsprechung

Auch die „*Pädagogik der Entsprechung*", mit der seit Jahren die Bildungstheorie des Verfassers etikettiert und kritisiert wird, ist zu nennen, wenn es um den geschichtlichen Horizont der kritischen Erziehungswissenschaft geht; wenn sie freilich auch in veränderter Lage anders formuliert werden muß. In „Sachlichkeit und Mitmenschlichkeit" ging es der „Pädagogik der Entsprechung" um „Freigabe von Sachen, Wesen und Menschen als sie selbst"[51] – „... der rechte Unterricht (läßt) die Sache als sie selber vorkommen ..., deren Ist den Schüler, ihn ansprechend, zur Verantwortung, in den Dialog, zur Menschlichkeit zieht. Diese Zucht des Seins ist Erziehung. Sie zieht den jungen Menschen aus seinen eigenwilligen Ansprüchen ... heraus und ruft ihn als ein Selbst zur Verantwortung", das heißt zur Entsprechung in Gedanke, Wort und Werk hervor[52]. Hier war das pädagogische Interesse nicht mehr auf den Zögling und seine Vervollkommnung beschränkt, sondern auf das „Gefüge von Mensch und Welt" gerichtet, wo „Welt als das Gehörige dem Menschen zugehört und ihn zu bewahrendem Einstand und Beistand aufruft"[53]. „Menschlichkeit – Bildung – meint(e) das Ereignis von Einstand und Beistand für Freiheit zu Aufgang und Abgang von Dingen, Wesen und Menschen. Das menschliche Wesen als jene einzigartige Stelle im Ganzen, an der Welt sich im Wort auf das Sein hin öffnet, formuliert – in Einspruch und Zuspruch der Erziehung – sich selbst, alles, was es für sich gewonnen, zu dieser Antwort."[54] Aus mancherlei Gründen wird aus solchen Formulierungen das kritische „Interesse" dieser Pädagogik nicht mehr herausgehört. Einmal sind Darstellungen nicht mehr überzeugend, die von dem „transzendentalen Horizont" einer „Pädagogik der Entsprechung" und einer kritischen Erziehungswissenschaft ausgehen, die „menschliches Sein in Welt als Prinzip der Erziehung" nennen und darauf hinweisen, daß die Möglichkeit von Erziehung ihren „Grund in der speziellen – eben in der *menschlichen* – Weise (hat), wie der Mensch in der Welt ist, daß er nämlich zufolge seines Stehens in Welt imstande ist, in seiner konkreten Lebenswirklichkeit sachliche und mitmenschliche Aufgaben und Verbindlichkeiten zu ermitteln und ihnen in seinem Denken, Reden und Tun nachzukommen"[55]; man geht heute lieber von der menschlichen Aktion selbst aus und nicht von den sie ermöglichenden transzendentalen Voraussetzungen. – Daher wird in der vorliegenden Pädagogik vom Prozeß menschlicher Kommunikation ausgegangen und von dorther nur beiläufig deren transzendentaler Horizont angesprochen. – Weiter wurde nicht verständlich, was „Sein" im Diktum der „Pädagogik der Entsprechung" meinte. Damit war ja gerade nicht ein oberstes metaphysisches Prinzip angesprochen (sah diese Pädagogik sich doch selbst *nach* dem Ende der abendländischen Metaphysik angesiedelt), und es wurde nicht auf eine Wesensmetaphysik rekurriert. „Sein" hatte seine Gegenwart nirgendwo anders als in der Aktion des Menschen, vornehmlich im Denken, wie es dem Menschen offensteht. Auch der Hinweis, daß es sich hier um den Infinitiv von „Ist" handelt, schützte nicht davor, „Sein" als oberstes und absolutes Seiendes zu hypostasieren. Nicht ein An-sich-Sein der Dinge war mit „Sein" gemeint, sondern ihr jeweiliges Ist, wie es in ständiger Wandlung ausgesprochen wird im immer wieder (zu jeder Zeit, in jedem Individuum und jeder Population) neu anhebenden Gang des Denkens. Solchem „Sein" „entsprechen", Sachen und Mitmenschen das sein zu lassen, was sie sind, sie in ihrem „Sein" wahren, besagte gerade nicht, sie ihrem Wandel zu entziehen und sie in ihrem zeitweiligen, als überzeitlich deklarierten „Sein" festzuhalten, sondern sie in immer neuer, dem in neuerlichem Nach- und Durchdenken gewandelten Ist entsprechender Gestalt ins Werk zu setzen, sie zu „bessern". – „Sachlichkeit und Mitmenschlichkeit" wurden gar zu leicht als Habitus des gebildeten Subjekts verstanden, als Gesinnung, nicht als besonderer Vollzug des Denkens und Handelns. Schließlich wird man heute nicht mehr einfach von Sache und Mitmensch sprechen können: Sachen stehen immer schon in bestimmten Handlungssystemen und Menschen in bestimmten Strukturen der Gesellschaft; wo es um ihr „Sein" geht, müssen sie immer von diesen Verhältnissen her an- und durchgesprochen werden.

5. Bildungsmodelle

Zur weiteren Einführung in die kritische Erziehungswissenschaft ist die Erinnerung an drei Grundmodelle hilfreich, auf die sich die Vielzahl von Bildungstheorien zurückführen läßt. Die Logik ihres Zusammenhanges verweist unmittelbar auf eine kritische Pädagogik.

Bei diesen Modellen wird davon ausgegangen, daß im Prozeß der Bildung (gemäß den meisten Bildungstheorien, welche den Prozeß der Bildung als ein wohlbegründetes Zusammenwirken einzelner Positionen und als folgerechten Zusammenhang bestimmter Abläufe darzustellen suchen) üblicherweise zwei Positionen ins Spiel kommen: der Mensch, der in seine Menschlichkeit hineinfinden soll: das Bildungssubjekt – und die Welt mit ihren Dingen, Wesen und Menschen: das Bildungsobjekt. Vorauszuschicken ist, daß bildungstheoretische Entwürfe, die unter der Menschlichkeit die vollendete monadisch verstandene Subjektivität des Bildungssubjekts, die in sich vollkommene, harmonische Persönlichkeit verstehen, heute – wie aus dem vorigen Kapitel hervorgeht – als nicht mehr diskutabel angesehen werden können. Nicht als innere Verfassung des Bildungssubjekts, sondern nur im Handeln des Menschen im gesellschaftlichen Kontext, in seinem handelnden Umgang mit Dingen und Menschen, wird die Menschlichkeit des Menschen sichtbar. Darum muß jede Bildungstheorie, welchem der drei Grundmodelle sie auch zuzuordnen ist, zu zeigen haben, wie der Mensch über das Wissen zum Handeln kommt. Hierüber weiteres im nächsten Kapitel (I, 6) – es sei denn, sie begreift Wissen und Handeln als *einen* einheitlichen Prozeß.

Die Logik des Zusammenhangs der durchzusprechenden Bildungsmodelle wird sichtbar[56], wenn man die zwischen Subjekt und Objekt sich abspielende Bildungsvermittlung ins Auge faßt und nach der Rolle des Subjekts und des Anderen, des „Objekts", auf dem Wege des Menschen zu sich selbst, d. h. zu seiner Menschlichkeit, fragt. Hierbei lassen sich ein *funktionales,* ein *dialektisch-reflexives* und ein *dialogisches* oder *kommunikatives* Bildungsmodell unterscheiden. Bereits J. Derbolav hatte die erhellende Unterscheidung zwischen der nur funktionalen und der dialektisch-reflexiven Bildungsvermittlung getroffen[57]. Im Nachvollzug seiner Explikation wird sich aber zeigen, daß man noch zu einer dritten Form von Bildungs-„Vermittlung" fortschreiten sollte, weil auch sein dialektisch-reflexives Modell die Probleme noch nicht befriedigend zu lösen vermag, die es selbst am funktionalen Modell aufgezeigt hat.

a) Das funktionale Bildungsmodell

Wenn hier von funktionalen Bildungstheorien die Rede ist, dann kann es sich nicht um die geläufige Unterscheidung von funktionaler und intentionaler Erziehung handeln[58]. Funktion ist hier in dem Sinne genommen, wie der Terminus in der Mathematik üblich ist, wo er besagt, daß eine Größe abhängig von einer anderen ist, daß y etwa als eine Funktion von x verstanden werden muß. Ähnlich werden nun in einer funktionalen Bildungstheorie die in den Bildungsprozeß eingegangenen Positionen, etwa Mensch und Welt, Kind und Stoff, Selbst und Anderes, als voneinander abhängig, sich gegenseitig bedingend verstanden. Zu den funktionalen Bildungstheorien gehören sowohl die *formale* wie auch die *materiale* Bildungsauffassung. Wenigstens die erste sei an einigen Sätzen aus Salzmanns (1744–1811) „Ameisenbüchlein oder Anweisung zu einer vernünftigen Erziehung der Erzieher" (1806) erläutert.

Nach Salzmann[59] ist Erziehung *„Entwicklung und Übung der jugendlichen Kräfte"*. Und dann fragt er: „... Woran sollen diese Übungen geschehen? An Gegenständen, die in die Sinne fallen. Diese müssen in *großer Mannigfaltigkeit* herbeigeschafft und den Kindern zur

Betrachtung vorgestellt werden. Wo diese bei sechs- bis achtjährigen Kindern fehlen, da ist keine Erziehung, weil nichts da ist, woran sie ihre sich regenden Kräfte üben können ... Naturgeschichte soll gelehrt werden, nicht um ihrer selbst willen, sondern um der Jugend Gelegenheit zu schaffen, an der Natur verschiedene Kräfte zu üben ... Der Zweck des Unterrichts in der Naturgeschichte soll ja bei Kindern nicht sein die Erlernung derselben, sondern – Übung ihrer Kräfte, wozu die naheliegende Natur hinlänglichen Stoff darbietet ..."[60]

Diese Sätze sind ein treffendes Muster für eine formale Bildungstheorie, die in der Entwicklung der kindlichen „Kräfte" ihre Aufgabe sieht, die die Dinge der Welt zum „Stoff" macht, dessen Bildungssinn allein darin besteht, auf die Kräfte des Menschen eine kraftbildende „Funktion" auszuüben.

Wie in obigen Sätzen SALZMANNS Welt nur insofern für die Bildung des Menschen wichtig wurde, als sie geeigneter Stoff zur Ausbildung seiner Kräfte ist, so wird bisweilen auch das Abhängigkeitsverhältnis umgekehrt und der Sinn der Bildung und der Selbstverwirklichung des Menschen darin gesehen, daß er Träger und Fortsetzer, ja Vollender der Welt, der Kultur ist.[61] Hier wird nicht die Welt, sondern der Mensch mediatisiert. – Die Sätze SALZMANNS, der Erziehung als Entwicklung und Übung der jugendlichen Kräfte definierte, klingen für moderne Ohren recht problematisch. SALZMANN und seine Zeit dagegen konnten sich mit derartigen Aussagen noch begnügen: Es reichte hin, wenn einerseits Erziehung verstanden wurde als Darstellung und Aktualisierung des subjektiven Kraftpotentials, und Bildung als die in ihren Kräften harmonisch „gebildete" Persönlichkeit, oder wenn es andererseits (materiales Bildungsverständnis) darum ging, durch Aneignung und Inbesitznahme eines klassischen Bildungsbestandes, durch Teilnahme an einer universalen Bildungssumme zum Gebildeten zu werden. Solange man den Bildungsprozeß zu fassen suchte innerhalb eines geschlossenen Weltbildes, in einem unangefochtenen normativen Horizont, konnte das oben genannte Kernproblem einer Bildungstheorie, wie nämlich der Übergang vom Wissen zum Handeln sich vollziehe, gar nicht in seiner Tragweite ermessen werden. Es genügte durchaus, wenn sich das Subjekt für sich selbst (formal oder material) bereicherte; für sein Handeln war ja immer schon von dem in seiner Zeit geltenden Normensystem her gesorgt. Die Frage nach pädagogisch zu ermittelnden Maßgaben für das Handeln konnte man getrost auslassen.

Dies änderte sich freilich, als im Verlaufe des 19. Jahrhunderts die historische Schule jene vorausgesetzten normativen Horizonte gerade in ihrer Geschichtlichkeit nachwies. Mit der Infragestellung jener bislang gesicherten Handlungsgrundlage mußte einerseits die Erziehung selbst dem Schüler mit dem Wissen zugleich auch positive Handlungsnormen vermitteln, wie auch andererseits die Erziehungswissenschaft sich nicht mehr mit der Darstellung der bloßen Fakten und der normativen Verbindlichkeiten begnügen konnte. So mußte schließlich W. Dilthey (1833–1911) der Pädagogik im Jahre 1888 in seiner berühmten Akademieabhandlung „Über die Möglichkeit einer allgemeingültigen pädagogischen Wissenschaft" ihre verhängnisvolle Rückständigkeit bescheinigen. Sie sei bis zur Stunde in einem Naivstadium verblieben, woraus sich andere ihr verwandte Wissenschaften längst befreit hätten.

Dilthey aber weiß zugleich, daß das Ergebnis der historischen Schule für die Pädagogik zunächst eine außerordentliche Verarmung darstellte. Sie kann eben nicht auskommen ohne ein Normengefüge, das von der historischen Schule gerade in seiner Relativität dargelegt wurde. Wo sollte man aber nun, nachdem dieses fraglose Fundament erschüttert war, neue Maßgaben für das Handeln finden? Wo anders als in den entdeckten Fakten selbst?!

Dann aber durfte die Lernsache nicht mehr gemäß dem funktionalen Bildungsmodell zum Stoff – zum Kraft-Stoff – herabgesetzt werden. Sie war vielmehr in anderer und neuer Weise ernst und wichtig zu nehmen, da ja die Maßgaben menschlichen Handelns nicht mehr außer und vor dem Wissen gegeben waren, sondern nur mit und im Wissen dem jungen Menschen einsichtig und verbindlich gemacht werden konnten. Hier wird verständlich, daß die *Didaktik* nun zum zentralen Thema der Pädagogik werden mußte, die sich fortan die Aufgabe stellt, Gewissen im Wissen zu konstituieren, oder – mit der Tradition gesprochen – den Unterricht erziehend zu machen.

Mit der Infragestellung des funktionalen Verständnisses der Bildungsvermittlung zwischen Edukandus und Sachbereich wird auch ein ihm eigentümliches Zeitschema verabschiedet. Das kennzeichnende Nacheinander von Ursache und Wirkung: Vorgegebenheit des „Stoffes" zum Zwecke der Hervorbringung der noch nicht aktuellen „Bildung" des Subjekts – Vorgegebenheit des „Gebildeten" zum Zwecke der Hervorbringung eines neuen Kulturgebildes, wird in ein für den Bildungsprozeß typisches „Zugleich" zusammengezogen. Da befindet sich nicht auf der einen Seite der Edukandus als pure Potenz und auf der anderen Seite die Sache in ihrem Sein und ihrem Sollen; da gilt es nicht, die eine Seite auf die andere anzuwenden: vielmehr *gibt es* den Edukandus sowohl als auch Sein und Sollen der Sache erst in der dialektischen Verschränkung von Mensch und Welt. Erst wo Welt im Menschen aufgeht, indem sie *begriffen* wird hinsichtlich ihres Seins und ihres Sinns, tritt auch der Mensch auf als jenes dem Sein und seinem Sinn zugehörige Wesen. Außerhalb dieser Synthesis sind weder Mensch noch Welt im simplen Sinne gegeben. Darum konnte auch W. Klafki, damals noch Vertreter einer Geisteswissenschaftlichen Pädagogik, in seiner Theorie der kategorialen Bildung von der oft zitierten „doppelseitigen Erschließung" reden: „Bildung nennen wir jenes Phänomen, an dem wir ... unmittelbar der Einheit eines subjektiven (formalen) und eines objektiven (materialen) Momentes innewerden ... Bildung ist Erschlossensein einer dinglichen und geistigen Wirklichkeit für einen Menschen (objektiver Aspekt), aber das heißt zugleich: Erschlossensein dieses Menschen für diese *seine* Wirklichkeit (subjektiver Aspekt)."[62]

Mit diesen Hinweisen ist die Grenze des funktionalen Bildungsmodells bereits erreicht. Dennoch beherrscht nach Derbolav das funktionale Modell auch noch weithin die bildungstheoretischen Entwürfe der Gegenwart: „Es ist die von Schleiermacher und Dilthey überkommene *geisteswissenschaftlich-lebensphilosophische* Grundeinstellung, die ihrem methodologischen Horizont nach über die vielfältigen Antinomien des Erzieherischen, der Antinomie zwischen Deskription und Norm, zwischen Recht des Kindes und Anspruch der Sache, zwischen formaler und materialer Bildung, nicht hinwegkommt. Das dialektische Verhältnis des kindlichen Geistes zur Welt (von ihm wird das dialektisch-reflexive Bildungsmodell ausgehen) kann auf dieser verstehend-hermeneutischen Vermittlungsebene eben nur als ein *funktionaler Zusammenhang* zwischen psychisch-Innerem und welthaft-Äußerem gefaßt werden, wobei sich der Kultur- und Bildungsprozeß in der Regel als Kreislauf schöpferischer Lebensobjektivierung und erlebnismäßiger Resubjektivierung des Objektivierten darstellt. Mag dieses Modell auch das Verdienst haben, alle naturalistischen Auslegungen des Bildungsverhältnisses (etwa als Reiz-Reaktionsverhältnis) eindeutig auszuschließen, so führte es die Vermittlungsbewegung doch nicht radikal genug durch. Deshalb wird hier auch weder der *Vorgegebenheitscharakter* des ‚Anderen' (des „objektiven Geistes", der offenbar doch mehr ist als ein ‚Gemachtes', eine Kulturschöpfung) noch auch der *Gewissenssinn* der Bildung wirklich getroffen und freigelegt. Die pädagogische Verantwortung bleibt daher notgedrungen auf die Seite einer formalen Innerlichkeitspflege des Edukandus bezogen und leistet in dieser Selbstbegründung dem dünngewordenen humanistischen Bildungsästhetizismus ungewollte Schützenhilfe. – Wir sehen also: Nohl hat das individuelle Du des Kindes als den Bezugspunkt der pädagogischen Verantwortung aufgewiesen ... Er sucht dieses Du des Kindes aber noch aus dessen eigener schöpferischen Lebenswelt zu verstehen und zu entwickeln, nicht zugleich – und auf dieses ‚zugleich' kommt alles an, ein ‚nebeneinander' bleibt hier notgedrungen ein ‚gegeneinander' – in seiner Auseinandersetzung mit dem ‚Anderen' der Erwachsenenwelt zu ‚begreifen'. Flitner bemühte sich daher, den Sinn der pädagogischen Verantwortung aus dieser Antinomie zu befreien, hält aber, wie uns scheint, noch zu sehr an der *hermeneutischen* Interpretation des Bildungsgeschehens fest, für welche die Vermittlung zwischen Subjekt und Objekt nur im Erleben herzustellen ist und der daher das Gewissensproblem noch verstellt bleibt. Eben dieses Gewissen sucht nun O. F. BOLLNOW in seiner ... ‚Theorie der unsteten pädagogischen Vorgänge' als letztes pädagogisches Bezugssystem aufzudecken und bringt damit ein neues Moment in die Grundlagendiskussion der Erziehungswissenschaft ... Aber er vermag nur aus der Negation des funktionalen Bildungsverständnisses heraus zu argumentieren und muß daher die alte Antinomie zwischen ‚Selbst' und ‚Anderem' nur noch radikaler auseinanderbrechen lassen. Das ‚Andere' schmilzt ihm schließlich zum neutralen und gleichgültigen Auslöser punktueller Selbstwerdung dahin, statt ihm dahinter den Blick für jenes ‚praktisch Allgemeine' freizugeben, das als positiver Horizont jeder Selbstwerdung qua ‚Gewissensvermittlung' immer schon vorausgesetzt werden muß."[63]

DERBOLAVS Kritik am funktionalen Bildungsmodell bis hin zur hermeneutisch-pragmatischen Erziehungswissenschaft läßt sich wohl in drei Punkten zusammenfassen:

- Die Vermittlungsbewegung zwischen Subjekt und Objekt wird nicht radikal genug durchgeführt und bleibt im Funktionalen stecken.
- Die geisteswissenschaftlich-lebensphilosophische Grundeinstellung, die hermeneutische Interpretation des Bildungsgeschehens führt letztlich zu Bildungsästhetizismus, der Gewissenssinn der Bildung wird nicht erfahren. Über einen relativen pädagogischen Subjektivismus kommt auch die Geisteswissenschaftliche Pädagogik nicht hinaus.
- Der Horizont der Selbstwerdung ist hier die Subjektivität des Subjekts. Das gilt auch für das scheinbare Aufbrechen der Subjektivität im Begegnungsverständnis BOLLNOWS.

b) Das dialektisch-reflexive Bildungsmodell

Für JOSEF DERBOLAV ist das pädagogische Geschehen wesentlich ein *geistiges* Geschehen. Eine Bildungstheorie hat dieses Geschehen nun als ein solches, eben als ein geistiges zu begreifen. Schon THEODOR LITT (1880–1962) folgerte aus der Tatsache, daß der Gegenstand der Erziehungswissenschaft die lebendige Wirklichkeit des Geistes sei, die Pädagogik müsse, um seiner Dialektik nachzukommen, selbst dialektisch vorgehen[64]. DERBOLAV betrachtet nun dieses pädagogische Geschehen, diesen Bildungsprozeß als ein geistiges Geschehen, unter dem Aspekt einer *Reflexionsstufentheorie,* die er in prägnanter Kürze folgendermaßen formuliert: „Dann aber stehen sich ‚Selbst' und ‚Anderes' nicht mehr als Inneres und Äußeres gegenüber, die sich aneinander herausformen bzw. im Objektivierungs- und Resubjektivierungskreislauf relativ äußerlich vermittelt werden. Das ‚Andere' erweist sich hier vielmehr als die dialektische Voraussetzung des Selbst, als der Horizont des ‚objektiven Geistes' in seiner natürlichen und geschichtlichen Erscheinungsform, auf den sich die individuelle Monade, aus der unmittelbaren Weltumfangenheit heraustretend, als auf *ihr* Anderes zurückwendet, den sie auf dem Wege der Entdeckung und Auseinandersetzung *sachlich* verstehen und *sinnhaft* begreifen lernt und in dem sie sich schließlich zur verantwortlich handelnden Individualität emporarbeitet. In den Begriff der Auseinandersetzung ist daher ebenso das vorgängige ‚Füreinander' von Selbst und Anderem hineinzudenken wie auch der notwendige Schritt distanzierender Entfremdung, der beide Sphären in ihrer ‚Gegenständlichkeit' erschließt. Erst in einer ‚Periagogé' (PLATON) vom *Sachwissen* zu den (in diesem untergegangenen) *Sinngehalten* aber vollendet sich die hier gemeinte Vermittlungsbewegung ... Entscheidend dabei ist: nicht mehr der wissende oder erlebniserweckte, sondern der *handelnde* Mensch, genauer: das *Gewissen* selber ist das Bezugssystem dieses Bildungsmodelles ...“[65]

DERBOLAV erinnert daran, daß HEGEL (1770–1831) für den Bildungsvorgang in seiner Dialektik die wegweisende Formel vom „Im-andern-zu-sich-selber-Kommen“ geprägt hat. Der entscheidende Fortschritt dieses Modells gegenüber dem funktionalen ist der, daß das Andere nicht nur als jenes andere angetroffen wird, um sich von ihm her dann wieder der eigenen Subjektivität zuzuwenden und in ihr sich zu vollenden (wie BOLLNOW vorgeworfen wird), sondern daß das Andere als der Ort begriffen wird, an dem und in dem das Selbst seine beschränkte Subjektivität hinter sich zu lassen und abzuarbeiten hat, um in dem Anderen sein Selbst zu verwirklichen. Hier wird also vor einer voreiligen Reflexivität (Zurückbeugung) des Ich auf seine eigene Subjektivität gewarnt, da das Ich sich nicht in sich, sondern nur im Anderen finden kann. „Das ‚Andere' ist hier der Horizont der Natur- und Geisteswelt, in den das menschliche Individuum hineingeboren wird, sich einwächst und einarbeitet, um hier Heimatrecht zu gewinnen. Bildungsdialektisch gesehen, handelt es sich dabei um einen Auseinandersetzungsprozeß, in dem sich der Einzelgeist, aus seiner Natürlichkeit aufsteigend, den ihm vorgegebenen und vorgeschaffenen allgemeinen Geist – den Sinnkreis seiner Selbst – verstehend aufschließt und begreifend zu eigen macht, und d. h. zugleich, sich ihm verpflichtend zu eigen gibt.“[66] Auch hier geht es um ein Zu-sich-selber-Kommen; aber nicht in sich kommt der Einzelgeist zu sich, sondern allein im Anderen. Reflexivität dürfte auch hier das Merkmal des Bildungsprozesses sein,

Sinn

aber nicht eine verkürzte Reflexivität, in der das Subjekt mit sich selbst auszukommen meint und das Andere lediglich als Absprung benutzt.

Die drei Abschnitte des Bildungsprozesses, hier als ein Zu-sich-selber-Kommen des (individuellen) Geistes verstanden, seien nun im einzelnen noch einmal durchlaufen:

(1) Auf der ersten Stufe naiver Eingelassenheit in jene Natur- und Geisteswelt ist dieser Einzelgeist noch nicht bei sich selber; er hat sich selber noch nicht er- und begriffen. Er weiß noch nicht um sich, weder um sein Sein noch um sein Sollen. Er ist in einer Weise in der Welt, daß diese ihn in bedeutungsvoller Nähe immer schon mitausmacht, mitumschließt und ihn trägt. Wenn er handelt, handelt er noch nicht aus sich – denn er ist ja noch nicht bei sich –, sondern aus einer Bedeutungsfülle, die ihn sich selber noch verbirgt. Da noch nicht zu sich selbst gekommen, ist er auch für das, was er tut, noch nicht verantwortlich zu machen. Wir haben hier, in Anlehnung an das GOETHEWORT, den guten Menschen vor uns, der in seinem dunklen Drange immer schon auf dem rechten Wege ist. Diese Stufe, auf der auch der Erwachsene – in bestimmten Bereichen jedenfalls – immer noch lebt, ist Grund und Ausgang aller Bildungsbewegung. Namentlich beim Kinde werden wir von dieser bedeutungsvollen Einheit aus Selbst und Anderem gerührt. Jene Spontaneität, die aus dieser Einheit, dieser Bedeutungsfülle herrührt, die uns immer wieder als „Geist der Kindheit“ (FÉNELON – 1651–1715) gerühmt wird, ist Zeichen jenes Einsseins von Mensch und Welt. Das zweijährige Kind steht neben der Mutter und hilft ihr beim Spülen des Geschirrs. Es ist in den Handlungssinn dieser Tätigkeit ganz hineingenommen: in seiner Hilfe ist es nicht bei sich, sondern geradezu „außer sich“. – Ähnlich ist das Kind von seiner Muttersprache umschlossen und – in ihr zuhause – spricht es; jenes bedeutungsvolle Beisammensein spricht – „es sprudelt nur so aus ihm heraus“, „sein Mund steht nicht stille“. Hier gibt es noch keine Verantwortung vor der Wahrheit und vor dem Worte. Solange das Kind nicht bei sich ist, hat es nicht die Kriterien zur Hand, die es die Worte auf die Wahrheit hin wägen lassen, ja es hat nicht einmal die Sprache in der Hand, sie zu gebrauchen. Es ist, sofern es noch nicht bei sich ist, der Sprache noch nicht mächtig; es ist, wenn man so will, immer schon von der Übermacht der Sprache überwältigt, ihr ausgeliefert, blind und vertrauensselig. Sein Welthorizont bleibt, wie DERBOLAV sagte, „naiv und situativ unerschlossen und sein Gewissen blind für die seiner Bestimmung gemäßen Möglichkeiten praktischer Bewährung“.[67]

(2) Sofern nun das pädagogische Geschehen ein geistiger Vorgang ist, geht es darum, daß dieser in eine bedeutungsvolle Welt eingelassene Einzelgeist zu sich selber kommt. Auf diese Ankunft in sich selbst kommt es an. Welcher Weg aber führt zu sich selbst? Er kann nicht be-

ginnen von einem hypothetisch vorausgesetzten, vielleicht durch subjektive Potentialität definierten Selbst, sondern von jener bedeutungsvollen Einheit, die THEODOR LITT Umgang nannte, die eben jene Basis ausmacht, von der aus das Selbst sich begreift. Indem es sich an diese bedeutungsvolle Einheit hält, beginnt für es der Weg als Auseinandersetzung. Dabei wird jene Basis nach keiner Richtung hin überschritten – aber auch nicht unterschritten. Sie wird entfaltet auf das hin, was in ihr ist. Wirkliche „Kreativität" gibt es hier nicht, prinzipiell Neues kann der Mensch nicht hervorbringen; jede vielleicht noch nie dagewesene Kulturschöpfung ist doch immer „objektiver Geist", von dem umfangen das Bildungssubjekt seinen Ausgang nahm und in dessen Dienst es das Zu-sich-Kommen des absoluten Geistes fördert. Von diesem her gesehen gibt es nur die endlose Wiederholung seiner selbst. – Ausgehend von seiner Basis also rücken Selbst und Anderes auseinander. Das Selbst sondert sich vom Anderen, es lernt sich und das Andere verstehen. *Ich* bin es nun, der sprechen kann, der Sprache versteht und sich auf die Sprache versteht. Dieses Verstehen ist ein Sich-verstehen auf etwas, ein Können, ist Macht. Dieses Verstehen der Auseinandersetzung ist ein Prozeß eigentümlicher Doppelläufigkeit. Indem ich das Andere verstehe, lerne ich mich verstehen in meinem Können. Jetzt sprudelt es nicht nur so aus mir heraus, sondern *ich* spreche; indem ich die Sache Sprache verstehe, bin ich ihrer mächtig, habe ich sie in der Hand, ist sie Objekt meiner Willkür. Nun ist die Sprache von meiner im Verstehen gewonnenen Macht überwältigt. Erst jetzt läßt sich Sprache gebrauchen, als Gefäß der Lüge und der Wahrheit, da ich mich aus der Sprache gerettet habe, da ich ihr entkommen bin, da das Ich die Sprache als den Ort der Wahrheit hinter sich gelassen hat. Alles Verstehen wird durch einen Verzicht an Unmittelbarkeit erkauft. Alles Verstehen ordnet das Konkrete in ein abstrakt Allgemeines ein. Damit verliert es für mich seine Verbindlichkeit. Nun hat die Sprache selbst mir nichts mehr zu sagen: ich sage ihr, was sie zu sagen hat.

Der Einzelgeist kommt offenbar nur auf dem Wege zu sich, daß er jene bedeutungsvolle Einheit hinter sich läßt. Auf dem Wege des Verstehens von Anderem, das zugleich ein Sich-Verstehen und ein Sich-auf-das-Andere-Verstehen ist, wird diese Einheit aufgelöst, ihrer Bedeutung entleert. Wenn diese bedeutungsvolle Einheit aber gerade das Selbstsein des Einzelgeistes ausmachte, ist er dann wahrhaft bei sich, wenn er diese Einheit hinter sich gelassen hat? Ist dieses sich auf sich selbst verstehende „Ich" autark, selbstmächtig genug, daß es auf jenen am Ort des Ursprungs seiner Selbst ihn angehenden Zuspruch und Anspruch verzichten kann? Hier wird nun eine für diese zweite Reflexionsstufe typische Gefahr sichtbar, daß nämlich das im Verstehen von Sich und im Verstehen von Anderem zu sich kommende Ich sich zugleich in die Gefahr des Selbstverlustes bringt, da es nicht anders zu sich kommen kann, als daß es auf die Fülle seines Selbst, die die Basis seines Seins ausmachte, verzichtet. Diese Gefahr, die ein jeder auf dem Wege seiner Selbstverwirklichung auf sich zu nehmen hat, nannte LITT „Selbstsublimierung“[68]: der Einzelgeist hat in der Auseinandersetzung und dem daraus resultierenden Verstehen die individuellen Züge seines Selbstseins abzustreifen, sich allgemein zu machen. Die Gefährdung dieses für sich autarken Ich ist oft beschrieben worden: es ist sich selbst und den ideologischen Systemen überlassen; seinem Willen als bloßer Willkür ist es ausgeliefert. Sein Wille ist noch nicht Gewissen geworden, da ihm jene ursprüngliche Bedeutungsfülle, auf die im Verstehen verzichtet werden mußte, noch nicht als Kriterium seines Wollens vermittelt worden ist. „Wo sein Sachverstand . . . nicht zum Begreifen des praktischen Sinns dieses Weltwissens weitergeführt wird, bleibt sein Gewissen leer und dogmatisch bzw. ideologischen Vorstellungen ungeschützt ausgesetzt.“[69]

(3.) Wenn nun jene bedeutungsvolle Einheit die Basis jenes Bildungsweges, die Basis des Zu-sich-selbst-Kommens ist, wird dieses Ich des Verstehens jene unerläßlichen Kriterien des Wollens und Handelns nur dann für sich gewinnen können, wenn es sich jener Einheit erneut zuwendet: Nicht unmittelbar, sondern über und durch das hindurch, was es auf dem Wege der Auseinandersetzung vor sich gebracht hat, daß es – um im Beispiel zu bleiben – nun auch den Sinn von Sprache zu begreifen sucht, den es als Kriterium seiner Sprachmächtigkeit nicht anderswo als in der Sprache wird herausarbeiten können[70]. Das Ich des Verstehens ist hier jedenfalls total machtlos. Erst dann ist das Selbst wirklich bei sich, wenn es sich nicht in sich verschließt, sondern wenn es sich aufmacht, sich im Andern zu suchen. So mag nun jene Formel HEGELS des Im-Andern-zu-sich-selber-Kommens erläutert sein!

Faßt man diese dreistufige Selbstverwirklichung des individuellen Geistes noch einmal ins Auge, so fällt auf, daß es sich hier um den Prozeß einer doppelten Ermächtigung handelt: Aus der Stufe des Umgangs aufsteigend kommt der Einzelgeist auf dem Wege der Auseinandersetzung von Selbst und Anderem über die Stufe des Sachverstands auf der Stufe des Sinnbegreifens zu sich, indem er durch das Andere, vermittelt, auf die Bedeutungsfülle des Anderen, wie sie sich unmittelbar auf der Stufe des gemeinsamen Ursprungs ihm kundgab, zurückgreift und diese sich zueignet als die Regulative seiner im Sich-auf-das-Andere-Verstehen, d. h. im Wissen, erworbenen Macht. Auf der Stufe des Sich-Verstehens und des Das-Andere-Verstehens, welche Können, Sich-auf-das-Andere-Verstehen, bedeutet, hat sich der Einzelgeist noch nicht voll erreicht. Er ist sich ausgeliefert, sich selbst und außerindividueller Willkür gegenüber. Die hier erworbene Macht ist im Blick auf menschliches Handeln in Verantwortung erst halbe Stärke (das Problem der „Halbstarken"). Ganz bei sich ist dieser im Verstehen ermächtigte Mensch erst dann, wenn er auch *im Gebrauch* der im Verstehen erworbenen Machtfülle bei sich ist. Dann erst ist der Mensch selber für sein Handeln verantwortlich, jetzt: da nicht nur die im Handeln sich ausdrückende Macht, sondern auch Richtung und Ziel seines Handelns im reflexiven Ich ihr Prinzip haben. Was der Einzelgeist auf sich in der dreistufigen Reflexion versammelt, ist Macht in zweierlei Gestalt: einmal die Macht zum eingreifenden Handeln überhaupt, im Tun die eigene Existenz nachdrücklich unter Beweis zu stellen, und zum anderen die Macht, dieses blinde Handeln jenen Kriterien zu unterwerfen, die das reflexive, das sittliche, das verantwortliche Ich im Andern für sich gewonnen hat und die es allererst vollenden. Das reflexive Ich hat sich somit in materialer wie in formaler Hinsicht voll übernommen: es ist Subjekt nicht nur seines Wissens, Verstehens und Könnens, sondern auch seines Wollens und sittlichen Handelns: Substanz seines Wissens und Gewissens.

Erst wenn das Ich auch die Regulative seiner sittlichen Existenz für sich gewonnen hat, wird ihm die Kontinuität zuteil, die es aus der Laune des Schicksals befreit, wie auch aus den Launen fremder und eigener Willkür. Dieses zweifach ermächtigte Ich ist das Verläßliche, das sich auf sich selbst und auf das man sich verlassen kann. Es bleibt sich selbst treu, auch in Treulosigkeit und Verlust. Diese Kontinuität des verantwortlichen Ich als des Prinzips des sittlichen Handelns führte SCHLEIERMACHER (1768–1834) auf die *Gesinnung* und HERBART (1776 bis 1841) auf den *Charakter* zurück. Gesinnung ist für SCHLEIERMACHER kontinuierlicher Wille, und HERBART umschreibt Charakter als Gedächtnis des Willens.

Die dem Ich in der Reflexion vermittelten Maße des sittlichen Handelns sind keineswegs abstrakt; sie sind ihm ja durch das Andere hindurch in der Reflexion vermittelt worden – durch das Andere, das am Ausgang seines Weges ihm bedeutungsvoll nahe war und den Horizont seiner konkreten Lebenssituation absteckte. Diese vom Ich übernommenen Maße sittlichen Handelns sind keiner bloßen Idee von Sittlichkeit entsprungen, sie sind nicht formal, sondern sie öffnen immer schon das reflexive Ich auf das Andere seiner konkreten Lebenssituation hin, verweisen es auf das Andere als das Andere seiner sittlichen Leistung und Bewährung. Im sittlichen Handeln bewährt sich das Ich in Treue und Beharrlichkeit, verantwortet es sich vor der in der Reflexion übernommenen eigenen Maßgeblichkeit. Alles sittliche Handeln meint zwar das Andere, bestätigt aber zugleich das reflexive Ich als das Prinzip der Sittlichkeit. Auch im Anderen geht es dem Ich immer nur um sich. Was auf der Stufe des Umgangs das Ich „außer sich" tat, tut es hier „aus sich". Prinzip seines – nun sittlichen – Handelns ist nicht mehr jenes bedeutungsvolle Beisammen, sondern die vom Ich reflexiv im Andern angeeignete Möglichkeit sittlicher Leistung und sittlicher Bewährung seiner selbst. Ursprung und Ziel fallen in eins zusammen: In der sittlichen Handlung geht das zur Sittlichkeit ermächtigte Selbst im Andern am Andern vorbei und kommt zu sich.

Hier tut sich ein weites Feld von Fragen auf. War das Handeln jenes „guten Menschen" menschlich, weil es in der Spontaneität jenes bedeutungsvollen Beisammenseins sein Prinzip hatte, – wie steht es dann mit der humanen Relevanz jener reflexiven Sittlichkeit, die dem zu sich gekommenen Ich entspringt? Gewiß, es ist im Anderen zu sich gekommen; ist es dann aber noch bei dem und mit dem Anderen? Was kann man tun, damit die reflexive Sittlichkeit menschlich bleibt?

Man wird auf diese Frage heute nicht so antworten können, daß es alle reflexive Ermächtigung im Wissen und Gewissen zu meiden gelte, daß man sich an das bedeutungsvolle – naive – Beisammen als das Prinzip des Menschlichen halten solle. Keineswegs! In den meisten Bereichen unserer Welt ist uns jener bedeutungsvolle Umgang, naives Engagement, verwehrt. Welt begegnet uns heute zumeist in einer komplizierten Sachstruktur, in die sich der einzelne einarbeiten muß, in die er nicht einfach hineingeboren wird. Dennoch behält jener Ursprung seine Bedeutung für das Menschliche. Ob es aber als Erscheinungsweise des „Geistes" angemessen beschrieben ist, wird man ernstlich fragen müssen.

In der dialektisch-reflexiven Erziehungswissenschaft haben wir – unter Mißachtung des im vorigen Kapitel geschilderten Gedankenhorizonts – den letzten großen Versuch vor uns, die Subjektivität des menschlichen Subjekts in Anlehnung an die Subjektivität des absoluten Geistes auch im sittlichen Handeln zu retten, sie im Ablauf des Bildungsprozesses dem verantwortlich handelnden Individuum zu verschaffen – wenn sie schon nicht als Mitgift der Natur vorausgesetzt werden kann. Auch wenn die dialektisch-reflexive Erziehungswissenschaft ihre Herkunft von der Geistmetaphysik HEGELS mitunter abstreifen will, bleibt es ihr auch dann nicht erspart, Sinnkonstruktionen vorauszusetzen, die, hinter den Wissenschaften verborgen, in ihnen herausgearbeitet werden müssen und dem Subjekt zur Sicherung seiner Identität im Handeln dienen können. – Dennoch aber ist es der Subjektivitätspädagogik unter Zuhilfenahme dieses Bildungsmodelles nach dem Zweiten Weltkrieg gelungen, eine Lösung auf zahlreiche pädagogische Probleme der Nachkriegszeit anzubieten, was hier aber nicht im einzelnen verfolgt werden kann.[71]

c) *Das dialogische oder kommunikative Bildungsmodell*

Nur das dialogische oder kommunikative Bildungsmodell hält sich an die durch den geschichtlichen Horizont einer kritischen Erziehungswissenschaft verbindliche Gedanklichkeit. Hier wird in Frage gestellt, ob es sich im Bildungsprozeß überhaupt um eine vom Subjekt gesteuerte Vermittlungsbewegung zwischen Subjekt und Objekt handelt. „Subjekt" und „Objekt" sind hier nur Abstraktionen eines Prozesses der Hervorbringung, der Bildung der Menschen-Welt. Dieses Bildungsmodell folgt dem heute sich immer zwingender kundgebenden Gedanken, daß man „Bildung" nicht mehr in einer bestimmten Gestaltung des Subjekts, den Bildungsvorgang nicht in der Wirkung (funktional oder dialektisch) eines objektiven Bestandes im Subjekt suchen dürfe, sondern daß Bildung auf die im Handeln selbst sich als „menschenwürdig" darlegende Handlung, die „menschlich gültige Situation" (SCHÖNEBERG)[72] hinzeige, in der der Mensch sowie die Real- und Sozialverhältnisse, unlösbar verschränkt in der Einheit fortschreitender Humanisierung der Verhältnisse, den Menschen darstellen. „Die Erziehung intendiert also weder das Kind noch die Sache, sondern die menschliche Realität, und d. h. genau das Zueinanderkommen, das Ineinander von Person und Sache, zu einer menschlich gestalteten Welt."[73] (SCHÖNEBERG). Von M. BUBER her, der weder Anfang noch Ende seiner Pädagogik in das menschliche Subjekt hineinverlegte, sondern der den Ursprung der Erziehung im ontischen Sachverhalt des dialogischen Prinzips als einem spezifisch menschlichen Verhältnis von Mensch und Welt, – der ihr Ziel im verantwortlichen Einstand des Menschen für die Welt, in seiner die Welt bewahrenden, tätigen Antwort erblickte, sei dieses Bildungsverständnis als *dialogisch* oder *kommunikativ* bezeichnet. – Eine kommunikative Pädagogik wird formulieren müssen, daß das „Bildungssubjekt" nicht einfach, von Natur aus, gegeben und derart auch pädagogisch zu behandeln ist, sondern daß es gemäß der im gesellschaftlichen Kommuniqué ausgesprochenen Erwartung erst als solches angesprochen, pro-duziert und in den Prozeß der Bildung hineingestellt wird. Was der Mensch außerhalb dieser kommunikativen Erwartung von sich her ist, konstituiert nicht die erwartete Menschlichkeit, wenn es andererseits auch für deren Verwirklichung sicherlich nicht belanglos sein wird. Was die „exakten" Wissenschaften über die Vorgegebenheit des Bildungssubjekts auch feststellen mögen – diese Fakten sind ihrer „heilsamen Wirklichkeitskontrolle" wegen (H. ROTH) gewiß nicht zu ignorieren – sie selbst sagen noch nichts über die Menschlichkeit dieses Wesens aus: hierfür ist allein die kommunikativ ermittelte und die an das auf das Menschsein hin ansprechbare Wesen Mensch gerichtete Erwartung des gesamtgesellschaftlichen Kommuniqués von Belang. Die gesellschaftliche Erwartung ist die von den Menschen angesichts der Lage projektierte *Wirklichkeit* des Menschen, in der jene von Natur gegebenen Daten und Fakten erst als menschlich qualifiziert werden.[74] Aus dieser Erwartung, aus diesem Anspruch wird das „Bildungssubjekt" – so unangemessen dieser Terminus in dieser Theorie auch ist – während seines ganzen Bildungsweges nicht entlassen, nämlich teilzunehmen am kommunikativen Prozeß der Gesellschaft, in welchem Menschen möglicherweise neu eine über die bestehende Gesellschaft hinausgehende Erwartung an sich selbst richten und demgemäß ihre Gesellschaft anders einrichten. Hierin liegt seine Freiheit, daß es gemeinsam mit seinen Mitmenschen in seinen in gesellschaftlicher Kommunikation gespannten Erwartungen über sich selbst hinausgeht und damit sich selbst treu bleibt. Wo es um Teilnahme am Prozeß der Kommunikation geht, hat es wenig Sinn, zwischen Selbst und Anderem, Subjekt und Objekt zu scheiden. Die Teilnehmer der Inter-Aktion sind alle gleich ernst genommen; alle sind in diesem Sinne „Subjekte" – und zu ihnen gehören nicht nur die Menschen, die ihre Gedanken ausbreiten, sondern eben auch die zufolge ihrer Anstößigkeit durchzusprechenden Sachverhalte, die mit der Erhebung in das Geflecht der Kommunikation anders als Objekte gegenwärtig sind, die nun zur „Sache" werden: nämlich „Sache", d. h. Aufgabe tatkräftigen Handelns der an der Kommunikation beteiligten Menschen, um die sie nicht umhin können und die ebenso ernst genommen werden muß wie diese selbst. Hier gibt es keine Vorrechte; verbindlich sind nicht die Teilnehmer in diesem weiten Sinne (Person- oder Sachautoritäten), sondern verbindlich ist allein der Prozeß der Kommunikation. Das Ende des Bildungsprozesses ist bereits am Anfang des erzieherischen Handelns gegenwärtig. Er ist nicht anders zu durchlaufen, als daß das auf Teilnahme an der gesellschaftlichen Kommunikation angesprochene Wesen von Anfang an als Teilnehmer angenommen wird. Je schwieriger und komplexer der kommunikative Prozeß wird, an dem der Edukandus teilnimmt, desto mehr muß er sich dafür qualifizieren: der Erwerb von Kenntnissen und Fertigkeiten erweist sich als unumgänglich: Kommunikation kommt ohne Information nicht aus. Hierfür sind optimale Vermittlungstheorien zu entwickeln, die allerdings (bei Anerkennung des relativen Rechts des sie leitenden „technischen Interesses") den im gesellschaftlichen Anspruch sich bekundenden pädagogischen Sinn von Kenntnissen und Fertigkeiten nicht verdunkeln dürfen, daß sie nämlich Informationen sind für die Kommunikation über das immer neu auszuhandelnde Menschliche als jenes in konkreter gesellschaftlicher Situation konkrete Maß, welches für den Einsatz erworbener Fertigkeiten zum Zwecke der Besserung der je verwirklichten Strukturen verbindlich ist. Dieser Bildungsprozeß ist niemals reflexiv, das „Bildungssubjekt“ aus dem kommunikativen Prozeß gesellschaftlicher Wandlung herauslösend und auf sich stellend, sondern proflexiv: in der Kommunikation vorausweisend auf das, was an kommunikativ erhandelten Möglichkeiten des Menschen in der gegebenen Wirklichkeit noch nicht verwirklicht ist und deren Verwirklichung ins Werk setzend. – Der Bildungsprozeß ist also selbst ein Prozeß der Kommunikation. Er muß darum auch gemäß der gesamtgesellschaftlich-kommunikativen Erwartung ablaufen, d. h. im Blick auf die derzeitige humane Erwartung: er muß *rational* sein, – was später im einzelnen zu bestimmen ist (s. II, 8). Welche Ergebnisse der rationale kommunikative Prozeß zeitigt, kann niemand voraussagen; auch die Teilnehmer können nicht erwarten, daß er sich gerade nach ihnen richtet; der Prozeß selbst – nicht die Teilnehmer – ist ja das „Autoritative“. Reflexiver Selbstschutz vor dem fortlaufenden Gang der Kommunikation, um über den Erwerb eines Beweggrundsystems im Gewissen ihre Identität als Ich zu sichern, würde die Teilnehmer gerade vom Prozeß ihrer Selbstverwirklichung ausschließen. Das Selbst, wird man dagegen sagen müssen, ist nichts anderes als der Prozeß einmaliger und einzigartiger Teilnahme eines einzelnen Menschen am kommunikativen Prozeß gesellschaftlicher rationaler Ver-Handlung, der ein Prozeß fortgesetzter Aufklärung über „die Lage der Dinge“ ist, in dem stets Neues ans Licht gebracht und ins Werk gesetzt wird. In ihm konstituiert sich das Ich als je einzelner, einmaliger und einzigartiger, d. h. als individueller Akt im Ganzen des theoretisch-praktischen, kritisch-praktischen Kommunikationsgefüges. Im Fortgang der Kommunikation setzt es sich selbst der Überholung aus und begründet gerade darin die Identität seines Selbstseins. Um seiner Selbstverwirklichung in der Besserung der „Lage“ willen gemäß der gesellschaftlichen kommunikativen Erwartung muß das Ich von der Erziehung erwarten, daß diese den Prozeß theoretisch-praktischer Aufklärung von Wirklichkeit, seinen Bildungsprozeß kommunikativer Ver-Handlung an keiner Stelle und zu keiner Zeit behindert („Interesse“ an Emanzipation). Nicht der in der Teilnahme am kommunikativen Prozeß liegende Wandel gefährdet also die Identität des Ich, sondern allein das Faktum, daß es der es selbst begründenden Aktivität, jenem es selbst ausmachenden Prozeß der Aufklärung, der Hervorbringung und Verwirklichung von noch nie Dagewesenem, nicht treu bleibt und die im kommunikativen Prozeß erhandelte Einsicht nicht realisiert auf den verschiedenen Gebieten seiner gesellschaftlichen Praxis. – Bildung des Ich gemäß der in gesamtgesellschaftlicher Kommunikation formulierten humanen Erwartung in aktiver Teilnahme am kommunikativen Prozeß der Gesellschaft erlaubt dem Ich nicht, sich, mit sittlichen Grundsätzen ausstaffiert, aus dem gesellschaftlichen Handlungsfeld zurückzuziehen. Dieses ist ja bereits in der von Erziehung permanent provozierten und der durch neue Information, durch Erwerb neuer Kenntnisse und Fertigkeiten permanent forttreibenden rationalen Kommunikation betreten worden und kann nicht ohne Selbstverlust verlassen werden. Diese Bildungstheorie hat keine Schwierigkeit, den Übergang von Wissen und Handeln begreiflich zu machen, weil dieser in ihr nicht eigens zu vollziehen ist. Vermittlung von Wissensbeständen mag theoretisch und zunächst nicht handlungsrelevant sein. Im kommunikativen Prozeß dagegen werden Wissen und Einsichten *er-handelt,* die noch nicht in jenen Beständen zu finden sind, die nicht schon im vorhinein als Objektivationen des Geistes mit Sinn vorversorgt waren, sondern die allein im Durchsprechen der widersprüchlichen Wirklichkeit, im kommunikativen Aufklärungsprozeß der je konkreten politischen, ökonomischen, sozialen Lage hervorgebracht und damit für das weitere Handeln der Kommunikanten unumgänglich geworden sind. – Eine am dialogisch-kommunikativen Bildungsmodell sich orientierende Bildungstheorie hat den Bildungsprozeß als „Selbstverwirklichung" des Menschen in der Verwirklichung *menschlicher* Lebensverhältnisse zu beschreiben. – Die kritische Erziehungswissenschaft wird sich an diesem Modell orientieren können, was bei der Darstellung der beiden Hauptaufgaben jeder Pädagogik, der Erziehung und des Unterrichts, im einzelnen sichtbar werden wird.

6. Wissen und Handeln

Jede Bildungstheorie, so hieß es, hat sich vor allem – sofern man (ein Wort HERBARTS variierend) den Wert des Menschen nicht im Wissen, sondern im Handeln erblickt – des Übergangs vom Wissen zum Handeln anzunehmen; es sei denn, Wissen und Handeln gehörten *einem* einheitlichen Prozeß an. Dieses Problem erscheint in der kritischen Erziehungswissenschaft als gelöst, weil sie typische Schwierigkeiten vorangegangener bildungstheoretischer Lösungen dieses Problems vermieden hat; für sie gilt die soeben gemachte Einschränkung. – Obwohl mehrfach beiläufig erwähnt, sei hier das Problem des Übergangs vom Wissen zum Handeln eigens thematisiert und als weitere Einführung in die kritische Erziehungswissenschaft vorgetragen. (Über das die kritische Erziehungswissenschaft selbst angehende wissenschaftstheoretische Problem des Zusammenhangs von Theorie und Praxis wird in III, 1 gesprochen).

a) A. Diesterweg

Das Problem selbst sei durch ein Postulat von A. DIESTERWEG (1790 bis 1866) genauer bezeichnet: „Die Wahrheit übt eine zwingende Gewalt auf den Menschen aus.“[75] Mehr erfahren wir von ihm nicht; eine die Einwirkung der Wahrheit auf den Menschen klärende Theorie wird nicht vorgetragen: das Postulat hat den Charakter einer bloßen Versicherung. DIESTERWEG erschwert sich das Verständnis dessen, was er behauptet, noch einmal dadurch, daß er das Wahre, Gute und Schöne Ideale nennt und als solche „ewig die Ziele des Strebens“.[76] Je ferner aber die sittlichen Prinzipien von dem im konkreten Lebenszusammenhang handelnden Menschen angesiedelt werden, desto schwerer wird die Vermittlung von Idee und Leben zu denken sein. Zwar relativiert DIESTERWEG sogleich, die Meinung seiner Gegner sich vorhaltend, die Idealität des Wahren, Guten und Schönen, da man nicht absolut, für alle Zeiten feststellen könne, was dieses sei. „Die Wahrheit ist nichts Fertiges, sondern ein Werdendes. Es gibt für Menschen nicht eine in keiner Beziehung unveränderliche Wahrheit. Die Wahrheit ist ein Erzeugnis der Menschheit, ein Produkt ihres Standpunktes und ihrer Bedürfnisse.“[77] Welch eine Unentschiedenheit zwischen der traditionellen Formulierung, mit der sich seine Schrift („Wegweiser zur Bildung für deutsche Lehrer“) wohl würdig in die Reihe pädagogischer Spitzenliteratur einreihen möchte, und jener zweiten Aussage, die unmittelbar aus seinem „Standpunkt“ im Kampf um eine progressive Lehrerbildung getätigt wurde! Hier hätte ein Ansatzpunkt wahrgenommen werden können, der die kritische Erziehungswissenschaft der Schwierigkeiten des Übergangs entheben wird. Nicht wenn Wahrheit das „Produkt“ des Standpunktes und der Bedürfnisse, linear, mechanistisch sich einstellender Umschlag von der Quantität in die Qualität ist – so will wohl DIESTERWEG den Terminus „Produkt“ auch nicht verstanden wissen –, sondern wenn sie als „Erzeugnis der Menschheit“ ausgelegt wird, liegt die Lösung des Problems nahe. Standpunkt und Bedürfnisse geben doch erst dann die in ihnen gerade verhüllte Wahrheit preis, wenn sie sich selbst menschlicher Aktion, dem ermessenden Denken preisgeben. Der Mensch selbst – sofern er sich auf solches Denken einläßt, was der häufigen Unbequemlichkeit der Wahrheit wegen nicht so selbstverständlich ist – bringt nicht in und nicht aus sich, sondern in den Standpunkten und Bedürfnissen, indem er sie bedenkt, deren Wahrheit hervor. Von seinem Produkt aber kann sich der Mensch nicht trennen. Als „Subjekt“ des Produktionsprozesses vermag er sich vielleicht von ihm zurückzuziehen; als „ganzer Mensch“ jedoch ist er ihm verhaftet; ist er doch nirgendwo anders gegenwärtig als in diesem seinem Produkt (seiner „Arbeit“), in der Wahrheit. Sie bei solcher Produktion nicht für sich als verbindlich anzunehmen, hieße, sich von sich selbst trennen, sich selbst aufgeben. – Aber diese naheliegende, von der kommunikativen Erziehungswissenschaft benutzte Handlungstheorie wurde von DIESTERWEG nicht aufgegriffen. Die Lehre von der Idealität der Wahrheit steht ihr entgegen.

b) Platon

Aber auch abseits von diesem Lösungsweg gibt es Handlungstheorien, die dieses schwierigen Problems Herr werden möchten. Das Terrain grundsätzlich absteckend finden wir eine solche bei PLATON. Auf das Prinzip des Eros wurde bereits hingewiesen (I, 4, a). Wissen als Dabeistehen bei dem Seienden in seiner Wahrheit, bei dem Agathon (dem schlechthin für alles Seiende Gutstehenden, der obersten Idee), bleibt nicht ohne Folgen; es erweist sich als maßgeblich und motivierend nicht nur für das Denken, sondern auch für das Handeln. Warum? Weil der Mensch dem Agathon – und somit der Wahrheit der Dinge, denn sie hat ja in diesem seine Wurzel – nicht fremd gegenübersteht. Nicht er als vereinzelt Gefesselter bindet sich an das Gute, sondern das schlechthin für alles Gutstehende bindet ihn – wie alles – an sich. Der Eros hat seinen Ursprung im Agathon und bindet den Menschen derart an sich selbst als an ihn selbst, daß er sich *ihm* – und das heißt zugleich *sich* – nicht entziehen kann. Das Agathon – und somit die Wahrheit der Dinge sowie die Wahrheit seines Selbst – ist das Geliebte, ist er selbst, dem der Liebende anhängt und nachgeht. Vom Geliebten wird er „bewegt" – zur Nachfolge. Wissen um das Seiende in seinem Sein (in seiner Wahrheit), das Wissen um das Gute heißt den Wissenden, selbst nun gutzustehen für das, was ihn angeht und nun ihn ausmacht, einzustehen für das, was er als das Wahre der Dinge in der Wahrheit seines Selbstseins erblickt hat.

c) A. H. Francke

Ein solches den Menschen zur Nachfolge der eingesehenen Wahrheit bewegendes Prinzip ist immer wieder eingeführt worden, wenn die Distanz zwischen Wissen und Handeln gar zu groß geworden ist. A. H. FRANCKE etwa stellt das Postulat auf: Den Kindern ist zu „inculciren, daß das Wissen nicht genug sey, sondern, daß ihr gantzes Leben damit übereinstimmen müße."[78] Eine immanente pädagogische Lösung für dieses Problem wird allerdings nicht geboten. Hierfür kommt allein, ähnlich wie bei PLATON der Eros, die Philanthropie Gottes auf.

In der Bildungsgeschichte der Neuzeit erfährt das Problem seine nochmalige Verschärfung, als sich nämlich das pädagogische Handeln in zwei Maßnahmengruppen aufgliedert: in die Unterweisung des Verstandes – den Unterricht – und die Unterweisung des Willens – die Erziehung –. Damit werden nebeneinander ein Wissenssystem und ein Handlungssystem errichtet, die nur schwer aufeinander bezogen werden können. Nun ist es möglich, daß das Bildungssubjekt für sich (durch Unterricht) ein Höchstmaß an Kenntnissen und Fertigkeiten erworben hat und also optimal für jede beliebige Lebensführung ausgerüstet ist, und daß unabhängig von diesem System des Könnens und Leistens in ihm ein System des Charakters und der Gesinnung aufgebaut wurde, ohne daß dieses in jenem wirksam wird, ohne daß es im konkreten Handlungsvollzug zur Anwendung kommt. Ein Grund mehr, das System der Gesinnungen zu internalisieren, sich als sittliche Persönlichkeit seine Sittlichkeit bescheinigen zu lassen, ohne sie im Alltagshandeln zu dokumentieren.

d) I. Kant

Auch hier bleibt zunächst die Vermittlung der voneinander getrennten Wissens- und Handlungssysteme durch ein „drittes Prinzip" übrig, welches für diese Bindung, für die Konkretion der Gesinnungen im Leben aufzukommen hat. Bei KANT (1724–1804) finden wir zwischen der theoretischen und der praktischen Vernunft die Urteilskraft angesiedelt, die in einer ihr gewidmeten „Kritik" in ihre vermittelnde Funktion eingewiesen werden soll. „Die Naturbegriffe, welche den Grund zu aller theoretischen Erkenntnis a priori enthalten, beruhten auf der Gesetzgebung des Verstandes. – Der Freiheitsbegriff, der den Grund von allen sinnlich-unbedingten praktischen Vorschriften a priori enthielt, beruht auf der Gesetzgebung der Vernunft ... Allein in der Familie der oberen Erkenntnisvermögen gibt es doch noch ein Mittelglied zwischen dem Verstand und der Vernunft. Dieses ist die Urteilskraft ..."[79] Sie wird beschrieben als „das Vermögen, unter Regeln zu subsumieren, d. i. zu unterscheiden, ob etwas unter einer gegebenen Regel (casus datae legis) stehe, oder nicht."[80] In dieser Tätigkeit kann sie bestimmend oder reflektierend sein: vom Allgemeinen ausgehend sagen, daß eine Mannigfaltigkeit von diesem Allgemeinen (Begriff) bestimmt sei oder von einer Mannigfaltigkeit ausgehend das ihr entsprechende Allgemeine bedenken. Prinzip ihres Vorgehens ist dabei das der „transzendentalen formalen Zweckmäßigkeit"[81]. KANT weiß sehr wohl, daß im Bildungsprozeß eine „unübersehbare Kluft" zum Problem wird, die Kluft zwischen Sinnlichem und Übersinnlichem, indem der Mensch seine Menschlichkeit nur erreicht durch Übernahme und Anwendung des Sittengesetzes – eines Allgemeinen – in die Maxime seines Handelns, welches stets einmalig, konkret und besonders ist. Nur in solcher Übernahme ist die Verbindung des Sinnlichen mit dem Übersinnlichen möglich. Die Aufgabe, den Zweck des Freiheitsbegriffs in der Sinnenwelt wirklich zu machen und zugleich die Naturerscheinung ihrer Form nach auf Zwecke nach Freiheitsgesetzen zu beziehen, erfordert ein Vermögen, das *zugleich* mechanisch wie freiheitlich wirksam werden kann, indem es zwischen den Gebieten des Naturbegriffs und des Freiheitsbegriffs hin und her geht, und das ist die reflektierende Urteilskraft. Nach solcher Verbindung muß jede Bildungstheorie suchen, da eben Sittlichkeit ohne Wirkung im alltäglichen Leben unglaubwürdig erscheint, wie umgekehrt das theoretische Wissen ohne Rücksicht auf das jeweils menschlich Verbindliche des Handelns „zwecklos" bleibt[82]. – Für dieses Hin- und Hergehen und dieses Zwecke Ermessen angesichts eines Gegebenen wird von KANT im Horizont seines transzendentalphilosophischen Ansatzes ein eigenes Vermögen der Subjektivität angenommen, von dem er per analogiam vermutet, daß es ein ihr eigenes Prinzip, nach Gesetzen zu wirken, a priori enthält. Im kommunikationstheoretischen Konzept wird dieses Zwecke ermessende Abschreiten als der rationale Kommunikationsprozeß selbst zu beschreiben sein. In ihm wird geleistet, was KANT vom Vermögen der Urteilskraft als Leistung erwartet hat: die Ermittlung der Leitlinien des Handelns im rationalen Durchsprechen einer durch optimale Information aufgeklärten Lebenssituation.

e) F. Schiller

Auch bei F. SCHILLER (1759–1805) ist zwischen zwei den Menschen spaltenden Gegensätzen zu vermitteln. Wenn der *Formtrieb* die Herrschaft über den Menschen führt, dann nimmt er die Durchsetzung des Unbedingten in den Vorsatz, d. h. er handelt nach Ideen, die keinen zeitlichen Verhältnissen unterliegen. Waltet der *Stofftrieb* vor, nimmt der Mensch seine Selbstverwirklichung im konkreten Dasein in den Vorsatz, dann umschließen ihn die Schranken der Zeit, das Hier und Jetzt des Jeweiligen. Das Gesetz des Selbstseins (Formtrieb) erfordert höchste Erweiterung, das Gesetz der Selbstverwirklichung (Stofftrieb) den Eintritt in die Schranken der Zeit. Soll der Mensch als Mensch möglich sein, dann müssen die beiden ihn bestimmenden Triebe in einem Dritten vereinigt werden, dergestalt, daß in der Vereinigung der Form- und der Stofftrieb selbst zu einem Dritten werden, der Schönheit, die dem Mensch in der Zeit die Gewißheit seiner selbst, die Anwesenheit als Mensch gibt.[83] Formtrieb und Stofftrieb werden im Spieltrieb aufgehoben.

f) F. Herbart

Das Nebeneinanderstehen des Leistungs- und des Handlungssystems wurde erst von HERBART grundsätzlich überwunden, indem er den Unterricht erziehend machte, indem er die Wurzeln des Willens im Gedankenkreis aufdeckte. So positiv dieser Ansatz auch zu werten ist – die Freiheit des Menschen wurde ernst genommen und sein Wollen und damit sein Handeln aus den autoritären Zwängen der Normativität der herrschenden Gesellschaftsmeinung emanzipiert, indem seine Genese einem psychischen Mechanismus überlassen wird – so verderblich hat er sich in der Pädagogik der Herbartianer[84] und ihrer Usurpation in einem restaurativen Staatsinteresse, das nur einen die gewünschte Gesinnung bildenden Unterricht in der (Volks-)Schule zuließ, erwiesen, so daß er gleichsam verbraucht ist und zur positiven Lösung des zu besprechenden Problems kaum noch bereitsteht.

g) Das Normenproblem: O. Willmann, H. Bokelmann

Dem Lösungsversuch HERBARTS entspricht die Zurückweisung eines ungeschichtlichen normativen Horizonts zur Begründung einer allgemeingültigen pädagogischen Wissenschaft durch DILTHEY (1833–1911) (vgl. I, 5, a). Seitdem gibt es in der Pädagogik keine normativen Systeme im strengen Sinne mehr. Hiermit wurde ein Prozeß nicht aufhörenden kritischen Rückfragens an die das Handeln leitende Normen oder Werte eingeleitet. Sei es, daß man sie nicht restlos der Zeit unterwarf und der „christlichen Erziehungsweisheit" einen Rest besonders wesentlicher Sollensaussagen für das menschliche Handeln vorbehielt, wie es O. WILLMANN (1839–1920) tat, sei es, daß man unter handlungsrelevanten Verbindlichkeiten sehr genaue Differenzierungen traf. Auch dies geschieht auf dem Wege der Absprache kommunikativ, aber eben nicht in jener den Bildungsprozeß selbst ausmachenden Kommunikation. Nur dann kann sich die Pädagogik nach H. BOKELMANN auf überlieferte Grundsätze stützen, wenn sie selbst mit Hilfe eines kritisch gewonnenen „Consensus"[85] die Normen pädagogischen Handelns aufdeckt, abwägt, sie mitsetzt und ihnen durch Gutachtertätigkeit und Kontrolle in der Erziehungspraxis auch Geltung verschafft. An der normativen Regulierung des Bildungsvollzuges wird hier festgehalten; auf sie ist nicht zu verzichten, wie die pädagogische Tatsachenforschung zugunsten ihres eigenen Selbstvollzuges annehmen mußte: „Die Normenforschung widerspricht ... keineswegs der pädagogischen Tatsachenforschung. *Erstens* hat jede Normklasse und -art eine real erfahrbare Seite, die mit Hilfe empirischer Methoden aufgewiesen werden kann ... *Zweitens* ... muß die Normtheorie als *Komplementärfrage* der Tatsachenanalyse aufgefaßt werden, weil die Pädagogik – gleich ursprünglich mit ihrem empirischen Ansatz – den jeweiligen normativen Kern der ‚bloßen' Faktizität mitermitteln muß, um die Erkenntnis der erzieherischen Handlungsstruktur zu vervollständigen ... *Drittens* ... ist die pädagogische Normforschung eine *Bedingung aller Tatsachenforschung* ... Die Pädagogik weist Geltungen auf, die vor aller Erziehung für sie gegeben sind, und sie klärt das normative Vorverständnis, das den Tatsachen und ihrer Ermittlung vorausliegt."[86] Von Normen zu sprechen geht aber immer von ihrer (und wenn auch erst durch Consensus erbrachten) Vorgegebenheit in Bezug auf den Bildungsprozeß des Edukandus aus. Wird dieser Prozeß kommunikativ verstanden, wie in der kritischen Erziehungswissenschaft, so ist auch dies nicht anzunehmen. Verbindlichkeiten kommen im Ablauf dieses Prozesses zwar auch zustande, Maßgaben, an denen sich das gesellschaftskritische Handeln des Edukandus orientiert – aber sie kommen erst *hier* zustande, so als wären sie in *keiner Weise,* auch nicht in der Art eines die Curriculumkonstruktion leitenden Consensus, vorgegeben. Im kommunikationstheoretisch verstandenen Bildungsprozeß wird man immer damit rechnen müssen, daß Normen, über welche die Auguren der Gesellschaft gerade eine Übereinstimmung erzielt haben, revidiert werden. Eine kritische Erziehungswissenschaft wird Erziehung und Unterricht so einrichten müssen, daß dieses möglich ist.

h) Dialektisch-reflexive Erziehungswissenschaft

Ein weiterer, bereits vorgeführter bildungtheoretischer Ansatz suchte das Problem der Normen in der Erziehung in seiner Weise zu lösen und sie (freilich nur scheinbar) vom Makel des Vorgegebenseins zu befreien. Sie sollten im Wissen selbst, nicht psychologisch, wie bei HERBART, sondern eben dialektisch-reflexiv als die Beweggründe für das Handeln herausgearbeitet werden, damit das Bildungssubjekt sie sich als Gewissen aneigne. Auch das Problem der Vermittlung zwischen Norm und Handlung, zwischen Gesinnung und Tat sollte hier ohne Einführung eines „dritten Prinzips" wie in den bisher besprochenen Systemen gelöst werden. Von dem bereits bekannten Sachverhalt wird in der dialektisch-reflexiven Bildungstheorie ausgegangen, daß nämlich jedes Regelsystem, jedes Beweggrundsystem des Gewissens zu abstrakt ist, um unmittelbar in der konkreten Handlungssituation wirksam zu werden. Das im Wissen herauszuarbeitende Beweggrundsystem des Gewissens muß darum solcherart beschaffen sein, daß es selbst schon den Edukandus auf die konkrete Lebenssituation hinweist: Hier konnte von einer Erfahrung des Dritten Reiches und des Zweiten Weltkrieges ausgegangen werden. In jenen Jahren war es offenkundig geworden, daß menschliches Handeln sich immer wieder am Menschen vergeht, wenn es einem abstrakten Normensystem entspringt, einem abstrakten Sittengesetz, sei es einem „moralischen Gesetz in mir“ oder einem für verbindlich erklärten Sittenkodex. Die konkrete Situation, in die das Handeln eingreifen soll, muß darum in dem Beweggrundsystem des Handelns mit gegenwärtig sein. In diesem Sinne war immer wieder von einer Situationsethik die Rede; dergegenüber aber ins Feld geführt wurde, daß es hier keinerlei Verbindlichkeit mehr gäbe und die Sittlichkeit sich vollends in Relativismus und Subjektivismus im Sinne von subjektiver Willkür und Beliebigkeit auflösen würde. Die dialektisch-reflexive Bildungstheorie vermeidet sorgsam diese beiden Extreme; ihr ist der handelnde Mensch Bezugspunkt der Reflexion. Es wurde bereits gezeigt (I, 5, b), wie es auf der dritten Stufe, im Sinnbegreifen, darum geht, daß der Einzelgeist sich auf dem Wege sachlicher Explikation zum Sollenssinn der Sache hindurcharbeitet und diesen sich als Beweggrund in seinem Wollen und Handeln maßgeblich sein läßt. Nicht nur, daß diese Beweggründe des Wollens und Handelns im Durchgang durch die Sache gewonnen worden sind und also nicht unsachlich sein können, sie halten darüber hinaus auch den Handelnden nicht auf der Ebene der Sache in ihrer objektiven Allgemeinheit fest, sondern verweisen auf das gemeinte Einzelne der Umgangssituation hin, die ja der Grund dafür ist, daß sich aus theoretisch Allgemeinem überhaupt ein Sollenssinn herausarbeiten ließ. Diese Verweisung erst läßt im Beweggrund diese Situation mit gegenwärtig sein, auf die nicht verzichtet werden kann, sofern eben das Handeln sich nur auf Einzelnes und niemals auf Allgemeinheiten richten kann. Insofern sind die Beweggründe niemals abstrakt, sondern eben Gründe für konkretes Wollen und Handeln am Einzelnen. Da aber – auf das andere Extrem blickend – diese Gründe nicht unmittelbar aus bedeutungsvoller Sachnähe mein Handeln bestimmen, sondern durch den Sachverstand inhaltlich vermittelt sind und damit die Läuterung des Allgemeinen über sich haben ergehen lassen müssen, ist hier die Gefahr des Relativismus und der subjektiven Willkür gebannt.

Gerade die Stufe des Sachverstands ist äußerst wichtig, wenn das Beweggrundsystem diese vielversprechende Nähe zum Handlungsfeld erhalten soll. Wieder war der Blick auf das Dritte Reich lehrreich. Da hatte man sich darum bemüht, den Sachverstand der Sachverständigen – der Parteifunktionäre – eben nicht bis zu der Stufe der Allgemeinheit emporsteigen zu lassen, die in jenen Jahren verbindlich hätte werden müssen, indem man – ungeschichtlich – die Fundamente dieses Reiches für tausendjährig – und das heißt für das Einzelleben für ewig gültig und verläßlich – darstellte („Endlösung“). Zum anderen bemühte sich das Dritte Reich, die Zahl der „Mitläufer“ möglichst groß zu halten, derer also, denen man auch jenen unverständigen Sachverstand verwehrte, die bis zum Kriegsende nicht wußten, was in den Konzentrationslagern los war. Sie waren auf der Stufe des Umgangs blind der Ideologie verfallen; sie waren gefährlich – aber nicht zur Verantwortung zu ziehen, nicht verantwortlich.

Daraus wird deutlich: ein Beharren auf der Stufe des Umgangs macht Menschen zum wandelbaren und unverantwortlichen Mitläufer, der sein Hemd immer nach dem Winde hängt; ein das Andere verkürzender Sachverstand hat keine Aussicht, zur Sinnfrage durchzudringen und macht den Menschen zum verantwortungslosen Täter. Diesem passiven, den jeweils herrschenden Kultur- und Machtsystemen Ausgeliefertsein gilt es zu entgehen ebenso wie jenem verantwortungslosen, subjektiver wie ideologischer Willkür überlassenen, verkürzten Sachverstand. – Dennoch bleiben Rückfragen an den Lösungsversuch der dialektisch-reflexiven Erziehungswissenschaft zu stellen. Auch hier wird – unausgesprochen – von einer Sinnvorgabe ausgegangen. Dies ist bereits mit den Hinweisen angedeutet worden, daß auf der zweiten und dritten Reflexionsstufe nichts hervorgebracht werden kann, was nicht schon auf der ersten im Umgangsverhältnis enthalten war; daß dieses zwar den subjektiven Geist insofern übersteige, als es das Eingewurzeltsein in den objektiven Geist besage, dieser aber eben als Negation des absoluten Geistes seine Selbstverwirklichung bedeute; daß man auch dann, wenn man auf die HEGELsche Geistmetaphysik verzichtet, darauf angewiesen sei, in den Wissenschaften untergegangene Sinnstrukturen vorauszusetzen. Hier gelingt es fraglos, diese Bedenken beiseitegestellt, zwischen Wissen und Handlungsmaxime, zwischen Wissenschaft und Gewissen, keine Trennung zu konzedieren; die Kluft zwischen Wissen/Gewissen und *Handeln* bleibt allerdings auch hier bestehen, und zwar auch dann, wenn man das Beweggrundsystem auf das konkrete Handlungsfeld hin orientiert. Das Beweggrundsystem, reflexiv vom Ich angeeignet und dadurch von der Wirklichkeit abgewandt, bedarf noch besonderer Anstöße (Motive), welche die Grenzen dieses Subjektivismus deutlich machen und damit sprengen, um wirklich als *Grund* das Handeln zu bewegen.

Keine Pädagogik, welche den Bildungsprozeß als Vermittlung zwischen Subjekt und Objekt auslegt, so wird man angesichts dieses negativen Befundes sagen müssen, vermag sicherzustellen, daß der Edukandus das akzeptierte oder selbst angeeignete Rechte auch tut – es sei denn, sie würde menschliche Handlung unzulässig verkürzen (vgl. i). Solch ein „pädagogischer Optimismus“ ist nicht angebracht – auch nicht für eine Pädagogik der Kommunikation. (Vom Phänomen des Versagens wird noch zu sprechen sein, vgl. II, 9). Wir brauchen aber eine Bildungstheorie, die zumindest „technisch“, von ihrer Konzeption her, dieses Versagen ausschaltet und es – wenn es schon unumgänglich ist – dem Menschen selbst überläßt. Eine solche Bildungstheorie wird dem dialogisch-kommunikativen Modell (I, 5, c) folgen und die Identität des Ich-Selbst nicht dadurch zu sichern trachten, daß es ihm wenn schon nicht in Anlehnung an ein zeitüberdauerndes Normensystem, so doch im spontanen Ergreifen eines „der Erscheinungen Flucht" überdauernden Beweggrundsystems Bestand verspricht; durch die Statik solch eines „Gewissens" wird immer wieder die Kluft zwischen Abstraktem und Konkretem aufgerissen. Eine solche Bildungstheorie wird vielmehr die Identität des Ich-Selbst als Prozeß des kommunikativen, permanenten Durchsprechens der „Lage" auslegen, in welchem das in dieser verwirklicht wird, was sich hinter ihren Institutionen und Strukturen verbirgt. Nur eine Theorie, die das Selbst als Prinzip von Wirklichkeit (ihrer Beständigkeit wie ihres Wandels), als Prozeß aufklärender Praxis, d. h. als Prozeß der Verwirklichung des in der Wirklichkeit noch nicht Verwirklichten annimmt, wird aus dem Dilemma zwischen Wissen/Gewissen und Handeln, zwischen Theorie und Praxis herauskommen, weil es für sie diese Kluft nicht gibt: Aufklärung ist nichts Theoretisches, sondern Praxis der Veränderung von Wirklichkeit. – Doch zuvor zu einem letzten Versuch, menschliches Agieren durch Wissen zu erwirken, dessen pädagogische Unzulänglichkeit bisher weithin verborgen geblieben ist.

i) Verhaltensforschung

Nur dann wird eine „Erziehungswissenschaft" zu behaupten wagen, das Agieren des Edukandus – als Bildungs*subjekt* verstanden – in den Griff zu bekommen, wenn sie, beeindruckt durch die Stringenz bestimmter Theorien, menschliche Aktion in einer Weise verkürzt, daß sie jene gesellschaftskritische Funktion, mit der die kritische Erziehungswissenschaft rechnet, nicht mehr übernehmen kann. Dies geschieht dort, wo man von menschlicher Handlung nur insoweit redet, als sie der Lehre von den bedingten Reflexen entspricht oder als sie sich in die Theorie des Behaviorismus fügt. Man muß dies in aller Deutlichkeit hervorheben, daß wir aus Gründen der Faßbarkeit heute allzu gern bereit sind, die Praxis, die uns selbst ausmacht, nämlich das Handeln, so zu definieren – also *uns selbst* so zu definieren, wie es der Schematismus einiger, im übrigen in den Prämissen ihres Interesses sehr aufschlußreicher, aber erst unter der Voraussetzung des kritischen „Interesses" *pädagogisch* relevanter Theorien vorschreibt! Die Lehre von den bedingten Reflexen (Reflexologie) geht von physiologischen Mechanismen aus; hier hat sie ihren Ort und ihre unüberschreitbare Grenze. Der Behaviorismus ist von vornherein nicht auf diese Grenze festgelegt; er überträgt das Reiz-Reaktionsschema, das in der Neurologie seine Bestätigung findet, *homolog* auf menschliche Aktion überhaupt: Die Fliegen sind der Kuh lästig; der Schwanz fährt über ihren Rücken, verjagt sie – und verschafft ihr Erleichterung. Der Scheinwerferstrahl trifft unsere Augen, wir verschließen sie – um sie gesund zu erhalten. Der Junge, der starken Repressionen seitens seiner Eltern ausgesetzt ist, reagiert gegen sie mit Aggressionen, um sich vor ihnen selbst unter Beweis zu stellen. Diese Abläufe stehen immer schon unter einer bestimmten Sinnvorgabe: Erleichterung, Gesundheit, Sicherheit, Selbstdarstellung usw., und die physiologischen neurologischen Apparate sind so konstruiert – und ihre Bauelemente sind weithin erforscht – daß sie eben so und eben in diesem Sinne funktionieren. Diese Theorien sind deshalb so verständlich, weil es hier keine Handlungsüberschüsse gibt, weil die ganze Handlung restlos als Reaktion auf einen Reiz von bestimmter Größe in eben dem vorgegebenen Sinnhorizont verstanden werden (Gesetz von der Erhaltung der Energie), ja sogar berechnet werden kann. Homologe Übertragung dieser Reaktionstheorie aus dem Bereich der physiologisch-neurologischen Vorgänge in den des politischen und sozialen Handelns besagt, daß auch dieses von jenem Sinnhorizont her ausgelegt wird. Handlungen, die von diesem Sinnhorizont her sinnlos sein würden (zum Beispiel Jan Palachs Selbstverbrennung auf dem Wenzelsplatz in Prag, 1968), werden nicht zur Kenntnis genommen oder so gewaltsam interpretiert, daß auch sie noch als Reaktion zum Zwecke der Herstellung eigener Erleichterung, Gesundheit, Sicherheit, Selbstdarstellung usw. verstanden werden können. Gesellschaftstheorien, die das gesellschaftliche Leben auf die Regelung von Interessenkonflikten zurückführen – Interessen sind stets auf ihre eigene Befriedigung aus –, leisten dem mit dieser „Handlungstheorie“ gegebenen Sinnverständnis Vorschub. Man wird im Ernste fragen müssen, ob „Handlungstheorien“, die zufolge der ihnen genuinen Sinnvorgabe Handlungen immer nur auf die Befriedigung der Bedürfnisse – vielleicht auch der Gelüste – des Handelnden abstellen, jenes von der kritischen Erziehungswissenschaft erwartete Handeln möglich machen, das auf die „Besserung der Verhältnisse“ aus ist, indem es den Handelnden aus der interessegeleiteten Selbstbefangenheit herauslöst (emanzipiert) und ihn zu sich selbst als Prozeß dieser Besserung befreit. Dieses Problem zu verschleiern, indem man auf die prästabilierte Harmonie der sozialen Glückseligkeitslehre des 18. Jahrhunderts zurückgreift, die über die Glückseligkeit der einzelnen auch dem Sozialgebilde seine Glückseligkeit zusicherte, ist höchst unbefriedigend. – Diese Rückfragen gelten auch für jenen modifizierten Behaviorismus, der Bewußtseinsprozesse als Epiphänomen von Verhalten erklärt. Bewußtsein hat sein Prinzip dann nicht im rational-kommunikativen Durchlaufen konkreter Lebenswirklichkeit, in der der Mensch sich von sich möglicherweise entfremdet hat und die ihm fremd gegenübersteht, sondern in einer bereits als Produkt menschlichen Verhaltens ausgelegten Wirklichkeit, von der sich kein anderes Bewußtsein abheben läßt als ein solches, das ihr gegenüber wieder ein Erleichterung, Gesundheit, Sicherheit, Selbstdarstellung usw. anstrebendes Verhalten in Gang setzt.

Eine weitere Schwierigkeit der Übertragung des Reiz-Reaktions-Schemas aus dem physiologisch-neurologischen Bereich in den menschlichen Handelns liegt darin, daß hier die Konstruktionselemente, die die Erfüllung jener Sinnvorgabe sicherstellen, nicht erforschbar sind wie dort. Kein Grund aber für die Verhaltensforschung, deshalb ihr Modell zu verabschieden! Zugunsten des Modells verzichtet man lieber auf Aufklärung gerade an der Stelle, wo sie (im Blick auf dieses Sinnkonzept) nicht möglich ist, und man beschränkt sich auf die quantitative Bestimmung des Verhältnisses von Reiz und Reaktion, Stimulus und Response, input und output; nichts anderes läßt sich auf dem Boden dieser „Handlungstheorie" empirisch feststellen als Wenn-dann-Beziehungen. *Wie* aber auf dieses Wenn dieses Dann folgt (nicht *warum*; das wird ja gerade als schon bekannt vorausgesetzt), bleibt dunkel: den Schaltmechanismus verlegt der Behaviorismus in eine black box. Kritische Erziehungswissenschaft, welche Praxis der Aufklärung und aufgeklärte Praxis fordert, kann sich aber nicht damit begnügen, gerade den Bereich und den Vollzug menschlichen Handelns unaufgeklärt zu lassen. Gewiß wird ein Großteil menschlicher Aktion nach diesem Muster vollzogen – aus Gründen, auf die eine kritische Erziehungswissenschaft ausdrücklich zu sprechen kommen muß. Man sollte den durch dieses Modell abdeckbaren Teil menschlicher Aktivität *Verhalten* nennen und davon das *Handeln* unterscheiden. So unerläßlich ersteres ist, – nur letzteres hat die Besserung der Verhältnisse im Auge, die vom Handelnden verlangt, die mit dem Reiz-Reaktions-Modell gezogene Grenze zu überschreiten, sich von sich im Zirkel reflexiver oder gesellschaftlicher Selbstbefriedigung zu emanzipieren. Wo es ums Handeln geht, wird sich kritische Erziehungswissenschaft auch keine black box leisten können. Um gerade das Handeln aufzuklären, muß kritische Erziehungswissenschaft dieses dem Prozeß rationaler Kommunikation aussetzen und es in diesem Prozeß überprüfen.

Kritische Erziehungswissenschaft wird darum – wiederum bei seiner relativen Berechtigung – sich nicht mit einem Lernbegriff begnügen dürfen, der unter Lernen Änderung des Verhaltens auf Grund bestimmter Reize und veränderter Situationen beschreibt. Auch Empfehlungen, die von der Lernforschung im Blick auf diesen Lernbegriff gemacht werden, sind zu überprüfen. Optimierungsmaßnahmen des Lernprozesses, die ihre Wirksamkeit dem das Verhalten-Lernen bestimmenden Sinnhorizont verdanken, sind nur für solches Lernen zu verwenden; für ein gemäß kritischer Erziehungswissenschaft möglicherweise weiterreichendes Lernen sind sie jedoch unzureichend oder allenfalls vorbereitend.

Kritische Erziehungswissenschaft hat die Verbesserung der gesellschaftlichen Verhältnisse im Auge; diese Verbesserung hat kein Ende. Jede beabsichtigte Verbesserung hebt sich in ihrer Institutionalisierung bereits wieder auf, so daß diese Anlaß ist zu weiterer Verbesserung. Dieser Prozeß, welcher das Menschsein ausmacht, hat kein Eschaton in einer bestimmten Gestalt der Gesellschaft. Sollte sie es je geben, gibt es keine Menschen mehr – sie ist unmenschlich. Hier zeigt sich nun sogleich aufs neue die unzureichende Enge des Lernbegriffs, der auf Verhaltensänderung durch Reize aus ist und meint, damit das menschliche Handeln im ganzen eingeholt zu haben. Verhalten ist nicht nur vordefiniert durch den genannten Sinnhorizont, sondern zugleich auch durch das als vorgegeben zu denkende System der Reize. Wird dieses im ganzen und wird der einzelne Reiz als nicht definierbar gedacht und auch unter Beiziehung anderer Variablen als quantitativ nicht faßbar, dann verzichtet dieses Lernen auf seine Operationalisierbarkeit und verläßt damit seinen Begriff; es darf sich darum auf solche Überdehnung nicht einlassen. Menschliches Handeln hingegen ist nicht abzuleiten von festen Sachbeständen, nicht von bestimmten Kenntnissen und bestimmten Fertigkeiten. Menschen haben es nicht mit Sachen „an sich" zu tun, was nahegelegt wird, wenn man sie als Reize auslegt. Menschliches Handeln ist im radikalen Sinne kreativ: neue Sachen bringt es hervor und wandelt die vorhandenen. Es läßt sich nur erreichen, wenn man von ihm selber, dem Handeln, ausgeht; von den Dingen her mag das Verhalten, nicht aber das Handeln erreichbar sein. Die kritische Erziehungswissenschaft wird das Handeln, in dem der Mensch sich darstellt, als rational-kommunikative Ver-Handlung von Wirklichkeit auslegen.

II. Pädagogik der Kommunikation

1. Erziehung – Manipulation der Gewissen

Die herrschende pädagogische Praxis und die für sie maßgeblichen Bildungstheorien entsprechen nicht der kommunikativ ermittelten Erwartung, die unsere Gesellschaft an ihr eigenes gesellschaftliches Leben und somit auch an die Erziehung stellt. Dies ist weder eine Hypothese noch eine politische Wunschvorstellung. Hierfür gibt es vielmehr deutliche Zeichen.

Die Erziehung ist heute offensichtlich in eine ungewöhnlich tiefgreifende Krise geraten. Niemand will sich mehr erziehen lassen. Die Erziehungsunwilligkeit begegnet uns in der Familie wie in der Schule. Da erwartet man vom Lehrer einfache Mitteilung von Tatsachen, Verzicht auf jedes Rankenwerk von Auslegung, das über die Fakten hinaus, das über das Wissen hinaus ein *bestimmtes* Verhalten, eine *bestimmte* Haltung übermitteln möchte.

Es erübrigt sich hier, all den Anzeichen im einzelnen nachzugehen, in denen sich das Mißtrauen gegen die Erziehung äußert. Eines läßt sich dennoch rasch feststellen: Hinter all diesen Erscheinungen steht der Verdacht, Erziehung sei eine gegen den Willen des Menschen gerichtete Maßnahme, welcher doch frei sein soll, – Erziehung bedeute Manipulation der Gewissen, – Erziehung sei Gesinnungsmache, – Überwältigung von Freiheit. Die offenbar landläufige Vermutung, daß Erziehung eben dieses sei, erzeugt ein virulentes Mißtrauen gegen jedwede Erziehung und bedeutet zugleich das Ende aller Erziehung. Wo Mißtrauen herrscht, kommt Erziehung nicht mehr an. Erziehung ist damit faktisch aufgehoben. Sie selbst wehrt sich gegen diese Verabschiedung ihrer selbst und führt im geheimen (weniger vielleicht in der Schule als im Elternhaus) ein umso härteres Regiment, oder sie ist öffentlich im Namen der Freiheit die ärgste Knechtschaft, die den Heranwachsenden seiner eigenen Willkür und seinen Gelüsten ausliefert oder unter dem Zeichen „kritischer Rationalität" den Irrationalismen eines politischen Herrschaftsinteresses.

Die Schule möchte sich von diesem sinkenden Schiff retten. Aber sie kann sich diesem gegen sie als Erziehungsinstitution geäußerten Verdacht auch dann nicht entziehen, wenn sie sich als Leistungsschule oder als Schule der Wissenschaft definiert, wenn sie sich allein auf eine Vermittlung von Wissen beschränkt, welches die Leistung, die Handlungsfähigkeit des einzelnen steigert. Nicht zu Unrecht wird ihr dann vorgehalten, daß der Begriff der Leistung immer schon ein Wozu und ein

Wofür miteinschließe, daß sie als Schule also auch dort die heranwachsende Jugend zugunsten einer bestehenden Machtstruktur manipuliere, wo sie scheinbar auf jegliche Erziehung im Sinne von Manipulation verzichtet. – Was hingegen über den positiven Sinn und die Unumgänglichkeit des Leistungswissens für die Lebensführung des modernen Menschen zu sagen ist, kann hier nur am Rande angemerkt werden: Wenn wir von der heranwachsenden Generation erwarten, daß sie in ihrem Tun und Lassen den Wandel, die Besserung der gesellschaftlichen Zustände ins Werk setzt, dann ist es mit bloßem Engagement nicht getan. Im Handlungsvollzug der Gesellschaft sind engagierte Ignoranten fehl am Platze; da bedarf es des Sachverstands, des Könnens und Leistens – sonst bleibt jede Reform ein frommer Wunsch: im Prozeß des sozialen Wandels ist eben allein der gute Wille nicht schon gut. Unkenntnis jenes geschichtlichen Horizonts einer kritischen Erziehungswissenschaft (I, 4) führt in der praktizierten Emanzipation aus Erziehung zu einer folgenschweren Gedankenlosigkeit, zu dem fatalen Irrtum nämlich, gesellschaftliche Reform sei von formalen Tugenden des Subjekts zu erwarten, wie „Kreativität“ und „kritischer Rationalität“, und man bedenkt nicht, daß diese keine Vermögen des Subjekts, keine Fähigkeiten sind, die zu Fertigkeiten entwickelt werden können, und daß – wären sie dies – von ihnen als abstrakten Systemen des Subjekts gerade kein Eingreifen in die Realität und deren Veränderung zu erwarten ist. Kreativität und kritische Rationalität sind Momente eines kommunikativen Prozesses, und ihr Ergebnis hängt entscheidend mit von der Weite des Informationshorizontes, vom Kenntnisstand und vom Wissen ab. Was man tun muß, damit Wissen und Leistung nicht ihrer eigenen Verkehrung verfallen, wird die kommunikative Didaktik aufmerksam zu erörtern haben (IV).

Doch nun zurück zur Kehrseite der Medaille, daß die Leistungsschule eines unter anderen Manipulationsinstrumenten der Erziehung sei: Dieser Vorwurf verweist auf einen Zusammenhang, dem nun ein wenig genauer nachzugehen ist. Daß das Wissen die Leistung des einzelnen zu steigern vermag, ist zunächst einfach eine Konsequenz aus der allgemein bekannten Tatsache, daß dem Menschen durch Wissen neue Handlungsmöglichkeiten eröffnet werden. Eine Sache erkennen heißt zugleich, sich in und mit ihr auskennen; eine Sache verstehen bedeutet, sich auf sie verstehen, mit ihr umgehen *können.* Insofern ist Wissen immer, und darauf wollte ja die bekannte Formel F. Bacons (1561–1626) hinweisen, Macht.[1] Wissen aber, wie es die Neuzeit versteht, macht den Menschen nicht nur handlungsfähig, sondern darüber hinaus auch zum Handlungssubjekt insofern, als es ihm die Möglichkeit erschließt, in dem durch den Horizont des Wissens abgesteckten Handlungsfeld selbst Zwecke zu setzen und Zwecke zu realisieren. –

Spätestens hier beginnt die „gesellschaftliche Relevanz“ des Unterrichts; denn notwendig gerät das Handlungssubjekt in Widerspruch mit denen, die seine Leistung für ihre Zwecke zu verwenden wünschen, und, falls sie die Mächtigeren sind, unter deren Botmäßigkeit. So kommt es innerhalb der bestehenden gesellschaftlichen Strukturen zur viel beredeten Dialektik des Leistungsprinzips: Befreiung um den Preis der Versklavung: das ist ein Widerspruch, bei dem es das gesellschaftliche Leben – aufgeklärt über diesen Sachverhalt und über die Möglichkeiten gesellschaftlicher Lebensführung überhaupt – nicht belassen kann, sondern sich, auch gegen die Interessen der an diesem Zustand Interessierten, in einer Weise wandelt, daß dieser Widerspruch aufgehoben wird.

Diese Dialektik hat aber nicht nur ihr gesellschaftliches, sondern auch ihr pädagogisch-systematisches Problem, dessen Lösung über der des sozialen nicht vergessen werden darf. Vielleicht wird die Lösung des einen nicht ohne die des anderen möglich sein und umgekehrt: Wissen als perfektes Leistungswissen ruft also den Menschen als einen Menschen auf den Plan (*bildet* ihn zu einem Menschen), der seine Existenz als Zwecke setzender und Zwecke durchsetzender Wille realisiert. Jegliches Leistungswissen, jegliches Fachwissen steht immer schon unter dem Diktat seines Produktes, jenes Willens zum Herstellen nach Zwecken, der sich als „Wille zur Macht“ interpretiert: sei es der Wille des einzelnen auf eigene Lebenserhöhung, der im übrigen ein vorzügliches Mittel der Lern- und Leistungsmotivation darstellt, oder sei es der Wille einer Elite, der Wille der Gesellschaft, die die Leistung des einzelnen für ihre Zwecke in Anspruch nimmt. – Der Wille mit seinem Hang zum Imperialismus ist das dem oben genannten sozialen Problem entsprechende systematische.

Wie diese Problematik sich systematisch darstellt, wird nun zu zeigen sein: Das Diktat des Willens, dem das Wissen unterstellt worden ist, verlangt sogleich zweierlei: einmal fordert es, den Prozeß dieser Vermittlung von Wissen zu optimieren (gleichsam ein kapitalistisches Unterrichtsverständnis[2] wird entwickelt, in dem es darum geht, den Besitz des einzelnen an Handlungsmöglichkeiten, an „Produktionsmitteln“, zu vermehren und damit das Potential an Herrschaft über sich und über andere zu vergrößern), zum anderen geht es darum, den durch dieses Wissen provozierten und in seine Möglichkeit, Zwecke zu setzen und durchzudrücken, eingesetzten Willen zu kontrollieren. Wiederum – will man schon unterscheiden – ein pädagogisches und ein gesellschaftlich-politisches Problem, nicht voneinander zu trennen! Wirklichkeit erzeugt nicht Bewußtsein und Bewußtsein nicht Wirklichkeit – Wirklichkeit gibt es nicht ohne Bewußtsein und Bewußtsein nicht ohne Wirklichkeit. Das systematische Konzept der Provokation des Willens zur Macht im Leistungswissen weist jenen Gruppen den Weg, die sich des ermächtigten Handlungssubjekts für ihre Zwecke bedienen möchten; sie haben sich in die Kontrolle des Willens einzuschalten; sie müssen für die „rechte“ Gesinnung „sorgen“.

Mit der Akkumulation von Macht durch optimierte Wissensvermittlung ist also das Problem ihrer Steuerung gegeben. Pädagogisch vorformuliert wurde dieser Zusammenhang zwischen Wissen und Wollen bereits 1620 durch F. BACON, wenn er fordert, daß dem Menschen möglichst viel von solchem Macht und Herrschaft verleihenden Wissen vermittelt werden sollte; für die Regelung, die Steuerung der im Wissen erworbenen Macht werde dann schon die rechte Vernunft und eine gesunde Religion aufkommen.[3] Nicht in Macht und Herrschaft selbst liegt das pädagogische Problem, sondern in dem durch sie provozierten Willen, dem Lenker unserer Taten, der für den Vollzug von Macht und Herrschaft verantwortlich ist. Von der Stunde der Entdeckung dieses Machtwissens an, auf das unser in der Moderne propagiertes und gleichzeitig diskreditiertes Leistungswissen verweist, hat sich faktisch – wie sich auch aus dem Gesagten ergibt – das pädagogische Handeln in zwei Maßnahmengruppen aufgegliedert: einmal hat es für die Vermittlung von solchem Machtwissen aufzukommen (in der Sprache der Zeit: „den Verstand zu unterweisen“), das ist Sache des *Unterrichts*, zum anderen hat es den dadurch erzeugten Willen zu kontrollieren und zu regulieren (in der Sprache der Zeit: „den Willen zu unterweisen“), was Sache der *Erziehung* ist. Fortan ließe sich eine Geschichte der Erziehung schreiben als eine Geschichte der gegen oder auf den Willen der heranwachsenden Generation gerichteten Maßnahmen.

Dieser knappe Rückgriff auf die Genese von Unterricht und Erziehung im neuzeitlichen Verständnis bestätigt also die hinter dem Mißtrauen gegen die Erziehung stehende Vermutung, daß Erziehung eine gegen den Willen der heranwachsenden Generation gerichtete Maßnahme sei. – Es dauerte dann allerdings noch eine geraume Zeit, bis die Erziehung ein Mittel für die Formierung des Willens der Heranwachsenden zu ergreifen lernte, wie es wirksamer nicht gedacht werden kann. Sollte diese Erziehung nicht dann ihr Ziel am besten erreichen können, wenn sie den Unterricht, dem sie sich selbst verdankt, zum ersten Mittel der Erziehung macht? Wenn Unterricht den Zwecke setzenden und Zwecke realisierenden Willen des Unterrichteten provoziert, dann muß der Unterricht selbst schon fähig sein, durch eine bestimmte Auswahl der Lernsachen und deren bestimmte Beleuchtung erziehend zu werden und also nicht nur den Willen schlechthin, sondern einen bestimmten, den gewünschten Willen, die erwünschte Gesinnung zu erzeugen. Wenn man dann im Anschluß an FRIEDRICH HERBART der selbst den Unterricht vor diesem „Sündenfall“ noch zu bewahren wußte, den Konzentrationsunterricht forderte und bestimmte Schulfächer, etwa die vaterländische Geschichte und die Religion, als Gesinnungsfächer zur didaktischen Mitte des Schulunterrichts erhob, dann hat das neuzeitliche Erziehungsverständnis, das durch zahlreiche Erscheinungen der Gegenwart in Frage gestellt wird, ihr radikales und problematisches Ende erreicht. Demgemäß erwartete man am Ende des vergangenen Jahrhunderts von einem guten Lesebuch, daß es möglichst viele „Gesinnungserreger" enthalte. Durch dieses Verfahren gelang es der Erziehung und denen, die sie solcherart wünschten, noch eine Zeitlang, den heute lauthals verkündeten Verdacht von ihr fernzuhalten: Die Erziehung hat sich gleichsam hinter dem Unterricht verborgen. Erst die heute so beliebte Schulbuchanalyse und Schulbuchkritik zeigen, daß sie ihrem Gewerbe der Gesinnungsmache in der Verborgenheit nicht weniger eifrig und obendrein sogar noch wirksamer nachging und nachgeht. Erziehung durch Unterricht kennt keine Schranken, wenn man der Hypothese von JEROME S. BRUNER folgt, „. . . that any subject can be taught effectively in some intellectually honest form to any child at any stage of development".[4] – Dieses Verfahren, durch Unterricht Gesinnungen zu machen, hat heute allerdings längst das pädagogische Getto verlassen und tritt als allgemeines Informationsproblem in Erscheinung.

2. Antiautoritäre Erziehung

Der Protest gegen die Erziehung, von dem unsere Überlegungen ausgingen, ist also durchaus verständlich. Die Geschichte der neuzeitlichen europäischen Menschheit, die eine Geschichte fortgesetzter Abschüttlung von Zwängen verschiedenster Art ist, und das ihr entsprechende Selbstverständnis des Menschen dulden es nicht, daß die gewonnene Freiheit – auch nicht die Freiheit des Handlungssubjekts – von den herrschenden Eliten, ihren Dogmatismen und Ideologien usurpiert wird. Die „Dialektik der Aufklärung" ist – zumindest was die Erziehung angeht – durchschaut; die Negation der Freiheit in der Erziehung ist entlarvt und wird zurückgewiesen.

Der Protest gegen herkömmliche Erziehung geht von der Jugend aus; sie ist es, die von der älteren Generation eine *antiautoritäre* Erziehung (s. Anm. II, 14) fordert. Der Angriff gegen Erziehung ist so radikal, daß man es sich zu leicht machen würde, wollte man ihn als phasenspezifischen Generationskonflikt erklären. Warum gerade jetzt dieser Aufstand? Anlaß, so meinen wir, ist das Faktum, welches der jungen, weithin noch positions- und funktionslosen Generation leichter zum Ärgernis wird als dem Establishment in Ost und West, daß nämlich die westliche wie die östliche Gesellschaft zurückgeblieben sind in ihren inneren und äußeren Strukturen hinter den gesellschaftlichen Formen, die dem Grad ihrer Aufgeklärtheit im „industriellen Zeitalter", „nach der wissenschaftlich-technischen Revolution" angemessen wären. Dem Traditionalismus und Formalismus der westlichen Gesellschaften in den sozialen, ökonomischen und politischen Bereichen entspricht der „Stalinismus" der östlichen. Zur Eskalation schließlich führte der Vorwurf der Jugend gegen die etablierte Gesellschaft, daß sie ihr den Grad der Aufklärung, der dem Stand der „Produktionsverhältnisse" entspricht, vorenthalten (Bildungsnotstand usw.) und damit ihren strukturellen Rückstand verschleiert habe. Die Misere der politischen Bildung, die Diskussion um den naturwissenschaftlichen Unterricht zeigen dies recht deutlich. Das völlige Auslassen der deutschen Alternative DDR im westdeutschen Schulunterricht oder ganz unzureichende Information hierüber führten zu einem Nachholbedarf an Marxismus-Leninismus (ganz im Gegensatz zu der Übersättigung „auf der anderen Seite"), der (nach Studentenjargon) zu einem „Hau-ruck-Marxismus" an Schulen und Universitäten führte, der nicht mit sich reden läßt.

Bei allem Verständnis aber für den Protest gegen die Erziehung deuten seine Merkmale darauf hin, daß er kurz angesetzt ist. In diesem Protest nämlich geht es häufig nicht um Abschüttelung der Herrschaft um einer neuen, einer rationalen Position der Freiheit willen, sondern Herrschaft wird gebrochen, um neue Herrschaft aufzurichten. Die heranwachsende Generation bestreitet zwar der älteren das Recht, ihr deren eigenen Willen als maßgeblich vorzuhalten und aufzuzwingen; zugleich aber stellt sie dem Willen der Erwachsenen den eigenen Willen nicht weniger verpflichtend gegenüber. Was angestrebt wird in jenen Protestaktionen (welche nur Reaktionen und nicht neue Handlungsentwürfe sind), ist lediglich eine Umpolung des erzieherischen Verhältnisses in seiner Willensstruktur, und nicht die grundsätzliche Zurückweisung der Herrschaftsstruktur in der Erziehung und damit die Erschließung einer prinzipiell neuen pädagogischen Dimension. Wo aber der Wille in der Erziehung maßgeblich und das *ausschließlich* regulative Prinzip der Aktion wird, gleichgültig von welcher Seite auch immer – von der Seite der Erzieher oder der zu Erziehenden –, bleibt sie in Herrschaftsstrukturen und ihre Irrationalismen verfangen. Bei der bloßen Umpolung des erzieherischen Verhältnisses wird die autoritäre Struktur der Erziehung nicht überwunden. Das pädagogische Verhältnis wird zum Interessenkonflikt zwischen Lehrer und Schüler abgespannt. – Der zeitgemäße Protest gegen die Erziehung sollte sich aber gleichermaßen gegen die Herrschaft der Erzieher wie gegen die Herrschaft der Schüler wenden.

Der Protest gegen die herrschende Erziehung wird, wie bekannt und wie berichtet, immer wieder mit der Forderung der antiautoritären Erziehung verbunden. Die kritische Erziehungswissenschaft wird dem mit diesem Schlagwort positiv Gemeinten durchaus zustimmen können. Zurückzuweisen aber ist jene antiautoritäre Erziehung, die selbst wieder autoritär wird, indem sie sich unter Rückgriff auf Macht den Nachdruck von rational nicht begründbarer, allenfalls ideologisch versicherter Autorität verleiht.

Da werden – um ein Beispiel zu nennen – Eltern und sonstige Interessierte zu einem Informations- und Diskussionsabend über antiautoritäre Erziehung eingeladen. Gleich zu Beginn erklären die Veranstalter (weder informieren noch diskutieren sie), Erziehung ohne Ziele gäbe es nicht (dem ja durchaus zuzustimmen ist), antiautoritäre Erziehung sei sozialistische Erziehung im strengen parteilichen Sinne, und schon wird einer Indoktrination und „Bewußtseinsbildung" das Wort geredet, wie sie autoritärer zu der Väter Zeiten nicht üblich war. Diese sozialistische Erziehung ist gewiß gegen die herkömmliche Erziehung – darum die Forderung nach Kinderläden, nach unbehindertem Triebleben, dem Niederreißen der Sexualbarrieren, dem Ausschluß von Repressionen usw. Die Unkenntnis der geschichtlichen Dimension einer kritischen Erziehungswissenschaft führte an jenem Abend jedoch zu einer Gedankenlosigkeit, die den politischen Charismatikern, in dieser Lage nach einer pädagogischen Konzeption befragt, die Entwicklung einer kritischen pädagogischen Theorie versagte. Da blieb ihnen nichts weiter übrig, als in den Kategorien einer herkömmlichen pädagogischen Systematik, die ihnen als solche gar nicht bewußt waren, scheinzudenken und ihren parteilichen Standpunkt pädagogisch zu verfälschen. In einem solchen Maße waren sie ihnen verfallen, daß sie selbst keine Alternative gegen die „bürgerliche" Pädagogik, weder praktisch noch theoretisch, liefern konnten. Als Herrschaftssystem aber schließt sich der Sozialismus per se von Erziehung aus. Als Information jedoch gehört er unverkürzt in den rationalen kommunikativen Prozeß der Erziehung hinein neben anderen Modellen für gesellschaftliche Existenz. Dann mag am Ende des Prozesses bei Lehrer und Schüler das sozialistische Bewußtsein stehen oder nicht – niemand, weder Lehrer noch Schüler, wissen es vorher. – Das Schlagwort der antiautoritären Erziehung sollte daran erinnern, daß wir den autoritären Strukturen der Erziehung dann noch nicht entronnen sind, wenn Herrschaft abgebaut wird, um neue Herrschaft aufzubauen.

Dieser Feststellung gegenüber wird man einwenden, die Propagandisten der antiautoritären Erziehung hätten es nicht auf eine Umschichtung der Machtverhältnisse abgesehen, sondern sie hielten es mit den parteiideologischen Konzepten, die eine gleichmäßige Verteilung der

Macht anstrebten, weil nur die Beteiligung aller an der Macht die Herrschaft einzelner über die anderen aufzuheben verspricht. – Dieses Konzept ist aber weder politisch noch pädagogisch brauchbar. Ihm ist entgegenzuhalten,

– daß solch ein Vorschlag deshalb so wenig Aussicht auf Erfolg hat, weil der Kampf der Unterprivilegierten um die Macht (nicht nur veranlaßt durch den Kampf der Privilegierten, ihre Macht zu retten) schwerlich jenes Maß respektiert, das durch das ideologische Konzept gleicher Machtverteilung gegeben ist. Das Ergreifen von Macht verführt seit eh und je zur Entartung der Macht im Imperialismus;

– daß – sollte dieser Zustand gleicher Machtverteilung erreichbar sein – er gerade nicht mehr als ein Machtverhältnis zu beschreiben ist. Macht, die im Gleichgewicht der Kräfte auf ihre pure Möglichkeit reduziert wird, tritt aus ihrem „Wesen" heraus, das gerade auf der Ausübung von Macht beruht;

– daß Macht selbst nicht den Ausgleich von Macht und somit deren Aufhebung herbeiführt. Kampf ist nicht mehr das Mittel solcher Aufhebung. Das Ende des „Klassenkampfes" ist nicht die Konsequenz des Kampfes selbst, sondern es liegt in dem Entschluß der Gesellschaft zu rational-politischer Lebensführung. Die hier zu führende gesamtgesellschaftliche Kommunikation hat den „Klassenkampf" zwar zum Anlaß; aber sie führt ihn nicht zu Ende. Sie hebt ihn vielmehr vor seinem Ende auf als die in Änderung des Zustands auslaufende gesellschaftliche Kommunikation;

– daß die Negation der Kampfsituation im kommunikativen Prozeß der Gesellschaft ebenfalls jene gesellschaftliche Veränderung voraussetzt und sie – wo nicht gegeben – durchsetzt, die das Programm des „Klassenkampfes" projektierte. Die Durchsetzung jener Bedingungen des rationalen Prozesses der Gesellschaft stützt sich hier aber nicht auf die Basis von Machtverhältnissen, welche die Gesellschaft in Freunde und Feinde spalten und sie somit daran hindern, ihrem eigenen Entschluß gemäß zu leben. (Wie es zur Handlungsverbindlichkeit der rationalen Kommunikation kommt und welcher Art diese ist und wie weit sie reicht, ist das Thema dieses Buches);

– daß der Kampf – wenn er schon Anlaß unseres gesamtgesellschaftlichen Kommuniqués und Anlaß des ihn aufhebenden kommunikativen Prozesses ist – doch nicht vom Zaune gebrochen werden darf, um diese Kommunikation zu erzeugen; gar zu leicht folgt er dann seinem eigenen Gesetz und verhindert den kommunikativen Prozeß der Gesellschaft;

– daß in einer Gesellschaft, die sich entschlossen hat, ihr Leben kommunikativ zu führen, der „Klassenkampf" eine rückschrittliche Position darstellt, die von der Erziehung zufolge ihres utopisch-progressiven, ihres politischen Charakters wegen nicht bezogen werden kann;

– daß eine Pädagogik, die nach dem Muster gegenwärtiger Politik auf ihren eigenen gegenwärtigen Zustand, nämlich weiterhin auf Machtverhältnisse fixiert ist, sich letztlich als „bürgerlich" erweist, sofern man sich an den Satz hält, daß die Praxis der etablierten bürgerlichen Pädagogik, wie der Justiz, immer auf der Seite der Macht stand;[5]

– daß der demokratischen Gesellschaft im Wort Demokratie gerade der Wortteil „-kratie", welcher sie auf Macht festlegt, problematisch werden muß.

3. Demokratie und Erziehung

Eine antiautoritäre Erziehung in diesem unzureichenden Sinne, eine Erziehung der Machtergreifung, widerspricht dem Selbstverständnis unserer Gesellschaft, die sich als demokratisch bezeichnet, oder zumindest, nach dem von ihr selbst erstellten gesellschaftlichen Kommuniqué, demokratisch sein möchte. Wir brauchen uns hier nicht auf den verfassungstheoretischen Streit einzulassen, ob das demokratische Prinzip, wie es das Grundgesetz der Bundesrepublik Deutschland fordert, nur für das verfaßte staatliche Gebilde BRD gilt oder ob es als grundsätzliches Prinzip des ganzen gesellschaftlichen Lebens zu verstehen sei. Da die deutsche Nachkriegsgesellschaft sich diese Verfassung gegeben hat, ist diese Frage praktisch schon positiv beantwortet: daß nämlich der staatlich-politischen Demokratie eine komplementäre Demokratisierung aller gesellschaftlichen Bereiche entsprechen sollte. Wir können an dieser Stelle Wilhelm Hennis nicht folgen, der vor einer Übertragung des Begriffs der Demokratie auf nicht- oder vorpolitische Sozialtatbestände warnt.[6] Die Demokratie ist selbst ein sozialer Tatbestand, und die Trennung von politischen und vor- sowie nichtpolitischen Bereichen ist unseres Erachtens unzulässig. Auch die Erziehung ist ein sozialer Tatbestand und kann demzufolge an dem Sozialfaktum Demokratie nicht vorbei. Wilhelm Hennis meinte, sich gegen eine solche „Politisierung" der Erziehung wehren zu müssen, da er das demokratische Prinzip, das in der Staatsverfassung Abbau von Herrschaft verlangt, auf die Erziehung deshalb nicht für übertragbar hält, weil in ihr, die es mit Unmündigen zu tun hat, Herrschaft unumgänglich sei. Wer dieses Faktum leugne, aus dem spreche der blasse „Adamsneid", der nicht wahrhaben möchte, daß die Menschheit eben nicht vollkommen und der Vernunftleitung fähig wie Adam die Erde betritt, sondern als Kind noch unfertig und der willentlichen Leitung der Alten bedürftig. Wer dies leugne, setze sich über den common sense von Jahrtausenden hinweg, der wohlweislich zwischen der ökonomischen Macht des Hausvaters und der politischen Macht des Herrschers unterschieden habe. Hier ist an die aufschlußreiche Auseinandersetzung JOHN LOCKES (1632–1704) mit SIR ROBERT FILMER[7] (1588–1653) zu erinnern, welcher (wie schon PLATON, nicht aber ARISTOTELES – 384–322 v. Chr. –) zwischen der Herrschaft eines Königs und der eines Hausvaters nur einen quantitativen, nicht aber einen qualitativen Unterschied machte und meinte, jene beiden Weisen der Machtausübung seien nur insoweit voneinander unterschieden, wie „a little commonweal(th) differs from a great one".[8] LOCKE dagegen betont: „Diese beiden Gewalten, die politische und die väterliche, sind ... so völlig grundverschieden und unabhängig voneinander, beruhen auf so verschiedenen Grundlagen und sind zu so verschiedenen Zwecken bestimmt, daß jeder Untertan, der ein Vater ist, ebensoviel väterliche Gewalt hat über seine Kinder wie ein Fürst über die Seinen. Und jeder Fürst, der Eltern hat, schuldet diesen ebensoviel kindliche Pflicht und Gehorsam wie der armseligste seiner Untertanen den Seinen. Deshalb kann die väterliche Gewalt auch nicht im mindesten Teil oder Grad jener Art von Herrschaft enthalten, die ein Fürst oder die Obrigkeit über ihre Untertanen hat".[9]

Wie aber ist es – die Forderung antiautoritärer Erziehung und jenen Protest gegen eine den Willen manipulierende Erziehung ernstgenommen –, wenn Erziehung sich heute aus jedweden Herrschaftsstrukturen, gleich welcher Provenienz, befreien muß? Müßte dann das demokratische Prinzip, das auf Abbau von Herrschaft drängt, nicht auch für sie gelten? Wobei auch die Umkehrung gilt: Müßte dann Erziehung nicht auch die Demokratisierung des gesellschaftlichen Lebens fordern? Wäre dann nicht die Trennung einer politischen Sphäre von der „vorpolitischen" der Erziehung hinfällig?

Jenes Selbstverständnis unserer Gesellschaft, jenes auf den Trümmern der Diktatur gefaßte gesellschaftliche Kommuniqué, jener Anspruch also, demokratisch sein zu wollen, stellt an jeden einzelnen sehr präzise Ansprüche. Vor allem erwartet die Demokratie von ihm, daß er zur politischen Lebensführung imstande ist, – politisch im weitesten Sinne: daß er nämlich in gegebener Wirklichkeit, wie sie im rationalen Gespräch mit seinen Zeitgenossen zutage tritt, die Möglichkeit einer besseren Wirklichkeit auszuhandeln vermag und sich für ihre Verwirklichung tatkräftig einsetzt. Erziehung hat jeden Menschen zu solcher menschlichen Lebensführung, zur Rationalität, zu emanzipieren und zu provozieren. – Was ist es denn, was wir von einem „guten Politiker" erwarten? Es ist doch nicht dies, daß er sein Parteiprogramm durchsetzt – ohne Rücksicht auf die bestehende Wirklichkeit. Vielmehr erwarten wir von ihm, daß er von der bestehenden Wirklichkeit sein Programm infragestellen läßt, daß er durch bestehende Wirklichkeit sein Programm derart modifizieren läßt, auf daß es imstande ist, vorhandene Wirklichkeit zu verändern und in ihr zu verwirklichen, was in ihr noch nicht wirklich ist. Eine Erziehung, die dem von unserer Gesellschaft aufgrund rationaler Kommunikation formulierten gesellschaftlichen Anspruch entspricht, die den Heranwachsenden also zu einer politischen Lebensführung in diesem Sinne instandsetzt, ist nicht eine Erziehung des Willens, nicht Programmierung des Willens, sondern *Erziehung zur Rationalität*. Nachdem auch die „Dialektik der Emanzipation" – wenn diese nämlich in subjektiver oder gesellschaftlicher Willkür, wenn sie in hilfloser Anarchie entartet – durchschaut ist, gilt es, die Erziehung aus jeglichem Herrschaftsgefüge zu befreien, auf daß sie den Menschen in die positive Freiheit der Rationalität hervorrufe und ihn mit ihr verbinde als jenen Vollzug menschlicher Existenz, der nach dem gesellschaftlichen Kommuniqué unserer Tage das „Wesen" des Menschen ausmacht.

Erziehung zur Rationalität orientiert sich zunächst an der mit dem Ruf nach antiautoritärer Erziehung verbundenen Forderung nach „kritischer Rationalität". Diejenigen, die diese Forderung erheben, vergegenwärtigen sich dabei zumeist nicht, daß sie sich damit unmittelbar in die pädagogische Problemlage einschalten.[10] Bei aller Entschiedenheit, Erziehung im herkömmlichen Sinne als „Unterweisung des Willens" zurückzuweisen, weiß man offenbar, daß es mit der bloßen Vermittlung eines unter dem Diktat des Leistungswillens zustandegekommenen Wissens nicht getan ist, und man fordert etwas anderes, das an die Stelle der erwiesenermaßen mit Recht geschmähten Erziehung zu treten hat: man fordert „kritische Rationalität". In der Tat lassen sich im Blick auf die pädagogische Problemlage rasch einige Positiva für die „kritische Rationalität" anführen. Sie akzeptiert das moderne Wissenschafts- und Wissensverständnis, ohne den Willen zu reglementieren. Sie sichert dem Willen die Freizügigkeit des Verfügens und den Dingen im Wissen freizügige Verfügbarkeit. Wie aber kann sie die Systemstelle ausfüllen, die in der Tradition die Willensunterweisung eingenommen hat? Wie kann sie jene Gefährdung des Menschen vermeiden helfen, die mit dem auch heute noch gebilligten Wissensverständnis, das ja die Regulierung des Willens erforderlich machte, eingestanden werden muß? Gewiß kann sie das nicht, wenn man sie außerhalb des Denkhorizonts der kritischen Erziehungswissenschaft ansiedelt und sie lediglich als eine Art besonderen Scharfblicks, als ein besonders fein organisiertes Vermögen im Umkreis der Subjektivität des Subjekts begreift. „Kritische Rationalität" benennt die Art und Weise, wie der Mensch sich kommunikativ in seiner Welt bewegt und sie in all ihren Bezügen und Konflikten, in ihren ökonomischen, politischen und gesellschaftlichen Strukturen durchspricht. Kritische Rationalität ist jener kommunikative Prozeß, in dem Wirklichkeit in den Gedanken erhoben und damit in fortwirkender Praxis überschritten wird. – Wie dieser Prozeß, wie kritische Rationalität in der Erziehung statthat, ist in den folgenden Abschnitten zu beschreiben.

4. Freiheit in Erziehung

Hier stellt sich die Frage nach der Bedeutung von Freiheit in der Erziehung. Das Erziehungsfeld zum „vorpolitischen" Bereich zu deklarieren, weil man es ja mit „Unmündigen" zu tun habe, rechtfertigt, so wurde gezeigt, in ihm Herrschaft. Wie aber kann Herrschaft – ohne gegen ihr Prinzip zu verstoßen – den Abbau von Herrschaft, die Mündigkeit des Edukandus, intendieren? Ein Problem ist damit angesprochen worden, auf dessen Lösung schon viel Fleiß verwendet wurde, das sich aber nur dann lösen läßt, wenn im Prozeß von Erziehung, der hier kommunikativ verstanden wird, Verbindlichkeiten auftauchen, die nicht „herrschaftlich" sind – was faktisch, wie ebenfalls gezeigt, die Aufhebung der Grenze zwischen dem politischen Bereich und dem nichtpolitischen der Erziehung bedeutet. – Im dialogisch-kommunikativen Bildungsmodell ist durch M. Buber bereits die Lösung angedeutet worden mit der Formel: „Der Gegenpol von Zwang ist nicht Freiheit, sondern Verbundenheit"[11] (vgl. auch die Emanzipation bei Platon, s. I, 4, a).

Was dies besagen kann im Kontext einer kritischen Erziehungswissenschaft, ist nun zu erläutern, indem von dem mit der Entgegensetzung von Herrschaft und Freiheit gegebenen Problem auszugehen ist. Wenn Rousseau nach den Mitteln fragte, „die Menschen zu unterwerfen, um sie frei zu machen"[12], bestimmte er Unterwerfung als den Anfang von Freiheit und legte den Gedanken nahe, Freiheit sei machbar. Schon durch Kants Lehre aber, für den Freiheit ein Akt des Subjekts ist, wird diese Folgerung ausgeschlossen. Auch für ihn freilich stellt sich die Frage, wie dem Edukandus in den Selbstvollzug der Freiheit hineinzuhelfen sei, die er aber nicht im Sinne des Machens der Freiheit beantwortet. Seine Frage lautet: „Wie *kultiviere* ich Freiheit bei dem Zwange?"[13] „Kultivieren" besagt hier: darauf hinarbeiten, daß der Zögling *sich* dem Anspruch des Sittengesetzes unterzieht; in dieser Reflexivität realisiert das Bildungssubjekt Freiheit. Realisierung von Freiheit bedeutet hier Selbstbindung des Edukandus an den eigenen (reflexiven) Selbstvollzug. Auch für den Erzieher (und für die Pädagogik) ist Freiheit von Zwängen zu fordern, die ihn daran hindern würden, in seinem Erziehen so zu handeln, daß die freiheitlich-reflexive Bindung des Zöglings an seinen Selbstvollzug, an das der Gesetzgebung des Freiheitsbegriffs, welcher das Prinzip der praktischen Vernunft ist, entstammende Sittengesetz möglich wird.

Mit dieser Antwort KANTS sind wichtige Hinweise für die Bedeutung der Freiheit für den als Kommunikationsprozeß ausgelegten Bildungsprozeß gegeben. Auch hier ist für Erziehung, die dem als Mensch geborenen Wesen den Weg erleichtern soll in seine Menschlichkeit, welche sich in seinem Wirklichkeit je und je verbessernden Handeln erweist, Freiheit unerläßlich. Unfreiheit und Autoritarismen würden gegen den pädagogischen Grundsatz der Individualität verstoßen, indem sie verhindern, daß der junge Mensch seine einzigartige und einmalige Begabung in seiner ganzen Weite und Tiefe erreicht als jenes „Stück Welt", in dessen „revolutionärer" Verwirklichung seine Menschlichkeit zutage tritt, – sie würden aber auch der Rationalität dieser „revolutionären Praxis" im Wege stehen, indem sie diese in der Herrschaft elitärer Einzelinteressen und dogmatischer Gruppenideologien aufhöben. Freiheit bedeutet auch hier nicht Bindungslosigkeit. Die Freiheit in der Erziehung bindet den Menschen ausschließlich an sich selbst. Um dieses Selbst, und nur um dieses Selbst, willen fordert Erziehung *Gehorsam,* und Ungehorsam gegenüber den Zwängen, die die Selbstbindung gefährden. Die in Freiheit ermöglichte Bindung an sich selbst hat man Mündigkeit genannt. Die sogenannte antiautoritäre Erziehung wendet sich demgemäß mit Recht gegen die von Einzelpersonen und Gruppen usurpierte Autorität und gegen postulierte Sachautorität um willen der Akzeptation der Autorität des Ich-Selbst. Was aber ist dieses Selbst? Sicher muß es anders verstanden werden als es von KANT her verstanden werden könnte – und wohl auch anders, als es im Begriff Mündigkeit nahegelegt wird.

Das *monadische Verständnis des Selbst* nämlich, wie es in der Philosophie von LEIBNIZ begründet und durch ROUSSEAU für die Pädagogik aufbereitet wurde, entspricht dem gegenwärtigen Selbstverständnis des Menschen nicht mehr. Dort wird der Mensch als ein aus sich heraus verständliches, isoliertes und in der Isolation autarkes Wesen begriffen, als Subjekt, das aus seinen ihm überlassenen Kräften heraus Menschlichkeit realisiert. Erziehung wird demgemäß zur „Entwicklung und Übung der jugendlichen Kräfte" (SALZMANN). Hierzu bedarf dieses sich von der Subjektivität her verstehende Subjekt zwar einer Welt außer sich (HUMBOLDT – 1767–1835 –); aber alles innerweltliche Handeln hat letztlich den Sinn, dem Menschen seine monadische Selbstmächtigkeit zu bestätigen, ihm *seine* „Sittlichkeit" angesichts seiner guten Taten zu bescheinigen. Damit aber wird die Menschlichkeit in die Innerlichkeit des Menschen verlagert und nicht in der Humanität der durch den Menschen erwirkten Verhältnisse aufgesucht. Außerdem muß in Zweifel gezogen werden, ob eine rationale Verbesserung der

Wirklichkeit möglich ist, wenn sie auf einem außerhalb der Wirklichkeit befindlichen Prinzip, nämlich in einer als dem monadischen Subjekt überlassenen Kraft verstandenen ratio oder Vernunft des einzelnen begründet wird – oder in der Gattungsvernunft, wie das 19. Jahrhundert das Problem zu lösen versuchte.

Freiheit in der Erziehung wird also nicht die Bindung des Menschen an sein monadisch verstandenes Selbst zum Ziel haben dürfen, wie es von ROUSSEAU, aber u. a. auch noch von MONTESSORI (1870–1952) angestrebt wurde. Ebenso ist es unverständlich, wie mancher Entwurf einer antiautoritären Erziehung sich auf die Psychoanalyse der zwanziger Jahre beruft[14], der es um eine Diätetik des Ich ging und die im Verein mit Gedankengängen der politischen Ökonomie die „Besserung der Verhältnisse“ als Ergebnis einer Triebsublimierung auslegte.

Das *dialogische (kommunikative) oder emanzipatorische Verständnis des Selbst* geht dagegen davon aus, daß die ratio oder die Vernunft des Menschen nicht in menschlicher Subjektivität eingeschlossen werden darf, sondern daß gerade sie auf den Umstand hinweist, daß dem Menschen in der nicht zur Ruhe kommenden Frage „Was hat es mit diesem oder jenem Sachverhalt auf sich, was ist mit ihm eigentlich los?“ Wirklichkeit durchschaubar ist auf das hin, was sie – wenn auch noch nicht verwirklicht – *ist*, wobei dieses rational ermittelte, gegebene Wirklichkeit in Frage stellende Ist sich für sein verwirklichendes, vorhandene Wirklichkeit umwandelndes Handeln als verbindlich erweist. Nicht wenn er sich auf sich zurückzieht, erreicht der Mensch den Grund seines Selbst, sondern wenn er sich einläßt, wenn er zu seinem Teil teilhat an der fortlaufenden kommunikativen Ver-*Handlung* von vorhandener Wirklichkeit im Horizont der Was-ist-Frage. Diese besondere, durch das Wort Rationalität bezeichnete Lage des Menschen in Welt und Wirklichkeit ist durchaus edukativer Art, indem sie den Menschen an sein Selbst bindet als den Prozeß der fortlaufenden Ver-Handlung von Wirklichkeit in Wort, Gedanke und Tat.

Erziehung wird dafür sorgen müssen, daß der junge Mensch in diese Bewegung eintritt und daß sie nicht ins Stocken gerät dadurch, daß durch irgendwen oder durch irgendetwas Absolutheitsansprüche erhoben werden. Um dieser Bewegung willen, welche die Vernunft des Menschen, seine Rationalität kennzeichnet, wird sie für Freiheit und Emanzipation sorgen müssen:

- Aus *politischer und gesellschaftlicher Herrschaft*, die an dieser in Umwälzung auslaufenden, das Ist von Wirklichkeit je und je verwirklichenden Bewegung nicht interessiert ist,
- aus der *Herrschaft der Selbstsucht*, welche jenes, Rücksichtslosigkeit gegen sich selbst voraussetzende „Interesse“ der Vernunft an Emanzipation paralysiert,

– aus *Ideenherrschaft* und der *Herrschaft von Ideologien,* welche den Menschen aus der ihm heute gemäßen Verbindlichkeit, an dieser Bewegung teilzunehmen, „befreien“ möchten.

5. Verbindlichkeiten des Handelns

Vornehmlich durch rationale Lebensführung glaubt die Menschheit heute für die Menschlichkeit von Gegenwart und Zukunft aufkommen zu können. Demgemäß erwarten wir von der Erziehung, daß sie den Heranwachsenden (und gewiß auch noch den Erwachsenen) zu rationaler Lebensführung auffordert und ihn dazu in den Stand setzt. Der moderne Mensch ist der Meinung, daß er auf normative Stützen jedweder Herkunft verzichten kann (es sei denn, er selbst akzeptiere und bestätige sie), ja daß er von ihnen befreit werden, sie abschütteln muß (Emanzipation), – nicht um sich selbst, seinen Neigungen, Interessen und Trieben oder den gesellschaftlichen Egoismen und Dogmatismen ausgeliefert zu werden, sondern um selbst mit seinen Mitmenschen das für sein Menschsein Verbindliche in rationalem Gedankengang zu ermessen. Dabei setzt er sich als ein Wesen voraus, das so im Weltgeschehen steht und in es verwoben ist, daß dieses ihm (im Horizont der Frage: Was ist eigentlich los damit?) durchschaubar wird auf das hin, was dieses gegebene Ist noch nicht ist (konkrete Utopie). Die Was-ist-Frage stellt zwar zunächst das Gegebene, das Gesicherte einfach (objektiv) fest; sie beruhigt sich aber mit solcher Feststellung nicht, sondern stellt auch die menschlichen Aktionen, die das Gegebene zum Gegebenen gemacht haben, in Frage. Damit wird dem Gegebenen seine Unbeweglichkeit genommen, und es wird sichtbar gemacht, worin das Gegebene hinter seiner konstitutiven Absicht zurückgeblieben und was also noch hinzugegeben werden muß, worin es zu bestärken und zu bewahren ist oder was vom Gegebenen abzuschaffen ist, wenn seine konstitutiven Ideen im Horizont der Was-ist-Frage bestritten werden müssen.

Hier wird nicht von einer Unterscheidung zwischen Sein und Sollen ausgegangen.[15] Nachdem mit Dilthey die Pädagogik aufgehört hatte, eine normative Wissenschaft zu sein, fand sie sich vor die Frage gestellt: „An welchem Punkt entspringt aus der Erkenntnis dessen, was ist, die Regel über das, was sein soll.“[16] Schon in diesem Satz wird deutlich, daß das Sollen nicht wie in den normengeleiteten Handlungssystemen vom Sein (dem „Ist“) zu trennen ist; nur muß auf den richtigen „Punkt der Erkenntnis dessen, was ist“ geachtet werden. Die Frage nach dem, was ist, darf nicht zu früh abgebrochen werden; sie darf sich nicht für beantwortet halten – etwa bei Erreichen der „objektiven“ Feststellung, daß die Arbeitsplätze in einem Fließbandbetrieb nach der MTM(Motion-Time-Management)–Theorie eingerichtet worden sind. Mit einer solchen wissenschaftlich fundierten Feststellung ist in der Tat noch nichts darüber ausgesagt, ob ein Fließband auch künftig so eingerichtet werden soll oder nicht, ob es überhaupt noch an der Zeit ist, den Produktionsablauf durch Fließbänder zu regeln. Hier ist auf den untrennbaren Zusammenhang von (wissenschaftlicher) Erkenntnis und Interesse hinzuweisen. Hinter der Erkenntnis: die Arbeitsplätze lassen sich optimal nach der MTM-Theorie einrichten, stehen Absichten, Interessen (der Unternehmer, der Arbeitnehmer, der Konsumenten und Produzenten, der Steuerbehörden usw. usw.), die der Wissenschaft vorausliegen, die aber für sie im Blick auf Forschungsimpuls, Gegenstand und Methode durchaus nicht gleichgültig sind, sondern die maßgeblich in deren Erkenntnis- und Entdeckungszusammenhang miteingegangen sind. Dringt die Was-ist-Frage bis zu diesen Hintergründen der Wissenschaft und ihrer Anwendung in den Produktionsstätten vor, läßt sie sich nicht mit der Feststellung des Gegebenen beruhigen. Ist das die Entdeckung der MTM-Theorie leitende Interesse mit in den Blick genommen, dann erweist sich diese wissenschaftliche Erkenntnis – die MTM-Theorie – als relativ zur Interessenlage, und ihre Ist-Sätze verlieren den Anspruch auf Ausschließlichkeit und Absolutheit. Sie bringen aufs neue die Was-ist-Frage in Gang – eine Bewegung, die unaufhaltsam fortläuft und nicht im Gedanken zu Ende ist, sondern den Menschen fortreißt zu „revolutionärer Praxis“. Diese Praxis erfährt ihre Anleitung nicht aus einem ideologischen Normenhorizont, sondern aus der Spontaneität der im Horizont der Was-ist-Frage unablässigen Bewegung des Menschen, die ihn anhält, dem Ist nachzugehen, das in bestehendem Ist noch zu ermitteln ist, und es zu verwirklichen. Der Erzieher wird für das Fortlaufen dieser Bewegung im Horizont der Was-ist-Frage sorgen müssen und dafür, daß sie ausläuft in faktische – im Horizont der Was-ist-Frage innerhalb der schon bestehenden Wirklichkeit ermessene – Um- und Neugestaltung. Darum keine (Industrie-, Sozial- usw.)Praktika, sondern Praxis! Hier von einem „Sollen“ zu sprechen, von ihm den Anstoß zu solchem Tun zu erwarten, lenkt von der „Wirklichkeit“ und der Dimension menschlicher Bewegung in der „Wirklichkeit“ (Was ist los mit ihr? Was hat es mit ihr auf sich?) ab.

Vom Gesagten her hat die Schule ihr Programm einer „politischen Bildung“ sowie ihr Verhältnis zur „Arbeitswelt“ neu zu durchdenken. Eine „Einführung in die Arbeitswelt“ z. B., wie die Bildungspläne unserer Schulen sie fordern, ist in der bestehenden und projektierten Arbeitswelt nicht zu Ende – sofern die Was-ist-Frage leitend ist: In der Arbeitswelt gilt es vielmehr die Möglichkeiten einer neuen Arbeitswelt zu entdecken (wozu eben gerade nicht nur die Manager dieser Arbeitswelt die geeignetsten sind), und in die Aktion ihrer Verwirklichung gilt es einzutreten. Durch diese in Praxis auslaufende Bewegung im Horizont der Was-ist-Frage wird etwas ans Licht gebracht, was im Gegebenen nicht und bei zu frühem Abbruch dieser Bewegung noch nicht sichtbar ist.

Solche rationale Ermittlung des Noch-nicht im Gegebenen – „rational“, weil von keinen Interessen und ihren Wünschen, sondern von der interessefreien Was-ist-Frage geleitet – vollzieht sich als Kommunikation, deren Partner sich nicht gegenüberstehen, sondern in der alle Beteiligten (der einzelne, seine Mitmenschen, das Weltgeschehen) zusammenwirken (Inter-Aktion). In solcher rationalen Kommunikation wird im Gegebenen (wozu alle am Dialog Beteiligten gehören) ver-handelt und erwirkt, was dieses noch nicht ist; und jene erhandelte neue Wirklichkeit erweist sich als Ausgangsbasis regulativ für menschliches Handeln, das in der nie zur Ruhe kommenden „Besserung der Verhältnisse“ sein Ziel hat. Der Mensch versteht sich heute als Prozeß solcher rationalen Ver-*Handlung* von Wirklichkeit.

Nicht ein Sollen, sondern das kommunikativ ermittelte „Ist“, das auch die Hintergründe des Gegebenen aufklärt, setzt Handeln in Bewegung, weil es selbst einem Handeln entsprungen ist. Es ist wohl nicht nötig, das Sein nach dem Vorschlag der Hermeneutiker durch Einordnung in den kritisch-geläuterten, geschichtlich-gesellschaftlichen Traditionshorizont für den handelnden Menschen zum Sprechen zu bringen. Der Horizont des rationalen kommunikativen Prozesses schnürt das Handeln weniger ein als der sogenannte hermeneutische Zirkel, der alle Interpretation des Seins an den durch Tradition vermittelten Denkhorizont bindet und Praxis nur innerhalb dieses Horizontes ermöglicht.

Sein und Sollen, Sein und Sinn sind demnach gar nicht zu trennen. Wer den Horizont der Was-ist-Frage von dem der Was-bedeutet-Frage trennt, der vertreibt das Sein aus der Wirklichkeit und verweist es in eine ideale Welt, in der der Mensch sich nicht mehr zuhause fühlt, die er angesichts der Wirklichkeit, die zum Gedanken drängt, vergessen hat.

Wo es um den Zusammenhang von Wissen und Handeln geht, bedarf es also keiner Übertragung wissenschaftlich festgestellten Seins in einen Sinn erschließenden und Handeln begründenden Horizont des Verstehens: Wo festgestelltes Sein nicht jene die Feststellung ermöglichenden Interessen verbirgt, nicht die alle Feststellungen hinterfragende Bewegung im Horizont der Was-ist-Frage aufhält, erweist sich Sein selbst als Anspruch weiterzudenken, weiterzusprechen und weiterzuhandeln. – Die Zeit der das objektive Sein feststellenden, im übrigen aber für menschliches Handeln irrelevanten Naturwissenschaften und der das Sollen darstellenden, das Sein aber ignorierenden Geisteswissenschaften ist vorbei. Wissenschaft setzt Handeln frei, wenn sie sich ihres Ursprungs in Lebenspraxis bewußt ist.

6. Bildsamkeit

Wird nun aber mit dieser im gesamtgesellschaftlichen Kommuniqué an den gesellschaftlichen Prozeß und somit auch an die Erziehung gerichteten Erwartung nicht das Kind überfordert; geht nicht dieser Anspruch über seine Möglichkeiten hinaus? Dies war doch der Grund, weswegen man das kindliche Leben gegenüber dem Leben der Erwachsenen als einen Ausnahmezustand betrachtet hat, für den darum auch andere Gesetze gelten müßten. Gehörte es nicht zu den großen Leistungen des Philanthropinismus, auf das Eigenrecht des Kindes hingewiesen, es nicht als „kleinen Erwachsenen" betrachtet, es nicht in die Normen der Erwachsenenwelt gezwungen zu haben? Gewiß war dies, Freiheit des kindlichen Lebens, die Absicht der Philanthropen; in einer Zeit aber, in der die Erwachsenen Freiheit für sich fordern, schlägt die für das Kind erkämpfte Freiheit in Herrschaft über den „Unmündigen" um – solange man auf der Andersartigkeit kindlicher Lebensführung besteht.

Wie es *den* Menschen nicht gibt, sondern er das ist, was er von sich erwartet, so läßt sich auch das Kind nicht im Korsett von Daten und Fakten einschnüren. Zu allen Zeiten (und auch heute) hat die Menschheit für das, was sie von sich erwartet, im Kind nach Anfängen und Möglichkeiten gesucht – und sie gefunden! Wieder ist der Zusammenhang von Interesse und Erkenntnis auffällig. Erwartete der Mensch seine Vollendung in Charakter und Gesinnung, so suchte man im Kinde nach einem Willen, der fähig ist, ein bestimmtes Wollen festzuhalten, kontinuierlich zu werden (was nach SCHLEIERMACHER die Gesinnung ausmacht), sich an sein einmal vollzogenes Wollen zu erinnern (HERBART definierte Charakter als Gedächtnis des Willens). Gemäß dieser Erwartung gliederte man die Entwicklung des Kindes nach den Erscheinungsweisen des Willens, von SCHLEIERMACHER an bis über O. KROH (1887–1955) hinaus, wenn man die „Trotzperioden" als markante Einschnitte der Entwicklung ansah. – Erwartete man von der Erziehung die „Prägung" des Heranwachsenden, so suchte man nach einer das Menschliche begründenden *plastischen* Substanz[17], die solche Prägung möglich macht. Bis in die Gegenwart hinein wird versucht, sich der Bildsamkeit des Menschen zu versichern durch den exakten Nachweis eines zwischen den Determinanten Erbe und Umwelt freigelassenen (plastischen) Bereiches.[18] – Es wäre also höchst seltsam, wenn sich nicht auch eine der heutigen Erwartung entsprechende Disposition „*im*" Kinde in Anfängen nachweisen ließe: „Bildsamkeit" und „Begabung", so wird man sagen müssen, gibt es nur im Netzwerk von Kommunikation.

Diese Unexaktheit in den für Erziehung doch so wichtigen Feststellungen über das Kind, die dem modernen Verständnis von Wissenschaft arg zuwiderlaufen, hängt mit dem seit altersher bekannten Faktum zusammen, daß Erziehung (und Unterricht) selbst weithin für ihre eigene Möglichkeit aufzukommen haben. John Locke z. B. mußte vom Willen des Menschen eine gewisse Fügsamkeit und Geschmeidigkeit (compliance and suppleness) erwarten, wenn er fähig sein soll, sich nach den Maßgaben der Vernunft zu richten und tugendhaft zu werden[19]. Das wahre Geheimnis der Erziehung (the true secret of education) ist es nun, daß die Eltern in der Erziehung (parents by a steady hand) diese Bedingung der Möglichkeit von Erziehung, die Bildsamkeit, „introduzieren". Durchaus in diesem Sinne formulierte W. Flitner,[20] daß Bildsamkeit nicht „an sich" immer schon da sei, sondern nur dort, wo sie erwartet wird. Für E. Weniger (1894–1961) ist demgemäß Bildsamkeit „ein Problem des Niveaus und der Atmosphäre". In der aktuellen Erziehung (im „pädagogischen Bezug") wird sie geradezu erst „gestiftet"; und U. Freyhoff kann demgemäß folgern: „Bildsamkeit in der Jugend für neue Inhalte und Aufgaben des Lebens zu wecken (erfordert) vom Lehrer und Erzieher ein fast unbeschränktes Vertrauen in die im Schüler beschlossenen Möglichkeiten."[21] – Wenn es etwa – um auch eine „Erfahrungstatsache" zu nennen – dem Mathematiklehrer nicht gelingt, seine Schüler in die Integralrechnung einzuführen, dann sind nicht notwendig die Schüler dumm und unbegabt, sondern sehr wahrscheinlich hat der bisherige Mathematikunterricht nicht dafür gesorgt, daß sie für diese neue Sache ansprechbar sind.[22] Ein Grund mehr, das Kind nicht von der Lebensführung – der politischen Lebensführung aufgrund rationaler Kommunikation – auszuschließen, die der Erwachsene für sich selber als wichtig erachtet! Erziehung als rationale Lebensführung von früh an – schon die werdende Mutter „redet" mit ihrem ungeborenen Kinde – ist „möglich" und ermöglicht im Kinde die rationale Lebensführung, entsprechend der des Erwachsenen. – Vielleicht gab es unüberschreitbare Grenzen im Kinde für eine Erziehung, die im idealistischen Sinne vom Erwachsenen „Moralität" erwartete. Zu solcher „Selbstgesetzgebung" des Willens – welche die volle Entwicklung eines Vermögens des Subjekts, des Willens, voraussetzte – war das Kind sicherlich nicht imstande, und die Eltern mußten für es das Gesetz darstellen. Hier aber, wo es nicht um Wille, Herrschaft und Gesetz geht, sondern eben um Rationalität, ist das anders: von früh an, sofern Erziehung sie erwartet, überrascht das Kind durch rationale Lebensführung in einem nun näher zu bezeichnenden Sinn.

Das Kind ist noch in beiden Grundbewegungen innerhalb der konkreten Lebenssituation gleichermaßen heimisch, die erforderlich sind zum Ermessen dessen, was es mit dem Gegebenen „auf sich" hat, und zum tatkräftigen Handeln im Gegebenen gemäß dem solcherart Ermessenen. Keine dieser Grundbewegungen hat beim Kinde die andere verdrängt: (a) die vitalen Bedürfnisse lassen es sich selbst erreichen als Wesen der Kraft und der Stärke, ohne die es nichts tun *kann*; dazwischen aber ist bei ihm (b) das kommunikative Inter-Aktions-Gefüge mit seinen Mitmenschen und seiner „Welt" noch in unverstellter Weise gegeben: inmitten jener vitalen Interessen überrascht es durch „Interesselosigkeit" (durch die Rationalität einer sich selbst vergessenden Interessiertheit) als Vorbedingung rationaler Lebensführung im Sinne solcher Ermittlung, was es mit dem und jenem seiner kindlichen Welt „auf sich" hat, was (eigentlich) los ist; hier erreicht sich das Kind als Wesen der „Liebe", ohne die es für es *nichts zu tun* gibt. Schon das Kind ist auf einen derart rationalen Gedankengang in ursprünglicher Weise ansprechbar (Bildsamkeit),[23] und im ersten Lächeln bekundet sich das Glück des geglückten Vollzugs ursprünglicher Menschlichkeit.

Rationale Lebensführung ist kein Privileg der Erwachsenen: ja diese haben sie sehr oft unter der Vorherrschaft von Selbstsucht und Wille verlernt. Die Ansprechbarkeit auf rationale Lebensführung ist bei jedem Menschen, bei jedem Kinde vorauszusetzen. Mag die sachbezogene Begabung des einzelnen Individuums auch mannigfach beschränkt sein: Ihr zugrunde liegt eine in Quanten nicht faßbare generelle Ansprechbarkeit des Menschen, die eine Begrenzung der Erziehungsbereitschaft von Erzieher, Schule und Gesellschaft einzelnen Menschen gegenüber grundsätzlich ungerechtfertigt sein läßt.

Diese Ansprechbarkeit auf rationale – politische – Lebensführung ist weder erb- noch schichtenspezifisch. Weder durch Erbe noch durch Umwelt (Gesellschaftsschichten) ist „Bewußtsein" prädeterminiert. Solche Ansprechbarkeit ist abhängig vom Ich selbst, als individueller Position im gesellschaftlichen Kommunikationsprozeß. Die Teilnahme an diesem Prozeß muß dem Kinde ermöglicht werden. Hierfür hat die Gesellschaft, die von den Erzogenen ihre eigene Besserung erwartet, entsprechende Vorkehrungen bildungspolitischer Art zu treffen. Anzunehmen, daß die Kinder der Arbeiterklasse hier durchweg benachteiligt seien, wie es aus Untersuchungen, die sich aus anderen Fragestellungen (Sprachvermögen, Kenntnisse, Fertigkeiten, Intelligenzquotient) herleiten, oft geschlossen wird, ist ein großer Irrtum; denn bei diesen „Benachteiligten“ und sich selbst „Entfremdeten“ (darum setzte ja auch die proletarische Revolution auf sie) ist der auf gesellschaftliche Veränderung abzielende kommunikative Prozeß oft viel lebhafter als bei den Etablierten, deren Kinder insofern die Benachteiligten sind. Um so wichtiger ist es, den Kindern der „sozialschwachen Schichten“ durch Bildungsförderung nicht weniger entgegenzukommen als den anderen – wenn es auch mit den Kenntnissen und Fertigkeiten allein nicht getan ist.

7. Reflexion und Engagement – die Grundaufgaben der Erziehung

Beide beim Kinde beschriebenen Grundbewegungen sind pädagogisch zu unterstützen: jenes reflexive Selbstinteresse an subjektiver Selbstdarstellung, das auf Gewinn von subjektivem Können und Leisten aus ist, sowie die Konstitution des kommunikativen Selbst im Fortgang des rationalen gesellschaftlichen Prozesses. Beide Grundbewegungen scheinen einander auszuschließen. Beide aber verhalten sich zueinander wie Materie und Form, aus deren Vereinigung, einem alten philosophischen Bilde folgend, Seiendes zustandekommt. Mit leeren Händen kann man im gesellschaftlichen Prozeß nichts ausrichten – und die vollen Hände sind nur mit sich selbst beschäftigt, zu halten, was sie haben – wenn nichts da ist, woran sie sich verschwenden können. Im Wechselprozeß von „Reflexion und Engagement“[24] kommt im Prozeß gesellschaftlichen Lebens die Menschen-Welt zustande, aufgebaut aus dem, was der Mensch in diesen Prozeß eingebracht hat. – Die „Besserung der Verhältnisse“ bedarf nicht nur des Gedankens, der Maß ermittelnden Rationalität „interesselosen Interessiertseins“, sondern zugleich auch der vom Können und Leisten des einzelnen getragenen Tat, vorbereitet in der vitalen Selbstbezogenheit des Kindes. Hier geht es in der Erziehung unter anderem um Lern- und Leistungsmotivation als Steigerungsmittel der Selbstmächtigkeit und Leistungsfähigkeit des Edukandus durch Vermittlung von Kenntnissen und Fertigkeiten, dort erweist sie sich als „Aufhebung“ des reflexiven Könnens und Leistens im Prozeß rationaler Kommunikation – als mahnende und rückwendende Erinnerung an die Rationalität des Ursprungs und Anfangs – ein Merkmal der Erziehung, das von PLATON an immer wieder beschrieben wurde. Das zweite Moment ist das erzieherische, das edukative, im engeren Sinne. Es steht an der Stelle, die in der herkömmlichen Erziehung die Gesinnungs- und Charakterbildung eingenommen hatte, deren Ende faktisch gekommen ist. Diese beiden Handlungsvollzüge zu beschreiben und ihre einander gegenläufige Gesetzlichkeit aufzuweisen, ist Sache der Didaktik. Hier kann es nur um einen Vorblick auf die beiden Aufgaben gehen, die in Wahrheit – wenn es sich um Erziehung im Sinne der kritischen Erziehungswissenschaft handelt – *eine* Aufgabe sind.

a) Optimale Information

Der Unterricht der modernen Schule muß dem Grundsatz der optimalen Information nachkommen. Hierzu gehört zunächst Rückhaltlosigkeit in der Übermittlung von Informationsdaten. Das einzelne darf also nicht in einem von der Information selbst ausgeschlossenen Auslegungszusammenhang vorgetragen werden; denn dieser Zusammenhang soll ja erst im Durchlaufen der einzelnen Mitteilungen ermittelt werden. – Das bedeutet sodann, daß man die berechtigte Forderung nach Revision der sog. Stoffülle nicht gleichsetzen darf mit dem zurückzuweisenden Leitsatz der Herstellung eines Informationsminimums. Wem es in der Schule nur darum geht, den Menschen auf die Übernahme bestimmter Rollen vorzubereiten, ihn zum Träger bestimmter Funktionen zu machen, der kann sich auf einen für diese Rolle und diese Funktion zureichenden Minimalkatalog an Kenntnissen und Fertigkeiten beschränken. Dieser Gefahr verfällt die pure Leistungsschule immer wieder. Wer aber möchte, daß der Herangewachsene in seiner Situation einmal selbst ermessen kann, was in ihr an der Zeit ist, und was zu tun ist, der weiß, daß hierzu ein weiter Horizont, ein über die Einzelfunktion hinausgehender Kenntnisstand vonnöten ist. Die Demokratie, die solche Selbständigkeit in Wort, Gedanke und Tat von jedem Menschen erwartet, kann nur glücken, wenn die Schule das hierfür nötige Informationsoptimum vermittelt und obendrein die Bereitschaft, neue Informationen aufzunehmen, um von ihnen her erneut die Fülle zu durchlaufen und das für die Stunde Maßgebliche kritisch und skeptisch zu ermitteln.

b) Permanente Diskussion

Diese Aufforderung an Schule und Lehrer, bei der bloßen Vermittlung von Wissen nicht stehenzubleiben, sondern dieses durchzusprechen, nicht als einzelnes, gleichsam nur akademisch, sondern im Lichte all dessen, was dem Schüler wie dem Lehrer sonst schon von ihrer Welt, von unserer Welt, hell geworden ist, verweist auf jene zweite Aufgabe, die auch heute nicht aus der Schule als pädagogischer Einrichtung hinwegzudenken ist. Die hier zu führende Diskussion ist von großem Ernst. Ein solches Diskutieren negiert den gedanklich erarbeiteten Weltzusammenhang des Lehrers ebenso wie den des Schülers; aber nicht Negation oder In-Frage-Stellung ist Sinn dieser Diskussion. In solchem Gespräch soll vielmehr etwas an den Tag kommen, das für Lehrer wie Schüler gleichermaßen verbindlich ist. Hier wird freilich vom Lehrer mehr erwartet als vom Schüler, der von seiner Schülerrolle her mehr Bereitschaft zeigt zum Umdenken als der Lehrer von der seinen. Auf der Seite der bloßen Wissensvermittlung erwarten wir, daß der Lehrer als der an Information Reichere (was bei modernen Lebensbereichen nicht immer der Fall ist) dem Schüler überlegen ist; dort aber, wo es gilt, die Fülle der Informationen zu durchdenken und durchzusprechen auf das hin, was es mit ihnen auf sich hat, und dieses als das für weiteres Denken, Reden und Tun als maßgeblich anzunehmen, stehen Lehrer und Schüler auf der gleichen Stufe. Dieser Prozeß findet ja kein Ende, und wer schon länger in ihn eingespannt ist wie der Lehrer, der ist vielleicht ein wenig gewandter im Durchlaufen ausgebreiteter Zusammenhänge; ob er aber eine gültigere Einsicht gewonnen hat, das ist nicht sicher: das muß sich erst – in der kommunikativen Inter-Aktion des Unterrichts – erweisen. Hier ist ein hierarchisches Gefälle zwischen Lehrer und Schüler durchaus fehl am Platze.

c) Erwachsenenbildung

Diese beiden pädagogischen Grundaufgaben haben nicht nur in der Jugenderziehung ihren Platz. Auch in der *Erwachsenenbildung* etwa taucht diese Zweieinheit als Synthese von „Erwachsenenqualifikation" und „Erwachsenenbildung" auf[25]. Eine Volkshochschule, die nur an die großen Fragen und Aufgaben unserer Zeit heranführt, ohne zugleich Kenntnisse und Fertigkeiten zu vermitteln, sie qualifiziert zu beantworten, ist ebenso fehl am Platz wie eine solche, die sich auf Vermittlung von Wissen beschränkt, ohne ihren im Wissen ermächtigten Teilnehmern die Sicht in die Aufgaben unseres Lebens freizulegen, in deren aktiver Beantwortung das Können erst aus dem imperialen Diktat der Selbstsucht befreit wird und menschliche Züge annimmt. Die Volkshochschule muß heute dem Menschen Möglichkeiten der Lebenssteigerung im beruflichen, politischen und privaten Bereich bieten (Erwachsenenqualifizierung); sie muß aber auch sichtbar werden lassen, daß die *humane* Verwirklichung dieser seiner Möglichkeiten nicht allein Sache seiner imperialen Selbstsucht ist, sondern wesentlich Sache seiner Einsicht in die für die Menschlichkeit seines Handelns entscheidende Verbindlichkeit dessen, was es mit unserer Weltstunde *auf sich* hat, die er mit zu tragen hat (Erwachsenenbildung). Nur wer angesichts solcher Verbindlichkeit (was es mit unserer Weltstunde in ihrer politischen, sozialen und ökonomischen Lage *auf sich* hat) *von sich* absehen gelernt hat, vermag auf Grund seiner Möglichkeiten und Qualifikationen etwas ins Werk zu setzen, was mehr ist als die Projektion seiner selbst, seiner Interessen, seiner Wünsche, seiner eigenwilligen Selbstsucht. Auch hier bedarf dieses Ansichtigwerden des „Auf-sich-Habens“ unserer Weltsituation der *rückhaltlosen Information,* die mehr im Sinne hat als die Vermittlung von Qualifikationen, welche die primären Bedürfnisse befriedigen helfen. Hierzu bedarf es eines Angebots im Arbeitsplan einer Volkshochschule, das wohl auf die Steckenpferde ihrer Dozenten, nicht aber auf den Reichtum dessen verzichten kann, was zur Erhellung unserer Weltsituation in der Einheit ihrer Gegensätze unerläßlich ist. Neben dieser rückhaltlosen Information ist dann die Kommunikation (von jener nicht zu trennen und ihr aufs engste verbunden), die *permanente Diskussion* Sache der Erwachsenenbildung, in der dem Teilnehmer das sichtbar wird, worauf es in seinem zunächst nur auf sich bedachten Qualifikationsstreben ankommt, daß er nämlich mit allem, was er kann und hat, eintritt dafür, daß auch unsere Weltstunde glückt und nicht unter unserer im bloßen Wissen an die Macht gekommenen Selbstsucht zuschanden wird.

8. Pädagogische Erörterung der Rationalität

Alles kommt darauf an zu verstehen, was Rationalität in der Formulierung „Erziehung zur Rationalität“, wie die kommunikative Pädagogik sagen mußte, meint. Rationalität ist nicht etwas, was der Mensch in sich hat, das er mit sich herumschleppt wie seine Neigungen, seine Triebe, seine Interessen und seinen Willen. Erziehung zur Rationalität verpfllichtet den Erzieher also nicht auf deren nur formalen Aspekt, schon Vorhandenes, Kräfte und Anlagen, *im* Zögling zu formen, in Form zu bringen. Rationalität meint darum auch nicht eine oberste, absolute Instanz, ein kritisches Vermögen, das zu scheiden weiß und das Rechte zu ermitteln vermag. Rationalität meint vielmehr einen bestimmten, einen *menschlichen* Vollzug menschlicher Lebensführung. Sie leistet, was man von ihr erwartet, nur als kommunikativer Prozeß. Diese Rationalität ist auch nicht an eine bestimmte Höhe des Intelligenzquotienten gebunden; sie ist weder von einem bestimmten „Bildungsstand“ abhängig, noch erb-, umwelt- oder schichtenspezifisch. – In einigen Sätzen soll nun, teils Gesagtes wieder aufgreifend, versucht werden, Rationalität pädagogisch näher zu bestimmen.

a) Rationalität vollzieht sich als rationale Kommunikation zwischen und unter den Menschen, sie ist eine *Ko-Operation,* eine kommunikative Ver-*Handlung*. Im Prozeß der rationalen Kommunikation wird *etwas* verhandelt und erhandelt.

b) Eine kommunikative Ver-Handlung kommt erst dann zwischen den Menschen zustande, wenn jedwede Autorität aufgehoben wird und allein die rationale Ko-Operation verbindlich – *für alle* verbindlich – ist. Die kommunikative Ver-Handlung selbst ist das Autoritative, das Verbindliche für alle, die an ihr beteiligt sind. Die Gleichberechtigung aller Ver-Handlungs-Partner beruht nicht auf Geburt, nicht auf einer besonderen Menschenwürde, sie läßt sich nicht naturrechtlich begründen, sondern sie hat allein in der Teilhabe am kommunikativen Prozeß ihren Grund.

c) Im Prozeß rationaler Kommunikation sind zwar alle Teilnehmer gleichberechtigt, aber dennoch nicht „gleich". Nur in der Teilnahme an der rationalen Inter-Aktion wird es ihnen möglich, sich als Ich anzusprechen und von den anderen als Du angeredet zu werden. Die Teilnehmer treten ja nicht als tabula rasa in den Prozeß ein. „Erfahrung und Umgang" (wie HERBART sagen würde), aber auch ihr Standpunkt im gesellschaftlichen Handlungsvollzug – auch der politische, der parteiliche –, spezielles Berufswissen, das durch ihre Neigungen abgesteckte Interessenfeld, ihre Gefühle u. a. m. sind jeweils ihr Beitrag für die gemeinsame Aktion der Kommunikation; dies sind die Informationsinhalte, die nur sie beisteuern können. All dies aber wird erst in der kommunikativen Aktion artikuliert und vom Ganzen des kommunikativen Gefüges her als dieser einmalige und einzigartige, als dieser individuelle Beitrag – als Ich und Selbst an- und aussprechbar. So wird dann auch der autoritative Prozeß in dieser Angelegenheit dem einen, in einer anderen dem Beitrag des anderen ein größeres Gewicht beimessen. Im rationalen Kommunikationsprozeß wird der demokratische Formalismus überwunden – was für die Demokratisierung der Schule gewiß nicht unerheblich ist, wo doch Lehrer, Eltern und Schüler miteinander reden sollten.

d) Nicht jede Ver-Handlung ist rational; häufig geht er nur um den *Ausgleich von Interessen* (Interessenregelungsmodell); das mag zwar politisch „vernünftig" sein; es ist aber nicht schon rational im pädagogischen Sinne. Solcherart sind zumeist die Verhandlungen der Tarifpartner: Arbeitnehmer- und Arbeitgeberinteressen etwa stehen sich gegenüber. Beide sind am Fortgang der Arbeit interessiert und erstreben von diesem gemeinsamen Nenner her, von diesem gemeinsamen Interesse aus die Regelung ihres Konfliktes. – Zur rationalen Ver-Handlung gehört aber mehr, nämlich das Argument, d. h. die Offenlegung der Interessen als solcher, die Darlegung der jeweiligen Position als Interesse. In der rationalen Ver-Handlung stehen nicht mehr Interessen gegeneinander, sondern sie geben sich preis in der Frage, was es mit ihnen auf sich hat, was mit ihnen eigentlich los ist. Voraussetzung solcher Preisgabe seiner selbst und damit auch Voraussetzung der Erziehung – hier schließt sich der Kreis – ist die Garantie und die Herstellung herrschaftsfreier Ver-Handlungs-Bedingungen: also *Emanzi-*

pation. Diese aber darf sich selbst niemals als Ziel formulieren oder sich mit anderen Zielen (wie „klassenlose Gesellschaft“, „Imperialismus“, „Sozialismus“) auf Dauer identifizieren, weil sie dann bereits wieder autoritär entartete, Emanzipation verhinderte und unter der Diktatur der Gesinnungsgenossen einer erneuten Verschleierung von Interessen Vorschub leistete – was das Ende einer rationalen Ver-Handlung bedeutet.

e) Emanzipation – die Herstellung herrschaftsfreier Ver-Handlungsbedingungen – geht jeder rationalen Ver-Handlung, und somit auch der Erziehung, als die Bedingung ihrer Möglichkeit voraus (s. d.). Im Blick auf die unaufgebbare Verknüpfung der beiden Hauptaufgaben der Erziehung: Mitteilung von Informationen und deren rational-kommunikatives Durchsprechen im Unterricht – ist Emanzipation schon bei der „ersten“ Mitteilung erforderlich, wenn diese mehr sein soll als bloße Mitteilung, wenn sie den Prozeß der Verwirklichung des Selbst als Ver-Handlung des Gegebenen im Horizont der Frage: Was *ist* los damit, was hat es mit ihm im Zusammenhang der mich ausmachenden Ver-Handlung von Wirklichkeit auf sich? – in Gang bringen soll.

Man wird nicht sagen dürfen, daß die Forderung von Emanzipation als Bedingung der Möglichkeit von rationaler Ver-Handlung „unrealistisch“ sei und daß damit Unmögliches vom Menschen verlangt werde. Im Gegenteil: Die Forderung richtet sich auf die in der gesellschaftlichen Erwartung als das Noch-nicht verwirklichter Wirklichkeit aufgebrachte Wirklichkeit des Menschseins. Daß diese Position vom Menschen immer schon bezogen ist – allen Bedrohungen durch gegenwärtige gesellschaftliche Wirklichkeit zum Trotz – zeigt menschliche Sprache, die mehr ist als Ausdruck und Mitteilung insofern, als sie um das Wörtchen Ist kreist und über die Was-ist-Frage *in* der Wirklichkeit noch nicht Verwirklichtes hervorbringt.

f) Andererseits stellt sich die Was-ist-Frage nicht aus sich; sie entzündet sich vielmehr am Gegebenen, am Mitgeteilten, an der fragwürdigen Information. Darum ist festzustellen, daß die geforderte rationale Ver-Handlung sich nicht im „luftleeren“ Raum, gleichsam nur als intellektuelles Spiel vollzieht. Rationale Ver-Handlung gibt es nur „hart an der Sache“. Zu ihren Bedingungen gehört darum neben der Bereitschaft, sich selbst in seiner durch zahlreiche Interessen geleiteten Verhandlungs*absicht* der Ver-Handlung auszusetzen und somit sich in seiner anfänglichen Verfaßtheit infragestellen zu lassen, vor allem eine *optimale Information* über die „zum Gedanken drängende Wirklichkeit“. Hierzu vermag der Entschluß vieler moderner Wissenschaften zu dem empirisch-analytischen Verfahren Erhebliches beizutragen. Die materiale Voraussetzung einer rationalen Ver-Handlung ist also ein rückhaltloser Unterricht, der auch die scheinbar selbstverständlichen Konstituentien gegenwärtiger Wirklichkeit, ihren interessenbestimmten Ursprung, mit in den Horizont der Was-ist-Frage rückt, und der natürlich auch die Meinung des Lehrers „über die Dinge“ nicht als Informationsdatum ausläßt. Jede neue Information, die möglicherweise kontrovers zum bisher Gesagten ist, wirft aufs neue die Was-ist-Frage auf und leitet wiederum jenen rationalen Vollzug ein, der schließlich auch sie überholt. Für diese „optimale Information“ kommt die moderne Curriculumforschung, die Curriculumrevision auf.[26] Sie ist der Zusammengehörigkeit der beiden Hauptaufgaben der Erziehung wegen antithetisch zu diskutieren und ihre derzeitige Selbstreflexion zeigt, daß sie sich selbst auch widersprüchlich auslegt. Was die erste Aufgabe der Erziehung angeht, wird man die Notwendigkeit einer expertisen und formal-demokratischen Curriculumkonstruktion und -revision behaupten, im Blick auf die zweite Aufgabe dagegen wird man ihre pädagogische Unzulänglichkeit konstatieren müssen.

Der ihr zugrundeliegende Gedanke ist schon alt (wenn bisher auch noch nie so überzeugend realisiert worden wie heute) und darum einem jeden so einleuchtend. Die von S. B. Robinson hervorgehobenen drei Stufen der Curriculumkonstruktion findet man z. B. bei J. H. Campe (1746–1818): „Es gehört ... ganz vorzüglich zu der Pflicht des Erziehers, (1) über diejenige Lage, worin sein Zögling wahrscheinlicherweise künftig kommen wird, nachzudenken, und (2) reiflich zu erwägen, welche Körper- und Seelenfertigkeiten ihm in dieser Lage unentbehrlich ... sein würden, um (3) darnach die Gegenstände auszuwählen, an denen die auszubildenden Kräfte desselben geübt werden müssen.“[27]

Sachverhalte im Horizont der Was-ist-Frage durchzusprechen ohne hinreichenden Sachverstand ist ein intellektuelles Spiel und in keiner Weise handlungsrelevant. Für diesen Sachverstand, der die Widersprüchlichkeit der konkreten Lage vor Augen hat, sowie für die Qualifikationen und Verhaltensdispositionen, die dieser Lage entsprechen, kann der traditionelle „Lehrplan“ nicht mehr aufkommen; sie zu vermitteln ist ein Curriculum unerläßlich. – Von der die Curriculumkonstruktion leitenden Idee her ergeben sich hierbei allerdings einige Schwierigkeiten, denen Rechnung getragen werden muß – und denen zufolge wir über eine „Theorie der Curriculumentwicklung“ noch nicht verfügen.[28]

Auf die „affirmative Tendenz“ der Curricula ist häufig hingewiesen worden, daß sie nämlich durch entsprechende Qualifizierung mittels geeigneter Curriculaelemente die heranwachsende Generation zum Erfüllungsgehilfen dessen machen möchten, was die Manager der Gegenwart als die „heile“ Welt von morgen projektieren. Auch wenn man die aims des Curriculum mit dem „Leitstrahl Emanzipation“ anspricht und diesen als Kriterium zur Ermittlung der objectives benutzt, ist man der Gefahr der affirmativen Tendenz des so zustandegekommenen Curriculum nicht entronnen – das hängt schon damit zusammen, daß (vgl. d) Emanzipation hier als Inhaltskriterium genommen wird und nicht als die schlechthinnige Voraussetzung des edukativen Durchsprechens von Inhalten, die somit von Anfang an in Erziehung realisiert sein muß. Für Emanzipation muß gesorgt werden und sie muß von jedem einzelnen akzeptiert und im Blick auf seine subjektiven Beschränktheiten vollzogen werden (wie in der Gruppe realisiert sein), wenn er imstande sein soll, rational-kommunikativ auszuhandeln, wo es mit seinen Kenntnissen, Fertigkeiten, Funktionen und Qualifikationen hinaus soll. So gibt es auch keinen Sinn, vom Curriculum die Ermittlung einer emanzipatorischen Qualifikation zu erwarten, weil erst unter herrschaftsfreien und interessefreien Ver-Handlungsbedingungen auszumachen ist, was für Qualifikationen und wofür sie anzustreben sind. – Durch die jedem Curriculum voranzustellenden aims und deren taxonomische Sicherstellung darf dieses nicht abschließend reguliert und festgelegt werden. Der durch Unterricht eröffnete „Bildungshorizont“ muß dagegen so weit sein, daß er den jungen Menschen instandsetzt, auch die aims zu kritisieren und sich für den eigenen Lebensweg Ziele zu setzen, die den Curriculumtechnikern auch nicht im Traum in den Sinn gekommen wären. Er muß durch Unterricht zu einem Gedankengang imstande sein, aus dem möglicherweise folgt, sich gegen bestimmte Realisationsformen von Emanzipation zu entscheiden, wenn ihm sichtbar gemacht wurde, welche Imperialismen sich bisweilen in diesem Schafspelz verbergen. – Der Absolvent eines Sportgymnasiums wird sich aufgrund seiner „Bildung“ vielleicht entschließen, künftig keinen Sport mehr zu treiben. – Hier überall kommt es nicht auf das Lernen von Daten, Fakten, Funktionen und deren Mechanismen an, sondern auf die im Curriculum (vielleicht nicht gewollt) veranlaßte Aufforderung, sie als solche zu verlernen, d. h. sie in rationaler Ver-Handlung zu überholen. Das Curriculum selbst muß sich permanent aufheben in einer an jedem Curriculumelement im Unterricht sich entzündenden rationalen Kritik der curricularen Zielprojektion.

Diese Forderung, die das Curriculum, seiner Idee nach, aufhebt, die aber zufolge der pädagogischen, das Curriculum betreffenden Antithetik unumgänglich ist, wird in der modernen Curriculumrevision berücksichtigt, in der man seiner „affirmativen Tendenz“ auf vielfache Weise zu begegnen sucht. Da werden auf allen Stufen des Curriculum nicht nur die Experten befragt, sondern vor allem die, die mit den durch das Curriculum zu vermittelnden Kenntnissen und Qualifikationen einmal leben müssen, sowie deren Eltern. Sie haben hierbei Gelegenheit, ihre Wünsche und ihre Interessen anzumelden, die man auch pflichtschuldigst berücksichtigen wird. Doch ist damit die pädagogisch entscheidende Aufhebung des Curriculum in der Curriculumrevision noch nicht erreicht. Eltern und Schüler sind zwar von Natur aus Eltern und Schüler, und sie haben demgemäß wohl auch ein „natürliches" Recht darauf, befragt zu werden. Eine materiale Qualifikation zur Curriculumrevision kommt ihnen aber erst zu, wenn sie ihre Interessen und Wünsche beiseite setzen und „positiv" teilnehmen am kritisch-rationalen Kommunikationsprozeß gesellschaftlicher Veränderung. Hierzu sind sie oft sehr viel weniger bereit, als in einer formalen Befragung ihre Stimme zu erheben. Immer aber gibt es Übergänge.

Aber noch in einer anderen Hinsicht erhebt die moderne Curriculumrevision Bedenken gegen sich selbst. Die Curriculumforschung ist, in ihrer orthodoxen Gestalt eng dem Behaviorismus verbunden, der Lernen als reaktive Verhaltensänderung aufgrund von Reizen definiert. Die Lernsachen figurieren hier als solche Reize, die nicht nur Qualifikationen im Heranwachsenden erzeugen, sondern ihn in einem den aims entsprechenden *Verhalten* reagieren lassen. Abgesehen davon, daß die Verhaltenstheorie menschliche Aktion einem bestimmten Sinnhorizont subsumiert, nämlich der Stabilisierung der Sicherheit zwischen Lebenseinheit und Welt („Weltbemächtigung"), wird man sagen müssen, daß Menschen oft durch *Handeln* überraschen, das sich über erlerntes Verhalten hinwegsetzt. Ohne den Anteil und die Bedeutung des Verhaltens für menschliche Aktion zu schmälern, wird Erziehung sich vorrangig für den Spielraum des Handelns einsetzen müssen. Handeln ist nicht Reaktion auf zur Kenntnis genommene Inhaltsreize. Die Inhalte tun hier gar nichts. Handeln ist nicht durch Bestände des Gegebenen (Sachen, Funktionen, Qualifikationen) einzuschränken. Handeln, und also auch die kommunikative Ver-Handlung der durch das Curriculum vermittelten Inhalte im Unterricht, schafft neue Fakten und darf darum nicht durch curriculare Auswahl aus dem Bestand des Gegebenen in Fesseln geschlagen werden. Wird dies nicht beachtet, verfällt man einem naiven (didaktischen) Materialismus, der spätestens seit MARX nicht zugelassen sein sollte, welcher doch in der ersten These über FEUERBACH darauf hingewiesen hat, „daß der Gegenstand der Wirklichkeit ... als sinnlich menschliche Tätigkeit, Praxis ... subjektiv" gefaßt werden muß. In der unterrichtlichen kommunikativen Ver-Handlung wird die Reiz-Reaktionskette unterbrochen; Inhalte fungieren nicht mehr als Reize, sondern sie provozieren zum Nach- und Durchdenken, wobei eine neue Lage hervorgebracht wird. Im Vollzug des kommunikativen Durchdenkens konstituiert sich durch neue Information und Inhalte stets überholungsbedürftige Einsicht in das, was es hier und jetzt mit einem durch den Inhalt indizierten Sachverhalt auf sich hat, und diese Einsicht, weil selbst schon Handlung, setzt ein Handeln frei, das auf „sinnvolles" Reagieren verzichtet.

Sofern die Curriculumforschung nur (und also unzulässig) von der ersten Aufgabe der Erziehung her in den Blick genommen wird, ist die sie genuin begleitende pädagogische Theorie am Vermittlungsmodell orientiert: Unterricht bedeutet dann Vermittlung von Kenntnissen, Fertigkeiten (Qualifikationen) usw. Auch diesen in seinen Grenzen äußerst wichtigen Ansatz relativiert die Curriculumrevision. Beachtet sie diese ihre eigene Infragestellung unter der Forderung rationaler Ver-Handlung des Vermittelten nicht, vergißt sie gar zu leicht, daß Erziehung eben nicht mit Wissens-, Funktions- und Qualifikationsvermittlung zu Ende ist, sondern erst mit der rational-kommunikativen Ver-Handlung des Wissens beginnt. Erst im kommunikativen Prozeß des Unterrichts werden die Lücken des Curriculum und seine Überflüssigkeiten sichtbar.

g) Eine rationale Ver-Handlung vollzieht sich als *Gedankengang*. Maßgeblich ist hier nicht, was der oder jener will, weil er der oder jener ist (z. B. Arbeitgeber und Arbeitnehmer, Lehrer und Schüler), sondern allein die Frage: Was steckt dahinter, was ist los damit. In der Was-ist-Frage verschafft sich eine alle Interessen durchkreuzende Ordnung Geltung. Die Sprache ist ein überzeugendes Zeichen dafür, daß wir uns schon immer im Horizont dieser Was-ist-Frage bewegen. Im Horizont dieser Frage wird etwas an den Tag gebracht, von allen an den Tag gebracht, die an dieser Ver-Handlung teilnehmen, was vorher nicht da war. Solch eine Ver-Handlung ist wahrhaft eine *Handlung*, indem eine neue Wirklichkeit innerhalb der Wirklichkeit hervorgebracht wird.

h) Jeder von uns hat die Verbindlichkeit einer rationalen Ver-Handlung, in der nicht Personen und auch nicht Sachverhalte, sondern in ihrer Suspendierung die Frage, was ist los mit ihnen, verbindlich ist, schon einmal an sich selbst erfahren. Weil in diesem kommunikativen Vollzug eine neue Wirklichkeit erstellt wird, ist sie nicht gleichgültig für weiteres Handeln. Ihre Wahrheit mag unbequem sein für die Ver-Handlungs-Partner; sie mag sie zur Aufgabe ihrer anfänglichen Interessen auffordern. Dennoch aber können sie sich solcher gedanklichen Einsicht nicht entziehen. Die kommunikative Wirklichkeit rationaler Ver-Handlung stellt die *Ausgangsbasis* dar für *künftiges Handeln* aller an der Ver-Handlung Beteiligten. Ausgangsbasis auch dann, wenn sie der gewonnenen Einsicht nicht folgen, wenn sie die Konsequenzen solcher Ver-Handlung für sich und ihre Interessen scheuen und lieber sich auf sich und ihre Interessen zurückziehen, – wenn sie wider bessere Einsicht „handeln". Das hier sich einstellende Syndrom des

„schlechten Gewissens" erweist die Verbindlichkeit des Ergebnisses kommunikativ-rationaler Ver-Handlung aufs deutlichste.

i) Rationale Ver-Handlung, ein derart rationaler Gedankengang, ist kein theoretisches Gebilde, auf dem man es beruhen lassen könnte. Solch ein Gedankengang ist selbst schon *Praxis*. Hier wird etwas hervorgebracht, was zuvor, nämlich bei den nur von ihren Interessen geleiteten und nur um ihre Interessen wissenden Kommunikanten, nicht da war. Als Praxis ist rationale Kommunikation begründender Anfang weiterer Praxis. In einer solchen rationalen Ver-Handlungs-Theorie wird das alte Theorie-Praxis-Problem einer Lösung zugeführt.

j) Erziehung zur rationalen Lebensführung ist im strengen Sinne des Wortes *antiautoritäre Erziehung*. Hier werden nicht neue und andere Autoritäten ins Feld geführt und konstituiert – auch keine Sachautoritäten im Gepränge dogmatischer Ideologien –, sondern ihre Anmaßung wird von der Maßgeblichkeit der Frage, was ist los mit ihnen, was hat es mit ihnen auf sich, überholt. Noch einmal: Allein die Bewegung im Horizont dieser Frage und die durch sie in Gang gehaltene rationale Kommunikation, die auch die Änderung der Verhältnisse mit umfaßt, ist das „Autoritative". Nur in der Teilnahme an dieser Bewegung tritt heute der Mensch als Mensch, tritt der „Gebildete" in Erscheinung.

k) Solche Rationalität, mit der das Kommuniqué einer Gesellschaft rechnet, die demokratisch leben möchte, duldet keinen blinden Dezisionismus. Dieser Gesellschaft droht nämlich die größte Gefahr von denen, die meinen, nicht mehr nachdenken zu müssen, die glauben, aus dem Prozeß rationaler Kommunikation, der ihnen ständige Selbstüberholung und damit den „Fortschritt" ihrer selbst wie der Gesellschaft auferlegt, ausbrechen zu können, weil sie sich bereits – endgültig – für eine alte oder neue Heilslehre entschieden haben. Sie sind es, die seit eh und je die Heilslehren ihrer Botschaft des Heils berauben. Nur in dem sie infragestellenden rationalen Kommunikationsprozeß der Gesellschaft ist das „Heil" dieser Lehren gegenwärtig.

9. Beispiel

Die Erziehung zur Rationalität soll nun an einem kleinen Beispiel aus der Familienerziehung erläutert werden, das zugleich über das zur Rationalität in pädagogischem Sinne Gesagte hinaus die Problematik der Identität des Ich und des Ich-Selbst anspricht.

Die Eltern erwägen gemeinsam mit ihrem Jungen, der sich auf dem Heimweg von der Schule verspätet, wozu seine Verspätung in der Familie führt. Nicht weil Pünktlichkeit eine Tugend ist, nicht weil unbedingt eine Familienordnung eingehalten werden soll, sondern weil ihm zusammen mit seinen Eltern und Geschwistern im rationalen kommunikativen Durchlaufen aller für die familiäre Situation erforderlichen Informationsdaten (Kräftezustand der Mutter, Arbeitsverhältnis des Vaters, Zahl der Geschwister, Größe der Wohnung usw. usw.) sichtbar wird, was in dieser Situation (eigentlich) los *ist*, erweist sich dieses ermittelte zeitweilige Ist als verbindlicher Anspruch, sich künftig zu beeilen. Dieses „Ist" ist sein eigener, aktiver Beitrag zu dem mit den anderen geführten kommunikativen Prozeß. Dieses durch ihn mitermittelte „Ist" ist von ihm selbst nicht zu trennen; denn sein Selbst ist nicht außerhalb des Gedankengangs des kommunikativen Prozesses. Dieses „Ist" kommt darum hier nicht als eine moralische Größe ins Spiel. Daß sich der diesem „Ist" zugrundeliegende und zugleich das Selbst konstituierende kommunikative Akt in situationsverändernde Handlung umsetzt, daß er nicht ohne Folgen für die Lebenspraxis bleibt, hängt mit dem (freilich auf Grund anderer anthropologischer Prämissen) von Rousseau so hervorgehobenen Prinzip der Selbstliebe (l'amour de soi-même) zusammen, dem Streben des Menschen nach Selbsterhaltung, nach Selbstverwirklichung, – „selbst jemand sein zu wollen", wie Langeveld diese im Selbst liegende Tendenz nannte, sich selbst in einer jenes („sein") Ist verwirklichenden *Handlung* (in Gedanke, Wort oder Werk) zu vollenden. Erst die rationale Kommunikation hat unseren Jungen (oder seine Eltern) aus ihrer vor und außerhalb des kommunikativen Prozesses von Eigeninteressen beherrschten Selbstbefangenheit zu seinem (ihrem) Selbst emanzipiert (*gebildet*). Wird auf diese Selbstrealisation in der Verwirklichung des Ist verzichtet, äußert sich vor dem Selbst und allen Kommunikationsteilnehmern diese Selbstentsagung als Versagen. – Solchem rational-kommunikativen Ermessen des handlungsrelevanten Ist, welches das Selbst ausmacht, im Horizont der Was-ist-Frage ist also kein Maß vorgegeben wie dem Verhalten der Tiere: kein Instinktmechanismus – keine abstrakte Familienordnung, kein Wertapriori, auch nicht die väterliche Autorität. – Vielleicht stellt es sich später nach Änderung der familiären Situation als angemessen heraus, zu verschiedenen Zeiten zu essen, so daß der Verspätung nichts mehr im Wege steht – vielleicht erweisen sich auch die von dem Jungen angeführten Gründe der Verspätung als so gewichtig, daß die Eltern gerade dadurch ihrer *pädagogischen* Absicht nachkommen, daß sie *ihre* Absicht aufgeben und ihren Organisationsplan „zugunsten" des Jungen ändern. – Die hier von Erziehung angestrebte Einsicht und das durch sie geleitete Handeln stehen im Gegensatz zum eingefleischten Verhalten des Jungen, stets zu spät zu kommen (wie zur eingewurzelten Gewohnheit der Eltern, immer gemeinsam zu essen) – aber auch zum gegenteiligen Verhalten, stets pünktlich zu sein (oder jeden essen zu lassen, wann er will), bei dem ja alles „in bester Ordnung“ wäre, stünde sie im Gegensatz. Solche Erziehung zur Rationalität, die Pädagogik der Kommunikation, setzt die „Prinzipien“ des Erziehers und die des Zöglings, setzt beide gleichermaßen aufs Spiel; nicht nur die Lage wird in dieser Inter-Aktion des Dialogs „gebessert“, – auch „Erzieher“ und „Zögling“ sind als sie selbst hierbei „andere“ geworden.

Rationalität in der Erziehung besagt aber nicht, daß alles und jedes beredet werden muß. Die Pädagogik der Kommunikation hat auch für zeitweiliges Schweigen Platz – nicht nur dort, wo kritisch bewährte Tradition, kritisch bewährte Sitte und Brauch noch nicht wieder im Horizont der rationalen Kommunikation der Gesellschaft aufgetaucht und fragwürdig geworden sind. Mitunter ist ein Sachverhalt deutlicher im kommunikativen Prozeß unter den Teilnehmern zugegen, bedeutsamer für ihr rationales Durchlaufen einer Situation und für ihr Handeln gemäß dem solcherart Ermessenen, wenn eine Weile nicht über ihn geredet wird – und zwar immer dann, wenn die Gefahr droht, daß die Sache, um die es geht, durch Wortemachen nur zerredet wird. Vielleicht bringt jener Junge seine „erste Liebe“ nach Hause. Diese neue Situation muß er für sich selbst kommunikativ klären, und seine Eltern, mit ihm eins im langwährenden Prozeß rationaler Kommunikation, werden sich zurückhalten und dies respektieren. Mit der Rationalität des Schweigens ist demnach nur dann zu rechnen, wenn es ein Moment des interaktiven Prozesses rationaler Kommunikation, wenn es ein momentaner Akt der so verstandenen Erziehung ist. Wo diese Bedingungen nicht gegeben sind, wird das Schweigen zur irrationalen Verschleierung möglicherweise eigener Herrschaftsinteressen und ist zu unterbinden, um wieder in die Interaktion der Kommunikation zurückzufinden – was oft freilich bei dem damit vorübergehend konzedierten, sich häufig aber grenzenlos ausbreitenden „Gerede“ (Schule und Universität wissen ein Lied davon zu singen) nicht leicht ist.

III. Didaktik zwischen Autorität und Emanzipation

Die emanzipatorische und kommunikative Didaktik wird entwickelt gemäß den Prinzipien der kritischen Erziehungswissenschaft, deren wissenschaftstheoretische Prämissen im folgenden transparent gemacht und thematisiert werden, weil sie nach dem Selbstverständnis der kritischen Erziehungswissenschaft mit zum Umkreis dieser Wissenschaft gehören. Jene wissenschaftstheoretischen Voraussetzungen erweisen sich als technisches Interesse einer empirischen Erziehungs- und Unterrichtstechnologie, als praktisches Interesse einer Theorie des edukativen Interaktionsgefüges und als emanzipatorisches Interesse einer Theorie der edukativen Metakommunikation. Die drei genannten Dimensionen einer kritischen Erziehungswissenschaft, die einander dialektisch übergreifen und der empirischen Dimension einer Basis- bzw. Kontrollfunktion im Rahmen des Möglichen zuweisen, werden vom Themenkreis des Theorie-Praxis-Problems aus interpretiert und analysiert. Anschließend werden die Kritikbegriffe, die im Titel dieser Erziehungswissenschaft und Didaktik angesprochen werden, diskutiert und erörtert.

Eine kritische Didaktik kann nur erreicht werden im Durchlaufen einiger gegenwärtig relevanter didaktischer Modelle, deren Kritik den Umkreis einer emanzipatorischen und kommunikativen Didaktik bereits in einigen Umrissen sichtbar werden läßt.

Es ist unterschieden worden zwischen zwei Hauptaufgaben der Erziehungswissenschaft. Einerseits wurde die Bedeutung der *Information* für den Unterricht unterstrichen und andererseits die *Diskussion* als der engere Begriff von Erziehung artikuliert. Die kritische und kommunikative Didaktik hat jedoch *beide Aufgaben* zum Thema, sie setzt auf ihre freilich andere Weise fort, was HERBART den *erziehenden Unterricht* nannte. In ihr ist einleitend zu erörtern, wie sie als Theorie praktisch zu werden vermag.

1. Das Verhältnis von Theorie und Praxis in Erziehungswissenschaft und Didaktik

Edukative Praxis bezeichnet den weitgehend aber nicht notwendig institutionalisierten Bereich edukativ kommunikativer Handlungsprozesse, der in der traditionellen Fachterminologie Erziehungs- und Unterrichtswirklichkeit genannt wird. Erziehungswissenschaft ist als Theorie die wissenschaftliche Artikulation dieser Praxis. Ihre Aufgabe besteht darin, die vorwissenschaftlich und umgangssprachlich vermittelte „Theorie" der Praxis in wissenschaftlich abgesicherte und wissenschaftstheoretisch reflektierte bzw. legitimierte Systemzusammenhänge von Sätzen zu verwandeln. Sie selbst ist von hohem Belang für die Veränderung edukativer Praxis. Gemäß dem gegenwärtigen Stand wissenschaftstheoretischer Erörterung und Diskussion wird man davon ausgehen können, daß es eine theoriefreie edukative Praxis nicht gibt und daß damit auch eine naiv empirische Unmittelbarkeit des Zugangs zu einer „reinen Praxis", die eine erziehungswissenschaftliche Theorie begründen könnte, auszuschließen ist. Die Sichtweisen der Theorien sind es vielmehr, die Praxis konstituieren. Andererseits aber sind Theorien selbst wieder abhängig von gesellschaftlicher Praxis, wissenschaftlich vermitteltes Produkt gesellschaftlicher Totalität.

Dieser dialektisch vermittelte Zusammenhang von Theorie und Praxis und der in der Metakommunikation die Dialektik wieder übergreifende Horizont, in dem neue noch unbekannte und also noch nicht verwirklichte Möglichkeiten kommunikativen Handelns als verbindliche Wirklichkeit sichtbar werden, sind in den folgenden Abschnitten zu entfalten.

Erziehung ist eine Funktion der Gesellschaft und Gesellschaft ist eine Funktion der Erziehung. Diese Formel, die den gesellschaftlichen Kontext von Erziehung und Bildung in den Blick rückt, wurde in den ersten beiden Kapiteln dieses Buches ausgelegt. Diese Formel macht aber auch auf den Zusammenhang und die notwendige Kooperation von Erziehungswissenschaft und Sozialwissenschaft aufmerksam. Auf dem Hintergrund der in den Sozialwissenschaften ausgetragenen wissenschaftstheoretischen Diskussion soll unter erziehungswissenschaftlichem Gesichtspunkt das Theorie-Praxisverhältnis entwickelt werden. Das bedeutet für die Theoriebegriffe und die ihnen zugeordneten Wirklichkeitsauffassungen, daß sie sich an den drei wissenschaftstheoretisch legitimierten Dimensionen der Erziehungswissenschaft orientieren, die ebenfalls den Aufbau der Didaktik bestimmen.

a) Praxis als Gegenstand der Theorie und das technische Interesse

Die empirisch vorgehenden Erziehungswissenschaftler erforschen den Realitäts- oder Objektbereich von Erziehung und Unterricht. Ihre empirisch abgesicherten Resultate finden ihren Ausdruck in den mehr oder minder koordinierten Satzzusammenhängen, die *empirische Erziehungswissenschaft* genannt werden. „Ziel der Erziehungswissenschaft ist es, für diesen Objektbereich befriedigende Erklärungen zu finden, die zugleich der Voraussage (Prognose) dienen können. Sie beginnt nicht etwa voraussetzungslos, sondern baut auf den vorwissenschaftlichen Erwartungen der Erziehungspraktiker, den Hypothesen der pädagogischen Kunstlehren und den Traditionsbeständen der philosophischen Pädagogik auf."[1] Diese vorwissenschaftlichen Wissensbestände gehören nach W. Brezinka zu dem Bereich der sogenannten vorwissenschaftlichen Primärerfahrungen oder sie lassen sich zumindest auf ihn zurückführen. Sie stehen im Gegensatz zu den wissenschaftlich geläuterten Sekundärerfahrungen. Jene vorwissenschaftlichen Primärerfahrungen sind nichts anderes als umgangssprachlich vermittelte Erfahrungen von einzelnen gesellschaftlich und kommunikativ handelnden Menschen. Deshalb werden diese Primärerfahrungen auch gesellschaftliche Einzelerscheinungen genannt. Bei aller Einmütigkeit darüber, daß auch die gesellschaftliche Erfahrung Erfahrung von einzelnen ist, bleibt kontrovers, ob der hier angesprochene Erfahrungshorizont letztlich auf „persönliche Primärerfahrung" reduziert werden darf, wie es H. Schelsky und weithin die empirische Wissenschaft versichern, oder ob die Einzelerscheinungen im Grunde von der gesellschaftlichen Totalität abhängig sind, wie die dialektische und kommunikative Theorie darlegen.

Für die empirischen Wissenschaften sind die Primärerfahrungen letztlich singuläre Erfahrungen, die im Blick auf ein Vorverständnis der edukativ gesellschaftlichen Praxis unerläßlich sind und die den Beginn einer jeden Hypothesenbildung entscheidend beeinflussen. Gleichwohl setzt sich die empirische Forschung energisch von der Primärerfahrung gesellschaftlich handelnder Individuen ab, um die erfahrungswissenschaftlich relevante Realität von den Trübungen subjektiver Meinungen zu befreien und den zu erforschenden Objektbereich derart aufzubauen, daß dieser sich dem Zugriff empirischer Methoden fügt. „Die ... Frontenstellung der empirisch-sozialwissenschaftlichen Wirklichkeitserfassung", so schreibt H. Schelsky als Wissenschaftstheoretiker der empirischen Sozialwissenschaften, „ist gegen die primäre Erfahrung der handelnden und erlebenden Einzelpersonen gerichtet. In dem Versuch, eine entsubjektivierte, sich in einem experimentierenden Denken wissenschaftlich begründende und kontrollierende Beschreibung der Wirklichkeit zu geben, schafft die sozialwissenschaftliche Empirie eine sekundäre Wirklichkeit, die den unmittelbaren Erfahrungsumgang des einzelnen grundsätzlich überschreitet."[2] Die Erfahrungswissenschaften, die in unserem Zusammenhang relevant sind, entwickeln also eine Entsubjektivierungsstrategie, die eine „sekundäre Wirklichkeit", die sogenannte erfahrungswissenschaftliche Realität, konstituiert. Diese spezifische Art von Realität und die Entstehung dieser Wirklichkeitsauffassung der empirisch-analytischen Wissenschaften sollen nun analysiert und erläutert werden.

„Vor allen systematischen Methodenanwendungen" und auch durch die angewandte Methodik selbst wird die Primärerfahrung des einzelnen „denaturiert". Die „wissenschaftliche Denaturierung der primären Welterkenntnis" gehört zum „Gesamthabitus" des Wissenschaftlers im Unterschied zur unmittelbaren Erfahrung derselben Person als einem gesellschaftlich handelnden Menschen.[3] Die Trennung zwischen dem Menschen, der wertet und sich Normen verpflichtet weiß, und dem Wissenschaftler, der sich dem Postulat der wertfreien Objektivität unterstellt, ermöglicht es dem Wissenschaftler als dem Subjekt von empirischen Forschungsprozessen, wertfrei wissenschaftliche Aussagen über den erfahrungswissenschaftlichen Objektbereich zu machen, in dem nach H. Albert freilich auch allgemeine Normen und Wertungen einen Platz finden. Singuläre Wertungen von einzelnen Individuen interessieren jedoch nicht. Sie werden aus dem Objektbereich eskamotiert und fallen der Entsubjektivierungsstrategie zum Opfer. „Ja, das Objekt verliert . . . seinen Lebenssinn, den es in der persönlichen Primärerfahrung der Person trägt, um wissenschaftliches Faktum zu werden", das quantifizierbar ist.[4] Die quantitative Erfassung der Realität verlangt eine Reduktion der Wirklichkeit auf Funktionszusammenhänge von Kovarianzen, die als Beziehungen zwischen Variablen edukativsozialen und psychischen Verhaltens interpretiert werden.

Im Blick auf den Objektbereich der Erziehung bedeutet dies: „Ausgehend vom alltagssprachlichen Gebrauch führt die Explikation des Begriffs Erziehung zu einer Einordnung in den sozialwissenschaftlichen Kontext der sozial-kulturellen Bedingungen für das Werden der Persönlichkeit . . . Man kann Erziehung als unabhängige Variable und mögliche Persönlichkeitsänderung im Adressaten als abhängige Variable betrachten . . . Um zu einer . . . für die erziehungs-politische Planung relevanten ‚Theorie der erzieherischen Wirkung' zu gelangen, ist es deshalb zweckmäßig . . . vom erwünschten oder erwarteten Endverhalten der Adressaten der Erziehung auszugehen."[5] Dieser Wirkungszusammenhang läßt sich von einem empirischen Kommunikationsmodell aus interpretieren, in dem kommunikative Interaktionen auf reaktives Verhalten gemäß dem behavioristischen S-R-Schema (Reiz-Reaktionsschema) zurückgeführt werden.

Jene „Theorie der erzieherischen Wirkung" verwandelt die Totalität gesellschaftlicher Wirklichkeit in einen Funktionszusammenhang von Erzieher und Zögling und löst den gesamten Horizont der eduktativen Kommunikation in ein Netzwerk von funktionalen und quantifizierbaren Beziehungen auf. „Die Theorie ist das Netz, das wir auswerfen, um ‚die Welt' einzufangen – sie zu rationalisieren, zu erklären und zu beherrschen. Wir arbeiten daran, die Maschen des Netzes immer enger zu machen."[6] Der Prozeß der Rationalisierung der singulären Primärerfahrungen entsubjektiviert das subjektiv Erfahrbare und d. h., dieser

Prozeß der Verwissenschaftlichung objektiviert und vergegenständlicht die der Empirie zugängliche Wirklichkeit zu einem Gegenstand der „reinen“ empirischen Theorie. Die scheinbar „reine“ Theorie konstituiert eine verdinglichte Wirklichkeit und reduziert gesellschaftliche Praxis auf einen bloßen Gegenstandsbereich, dem die erklärende empirische Theorie „äußerlich“ bleibt. So notwendig und unerläßlich diese Reduktion edukativ-kommunikativer Wirklichkeit einerseits auch ist, um Theorien empirisch überprüfen zu können, so muß doch andererseits darauf hingewiesen werden, daß die empirische Forschung „der sozialen Praxis ... bestimmte Voraussetzungen für die Offenheit zur Veränderung entzieht.“[7] Der Erfahrungswissenschaft kommt die „Aufgabe der reinen Analyse“ zu, „die sich im innersten Wesen und Antrieb ihres Erkennens von allen praktischen Folgerungen zu entlasten hat.“[8]

Über den positiven Sinn jenes „Antriebs“ der „reinen“ Theorie, der ihre Forschungsprozesse leitet, ist allerdings noch nichts gesagt. „Weil sich die Wissenschaft die Objektivität ihrer Aussagen gegen den Druck und die Verführung partikularer Interessen erst erringen muß, täuscht sie sich ... über die fundamentalen Interessen (hinweg), denen sie nicht nur ihren Antrieb, sondern die Bedingungen möglicher Objektivität selber verdankt.“[9]
Die empirische Forschung baut eine „sekundäre Wirklichkeit“ auf, um über diese verfügen zu können. Sie wird also geleitet von einem technischen Interesse an der „Verfügung über vergegenständlichte Prozesse“.[10] Dieser Gedanke wird von K. R. Popper artikuliert, wenn er der empirischen Theorie die Aufgabe der Beherrschung von Welt zuspricht und auch bei H. Schelsky klingt er gelegentlich an: „Das Subjektive als das die Primärerfahrung Vermittelnde auszuschalten, um es dann als das Vermittelte selbst wieder in den Griff zu bekommen, eben das ist, hegelianisch formuliert, die Grundtendenz der empirischen Sozialforschung.“[11] Auch W. Brezinka durchschaut diesen Zusammenhang und nennt eine empirische Theorie der erzieherischen Wirkung eine „Technologie der Erziehung“[12]. Das technische Interesse ist im jeweils vorfindlichen Horizont der Lebenspraxis nachweisbar, es leitet den Aufbau von erfahrungswissenschaftlichen Theorien, konstituiert eine spezifische Art von empirischer Wirklichkeitsauffassung und bindet empirische Theorien und empirische „sekundäre Wirklichkeit“ zurück an die Dimension gesellschaftlicher Praxis. Die Verflechtung der empirischen Erkenntnis mit der gesellschaftlichen Wirklichkeit wird somit technologisch interpretiert.

b) Praxis als Voraussetzung der Theorie und das praktische Interesse

Die zweite Dimension der Erziehungswissenschaft wird erreicht, indem die erste zum Objekt der Reflexion erhoben wird. Auf dieser zweiten Dimension des praktischen Interesses wird die erste des technischen Interesses, welche Wirklichkeit auf eine objektivistisch verstandene Realität restringierte, kritisch auf die Bedingungen ihrer Möglichkeit befragt. Dabei zeigt es sich, daß die singulären Primärerfahrungen einen transzendentalen Horizont voraussetzen, der sich mit der gesamtgesellschaftlichen Primärerfahrung deckt und als gesellschaftliche Totalität begriffen werden kann. Die singulären Erfahrungen einzelner gesellschaftlich handelnder Individuen sind abhängig von jenem gesamtgesellschaftlichen Horizont der umgangssprachlich vermittelten Lebenspraxis. Gerade sie und die ihr entsprechende gesamtgesellschaftliche Erfahrung soll nun auf dieser zweiten Ebene nicht objektivistisch verkürzt, sondern artikuliert werden in der durch kritische Auseinandersetzung mit der in der Tradition gewonnenen gesamtgesellschaftlichen Erwartung. Diese Ausweitung der lebenspraktischen Basis zieht gemäß dem Postulat der Kohärenz von Theorie und Praxis eine Erweiterung des theoretischen Rahmens nach sich. Die theoretisch vermittelte Erwartung gesellschaftlicher Praxis, d. h. das praktische Interesse lenkt den Aufbau einer kommunikativen Handlungstheorie, die der Praxis nicht „äußerlich", sondern inhärent ist. Auf diese Weise wird sichtbar, daß die Theorie selber eine, freilich wissenschaftliche, Form des gesellschaftlichen Bewußtseins ist. Wenn Theorie Produkt der gesellschaftlichen Erwartung ist, darf Gesellschaft nicht nur als ihr Gegenstand, sondern sie muß zugleich als ihre Voraussetzung aufgefaßt werden. Es kann daher der wissenschaftlichen Theorie nicht gestattet werden, Sinn und Wertfragen aus dem Zusammenhang der Wissenschaft auszuschließen, sie in den vorwissenschaftlichen Bereich abzuschieben oder sie zur Privatangelegenheit gesellschaftlich handelnder Menschen zu erklären. Die kommunikative Handlungstheorie muß die „Starrheit des hier und heute fixierten Gegenstandes auflösen in ein Spannungsfeld des Möglichen und Wirklichen."[13] Damit ist aber die Objektivierung des Gegenstandes durch die empirischen Wissenschaften nicht zurückgewiesen. Die gesellschaftliche Erwartung, die sich in einer kommunikativen Handlungstheorie manifestiert, bedarf im Gegenteil der permanenten Kontrolle durch empirische Forschung, um sich vor dem Abgleiten in eine nicht realisierbare Utopie oder in abstrakte Ideologie zu bewahren; andererseits ist diese Erwartung jedoch „ein Fortschreiten zur Entobjektivierung des Objekts, d. h. zur Aufhebung der Verdinglichung des Objekts. Das dialektische Denken bleibt also nicht bei der erkenntnislogischen Entgegensetzung von Subjekt und

Objekt stehen ... Die Aufhebung der Verdinglichung besteht darin, daß sich das Denken" in kommunikativen Prozessen „einen Begriff vom Ganzen der Gesellschaft und der Geschichte macht, daß es eine Totalität denkt, in der Subjekt und Objekt", Theorie und Praxis „vermittelt sind".[14] Dieses gesellschaftliche Ganze differenziert sich in einer Reihe von gesellschaftlichen Institutionen, zu denen auch die edukativ relevanten Institutionen gehören, in denen immer schon gesellschaftlich gehandelt wird. Im Blick auf die edukativ kommunikativen Handlungen ist zu sagen, daß sie sich zu einem Handlungs- oder Interaktionsgefüge verdichten, an dem sich das Handeln der einzelnen orientiert. Hier werden Abhängigkeitsverhältnisse und Herrschaftsstrukturen gleichsam gewohnheitsmäßig im gemeinsamen Handeln aufgerichtet, so daß das jeweils vorhandene Interaktionsgefüge als etwas Vorgegebenes und Unveränderliches erscheint, das dem einzelnen Handelnden nur die Einpassung an das jeweils etablierte Handlungsgefüge übrigzulassen scheint. Der Zwangscharakter gesellschaftlicher Institutionen wird dann allzu leicht als unumstößlich und endgültig angesehen.

Gesellschaftliche Erwartung kann aber auch über das vom dialektischen Denken (auf dem Wege der Negation der Negation) als handlungsrelevant ermittelte Totum des gesellschaftlichen Lebens hinausgehen. Sie ist dann nicht mehr nur kritisch und affirmativ zugleich, sondern kreativ kritisch im Horizont des emanzipatorischen Interesses. Sie richtet sich dann nicht auf Möglichkeiten, die in der Totalität des gesellschaftlichen Lebens zwar vorhanden, aber noch nicht realisiert und also *reflexiv* zu ermitteln sind (hier werden immer die Möglichkeiten als das der Wirklichkeit Vorausgehende angesehen), sondern sie bringt das gesellschaftliche Leben dazu, sich selbst als das Erste zu akzeptieren und neue Perspektiven für sich zu entwerfen, auf die hin ihm nur *proflexive* Wandlung übrigbleibt. – Hierzu ist auf einer weiteren Ebene dem Theorie-Praxis-Zusammenhang nachzugehen, auf der dann auch die kritisch affirmative und die kritisch emanzipatorische gesamtgesellschaftliche Erwartung auseinandertreten.

c) Praxis als veränderbare theoretisch-praktische Wirklichkeit und das emanzipatorische Interesse

Auf der dritten Dimension des emanzipatorischen Interesses wird die gesamtgesellschaftliche Kommunikation im Umkreis des praktischen Interesses selbst zum Gegenstand kommunikativer Interaktion. In kritisch-rationaler *Metakommunikation* wendet sich die kommunikative Interaktion der Gesellschaft der scheinbaren Objektivität und Vorgegebenheit des jeweils vorhandenen kommunikativen Interaktionsgefüges zu, um im Rahmen der gegebenen Wirklichkeit *neue* Möglichkeiten (besser: eine neue Wirklichkeit) des gesellschaftlichen kommunikativen

Handelns ermittelnd zu entwerfen. Diese neuen Möglichkeiten, diese neue noch zu realisierende Wirklichkeit gesellschaftlichen Lebens, werden erst sichtbar, wenn die Metakommunikation die widersprüchliche Wirklichkeit des kommunikativen Interaktionsgefüges kritisch in das Blickfeld rückt; wenn sie diese nicht dialektisch (Negation der Negation) auf ein absolutes Totum hin aufhebt, sondern sie kommunikativ aushält und durchsteht. Im Blick auf eine Klassengesellschaft z. B. bedeutet Negation der Negation eindeutig den Kampf für die klassenlose Gesellschaft, indem diese als das absolute Totum von Gesellschaft überhaupt vorausgesetzt wird. Wie die Klassengesellschaft aber zu *über*winden ist, das muß erst kommunikativ erhandelt werden, wofür gerade auch Emanzipation aus jenem ideologisch vorausgesetzten Totum erforderlich ist.

Die Widersprüchlichkeit des kommunikativen Gefüges zeigt sich in zahlreichen Zwängen, Behinderungen und Beschränkungen dieser edukativ-gesellschaftlichen Praxis. In der Metakommunikation wird nach den Bedingungen der Genese dieses kommunikativen Interaktionsgefüges gefragt und es wird sichtbar, daß das jeweilige Interaktionsgefüge selbst ein geschichtliches und somit veränderbares Produkt von kommunikativen Handlungen ist, welche im Prozeß der Gesellschaft vollzogen wurden. Die Einsicht in die grundsätzliche Veränderbarkeit des Interaktionsgefüges bedeutet aber noch nicht seine tatsächliche Veränderung. Ebenso kann die Richtung der Umstrukturierung des kommunikativen Gefüges nicht dialektisch vorweggenommen, sondern sie muß jeweils neu in metakommunikativen Prozessen ermittelt werden.

Einsicht in die Unumgänglichkeit gesellschaftlicher Veränderung, Einsicht in das Faktum, daß die Gesellschaft selbst rational-kommunikativ die Richtung dieser Veränderung (bei aller Einmütigkeit, daß es um ein besseres, freieres, weil vernünftiger organisiertes gesellschaftliches Leben geht) auszuhandeln hat, ist ein zu blasser Rahmen für das, was geschehen muß. Jedem Mitglied der Gesellschaft muß darum die Teilnahme an diesem interaktiven, metakommunikativen Interaktionsprozeß ermöglicht und nahegelegt werden. Die metakommunikativ erhandelte Einsicht in die Behinderungen edukativ-kommunikativer Interaktion verlangt die Aufhebung dieser Beschränkungen kommunikativen Handelns; mit dem aufweisbaren Faktum kommunikativ handelnder Menschen ist die möglichst zwanglose und möglichst herrschaftsfreie Kommunikation immer schon als notwendig und unerläßlich gesetzt. Demgemäß ist für die Erziehungswissenschaft und für die Erziehungspraxis das emanzipatorische Interesse unumgänglich. Erziehungswissenschaft und Erziehungspraxis müssen das Bild einer zur metakommunikativen Kommunikation emanzipierten Gesellschaft antizipieren.

Im metakommunikativen Handlungsprozeß erst werden proflexiv in der gegebenen Wirklichkeit für die gegebene Wirklichkeit neue positive Möglichkeiten (eine neue gesellschaftliche Wirklichkeit) herausgearbeitet, deren Verwirklichung in ihr noch aussteht. Diese Möglichkeiten sind nicht nur theoretische Möglichkeiten, sondern eine theoretisch-praktische Wirklichkeit im Horizont eines veränderbaren theoretisch-praktischen Interaktionsgefüges der Gesellschaft.

2. Die Kritikbegriffe in Erziehungswissenschaft und Didaktik

Für K. R. POPPER ist die „Logik der Forschung" eine „Theorie der empirischen Methode".[15] Die „Methodenlehre" wird von ihm selbst als eine „kritizistische" bezeichnet.[16] Die methodischen Spielregeln werden in POPPERS Hauptthese der „Logik der Sozialwissenschaften" anhand von sechs Punkten ausgebreitet: „a) Die Methode der Sozialwissenschaften wie auch die der Naturwissenschaften besteht darin, Lösungsversuche für ihre Probleme – die Probleme, von denen sie ausgeht – auszuprobieren. – Lösungen werden vorgeschlagen und kritisiert. Wenn ein Lösungsversuch der sachlichen Kritik nicht zugänglich ist, so wird er eben deshalb als unwissenschaftlich ausgeschaltet, wenn auch vielleicht nur vorläufig. b) Wenn er einer sachlichen Kritik zugänglich ist, dann versuchen wir, ihn zu widerlegen, denn alle Kritik besteht in Widerlegungsversuchen. c) Wenn ein Lösungsversuch durch unsere Kritik widerlegt wird, so versuchen wir es mit einem anderen. d) Wenn er der Kritik standhält, dann akzeptieren wir ihn vorläufig; und zwar akzeptieren wir ihn vor allem als würdig, weiter diskutiert und kritisiert zu werden. e) Die Methode der Wissenschaft ist also die des tentativen Lösungsversuchs (oder Einfalls), der von der schärfsten Kritik kontrolliert wird. Es ist eine kritische Fortbildung der Methode des Versuchs und Irrtums („trial and error"). f) Die sogenannte Objektivität der Wissenschaft besteht in der Objektivität der kritischen Methode, das heißt vor allem darin, daß keine Theorie von der Kritik befreit ist und auch darin, daß die logischen Hilfsmittel der Kritik – die Kategorie des logischen Widerspruchs – objektiv sind."[17] Theorien bzw. Teile von Theorien müssen also deduktiv überprüft werden können. Dazu ist notwendig, daß sie operational definiert werden, um überhaupt falsifizierbar zu sein. „Ein empirisch-wissenschaftliches System muß an der Erfahrung scheitern können."[18] Kritik besteht also in der methodischen Organisation von immer neuen Versuchen, Theorien zu falsifizieren. Zur Falsifikation von Theorien dienen die sogenannten „Basissätze". In ihnen „soll nämlich ein evident Unmittelbares ohne subjektive Zutat verläßlich gegeben sein. In Wahrheit sind die

Basissätze keine Abbildung von Tatsachen an sich, sie bringen vielmehr Erfolge oder Mißerfolge unserer Operationen zum Ausdruck."[19] Diese sogenannten empirischen Tatsachen, die in den Basissätzen zum Ausdruck kommen, werden jedoch durch die vorgängige methodische Organisation unserer Erfahrung konstituiert. Somit wird in ihnen, wie auch in den Theorien, die durch jene immer neuen Falsifikationen ausgesetzt werden, ein technisches Interesse deutlich. Solange nur dieser methodologisch-formale Kritikbegriff zugelassen wird, besteht die Gefahr, daß sein technisches Interesse auch für Handlungszusammenhänge als bestimmend angesehen wird, die damit einer instrumentellen Verkürzung auf reaktives Verhalten zum Opfer fallen.

In den empirisch-analytischen Wissenschaften wird darum Kritik ausdrücklich auf die Verwendung von kritischen Methoden und von hier aus auf die Kritik von empirischen Satzzusammenhängen beschränkt. Kritik ist aber darüber hinaus vor allem Kritik an dem Gegenstand der kritischen Erziehungswissenschaft (bzw. der Sozialwissenschaft), und das heißt: *Kritik an der Gesellschaft,* wie sie auf den Dimensionen des praktischen und emanzipatorischen Interesses im vorausgegangenen Abschnitt aufgewiesen wurde.

3. Bildung als Emanzipation des „inneren" Menschen (E. Weniger)

In den „Grundlinien eines Systems der Pädagogik" schreibt W. Dilthey: „Erziehung ist ... ein Verhältnis zwischen Erwachsenen und Heranwachsenden in der Gesellschaft ... Dieses Verhältnis, in welchem der Unmündige seinem Erzieher unterworfen und ihm unlösbar verbunden ist und der Erzieher durch Pflicht und Recht mit der erziehenden *Herrschaft* über den Zögling betraut ist, ist im *Familienleben* ursprünglich gegeben ... Das Recht der väterlichen Gewalt ist durch die väterlichen Pflichten des Schutzes bedingt und begrenzt, welche nicht gestatten, das Kind als Mittel zu behandeln, sondern ... auch in ihm den *Selbstzweck* achten."[20]

„Die Erziehung ist eine Funktion der Gesellschaft" und „ist sonach, von der einen Seite angesehen, die Entfaltung und Entwicklung eines einheitlichen, individualen in sich wertvollen Seelenlebens, andererseits ist von ihr die Erhaltung und Steigerung der Leistungskraft der Gesellschaft in ihren verschiedenen Organen abhängig. Die Erziehung hat sonach *zwei getrennt auftretende Zielpunkte.* Sie will den *Individuen* eine sie befriedigende wertvolle Entwicklung, und sie will den *Gemeinschaften* den höchsten Grad von Leistungskraft verschaffen."[21] Die Bildungstheorie sieht sich nun vor die schwierige Aufgabe gestellt, beiden Momenten gerecht zu werden. Auf der einen Seite fordert die Leistungsgesellschaft Ein- und Unterordnung, um ihre Leistungsfähigkeit zu erhalten und zu steigern, und auf der anderen Seite kann dieses Ziel nur erreicht werden, wenn es ihr gelingt, der „Idee der Selbständigkeit des Individuums“[22], d. h. der Idee der Emanzipation einen angemessenen Ort in ihrem System anzuweisen. Dieses Problem läßt sich daher zu der Frage verdichten: Wie ist das Ziel der Mündigkeit, das *Emanzipation* aus Zwang voraussetzt, durch eine Erziehung zu erreichen, die geradezu als *autoritäres Herrschaftsverhältnis* definiert wird?

„Diese Erziehung, sofern sie die Heranwachsenden den Bedürfnissen der Gesellschaft anpaßt, ist also ein Bedürfnis der Gesellschaft.“[23] Die Bedürfnisse der Gesellschaft bestimmen die Zielsetzung der Erziehung, und damit erscheint die Erziehungsproblematik als Reflex der gesellschaftlichen Problematik. Die Gesellschaft verlangt Anpassung an ihre Normen, Unter- und Einordnung und läßt Selbständigkeit nur im Rahmen dieses vorgängigen Systems zu. *Emanzipation* kann von DILTHEY – und darin folgt er SCHLEIERMACHER – nur als Moment der gesellschaftlichen *Autoritätsverhältnisse* gedacht werden.

Das erzieherische Autoritätsverhältnis kann von zwei Seiten aus interpretiert werden. Vom Erzieher als dem Autoritätsträger und Autoritätssubjekt und von dem Heranwachsenden als dem Autoritätsobjekt. Der Erzieher sucht die Mündigkeit der Heranwachsenden im Rahmen eines Herrschaftsverhältnisses zu verwirklichen, das sich selbst einschränkt und in seinen Willen die Achtung des *Selbstzweckes* des Edukandus mit aufnimmt. Und andererseits erscheint der Heranwachsende im Erziehungsprozeß zunächst als Autoritätsobjekt, für das zwei Züge wesentlich sind. Erstens das Moment der Freiheit als Anerkennung und Bejahung der Autorität des Erziehers und zweitens das Moment der Unterwerfung und Bindung des eigenen Denkens, Wollens und Handelns an die autoritären Forderungen des Erziehers.

„Die Erziehung“ ist nach SCHLEIERMACHER „durchaus ein Werk der Öffentlichkeit und des Gemeinwesens“[24], und DILTHEY betont immer wieder, daß Erziehung als eine Funktion der Gesellschaft angesehen werden muß, die für den Fortbestand der Gesellschaft unerläßlich ist. Und so ist es nicht weiter verwunderlich, wenn ERICH WENIGER in seiner „Didaktik als Bildungslehre“ Worte wie die „geistig-geschichtlich-gesellschaftliche Welt“[25] und „geistige und gesellschaftliche Entwicklung“[26] u. a. mehr verwendet, die auf gesellschaftliche Zusammenhänge hindeuten. Aber eine explizite Gesellschaftstheorie und einen artikulierten Gesellschaftsbegriff finden wir bei WENIGER nicht.[27] Auch können keine entscheidenden pädagogischen Aufgaben allein vom Zweck der Gesellschaft abgeleitet werden. „So ist nirgends zu sehen, daß die Gesellschaft aus sich heraus ein Bildungsideal, einen Bildungsgehalt hervorbringen könnte. Sie bedarf ihrerseits dringend der Hilfe, politischer vom Staat her, geistiger von der Bildung her."[28] Alle pädagogischen Phänomene, die gewöhnlich unter dem Begriff der Erziehung als einer Funktion der Gesellschaft zusammengefaßt werden, finden bei WENIGER Raum in dem Bezugssystem des Staates, der in einigen Wendungen in eine bedenkliche Nähe zum alten Obrigkeitsstaat gerückt wird. An die Stelle der Erziehung als eine Funktion der Gesellschaft tritt weithin die Erziehung als eine Funktion des Staates, und der Staatsbegriff wird somit zur zentralen Kategorie der Didaktik.

WENIGER konzipiert die Didaktik von einer Lehrplantheorie her. Jede geistige Macht versucht, ihre Ansprüche im Lehrplan zum Zuge kommen zu lassen. Deshalb muß eine Macht gefunden werden, die dafür sorgt, daß keine Macht überrepräsentiert wird. „Träger des Lehrplans und regulierender Faktor ist, seit es Lehrpläne im modernen Sinn gibt und bis zur Gegenwart hin, der Staat."[29] Dem Staat nun weist WENIGER bei der Frage der Lehrplangestaltung eine zweifache Funktion zu. Einmal ist er Macht unter Mächten, der ein lebhaftes Interesse daran hat, daß seine Ansprüche und seine Anliegen – vor allem in den Fächern Geschichte und Staatsbürgerkunde – im Lehrplan berücksichtigt werden, und zum anderen ist der Staat lehrplanentscheidende Instanz selber. Die nun aufbrechende Gefahr einer „allmächtigen Staatspädagogik"[30], die einseitig ihre Machtposition ausnutzt, um über den Lehrplan die Schule zu regieren, sucht WENIGER zu bannen durch eine idealistische und ideologische Konzeption des Staates als „Erziehungsstaat". „Alle anderen Mächte müssen sich, um Bildungsmächte zu werden, eine Transposition ihrer Ziele und Gehalte in die Form der zweckfreien Bildung gefallen lassen, der Staat selbst ist diese zweckfreie Form der Bildung in der Begegnung der Bildungsmächte und der Generationen im Lebensraum der Schule." Das Recht des Heranwachsenden auf eine angeblich zweckfreie Form der Bildung bewirkt eine Mediatisierung der konkreten gesellschaftlichen Ansprüche. Die Erziehung als eine Funktion der Gesellschaft wird umfunktioniert zu einer idealistischen und ideologischen Erziehung, die den konkreten Bezug zur gesellschaftlichen Realität verliert. An die Stelle von gesellschaftlichen Mächten setzt WENIGER geistige Mächte, deren Ansprüche über die regulierende Funktion des Erziehungsstaates zu geistigen Gehalten sublimiert werden. Als Folge wird dann die Schule fern von allen Konfliktsituationen zum Schonraum höheren, freien geistigen Lebens, der pädagogische Bezug zu einem „freien geistigen Verkehr zwischen Lehrer und Schüler"[32] und die realen gesellschaftlichen Mächte zu „geistigen" Mächten.

Der Staat erscheint als Garant der freien geistigen Bildung, der das „selbständige geistige Leben" seiner Bürger fördert, denn er ist der

Repräsentant des geistigen Besitz(es) der erwachsenen Generation".[33] Von dieser didaktischen Theorie kann der Anspruch des Bürgers auf eine emanzipatorische Bildung nur erfüllt werden, indem der Staat selbst seine überlegene Macht auf dem Bildungssektor einschränkt, und innere geistige Freiheit und damit Emanzipation zum Anliegen des Staates erklärt. WENIGER versucht vergeblich, der Gefahr der Gesinnungsmanipulation von seiten des Staates zu entgehen. Von diesem Gedankengang her werden Sätze wie folgende verständlich. WENIGER erinnert z. B. an SÜVERNS „Promemoria": „Jeder Staat ... ist gewissermaßen eine Erziehungsanstalt im großen, indem er *unmittelbar* durch alles, was von ihm ausgeht, seinen Genossen eine bestimmte Richtung und ein eigentümliches Gepräge des Geistes wie der Gesinnung gibt."[34]

Entsprechend der inneren Form des Staates als eines Erziehungsstaates folgt WENIGER einer Formulierung HERMAN NOHLS und konzipiert die Schule als *ein(en) zweckfreie(n)* Ort *höheren geistigen Lebens*"[35], der es gemäß den „beiden ersten Schichten" des Lehrplans „um Bildung der Gesinnung im weitesten Sinne"[36] geht. Damit hat WENIGER den polaren Spannungsbogen zwischen dem Recht des Kindes und den Ansprüchen der Gesellschaft bei H. NOHL einseitig abgespannt. „Das Kind ist nicht bloß Selbstzweck" – so schreibt H. NOHL – „sondern ist auch den objektiven Gehalten und Zielen verpflichtet, zu denen es hinerzogen wird."[37] Diese Entwicklung, der WENIGER folgt, hat freilich NOHL selbst mit seiner Formel vom „radikale(n) Wechsel des Blickpunkts von allen objektiven Zwecken weg auf das Subjekt" hin eingeleitet.[38] Die Idee der zweckfreien Bildung hat WENIGER deutlich von den Zwecken der Gesellschaft abgerückt und die höhere geistige Bildung von der praktischen Handlungsdimension distanziert. Die Freiheit und d. h. die emanzipatorische Bildung wird in den „Binnenraum" des „inneren" Menschen abgedrängt, die von dem „äußeren" Menschen, der im Raum der Gesellschaft *handelt,* getrennt wurde.

WENIGER beruft sich auf SCHLEIERMACHER, der zu Beginn des 19. Jahrhunderts unter Erziehung Gesinnungsbildung versteht und diese als dialektische Entwicklung von geistigen Grundrichtungen des Edukandus im Zusammenhang mit der Vermittlung von Fertigkeiten – der äußeren Handlungsdimension – begreift. J. DERBOLAV betont, daß dieser Zusammenhang im Rahmen der Geisteswissenschaftlichen Pädagogik als eine bloß funktionale Beziehung zwischen psychisch-Innerem und welthaft Äußerem verstanden werden kann (vgl. I, 5).

Die innere geistige Freiheit im Blick auf den Staat wird aber von WENIGER nur solange zugelassen als die Übereinstimmung der politischen Gesinnung des einzelnen mit dem Staat als gesichert angesehen werden kann. WENIGER schreibt: „Mit SCHLEIERMACHER pädagogisch gewendet: das Interesse des Staates an der Erziehung beruht darauf, ‚den Gemeingeist, die Übereinstimmung der Einzelnen mit den bestimmten Formen des Staates zu wecken und *zugleich* die Generation so zu entwickeln, daß in ihr die Totalität aller der Fertigkeiten ausgebildet werde, welche zur Erhaltung des allgemeinen Lebens im Staate erforderlich sind.' Diese Freiheit" der inneren Bildung „findet aber wieder ihre Grenze an der Notwendigkeit, die Form des Staates, die diese Freiheit ermöglicht, zu sichern, und so ist hier eine *Zweipoligkeit des demokratischen Staatswesens gegeben.*"[39] Dieses „zugleich", von dem SCHLEIERMACHER spricht, das ein „nebeneinander" von „innerer geistiger Bildung" und Ausbildung von „äußeren" Fertigkeiten beinhaltet, wird bei WENIGER zu einem „gegeneinander". Der Staat begreift sich *einerseits* als idealer Erziehungsstaat, der die zweckfreie innere geistige Bildung der Heranwachsenden zum Ziele hat und dem deshalb daran liegt, die konkreten Ansprüche der Gesellschaft nicht in ihrer eigenen Sachgesetzlichkeit und ihrem Eigenwert, sondern lediglich mediatisiert zuzulassen, weil sonst der zweckfreie Bildungsbegriff in einen zweckgebundenen Bildungsbegriff umfunktioniert würde, dessen Zweck durch die konkreten Bedürfnisse der Gesellschaft definiert wird, und d. h., daß an die Stelle einer Erziehung, die dem Selbstzweck und dem Eigenrecht des Kindes zu dienen hat, die Erziehung als eine Funktion der Gesellschaft treten würde; *andererseits* ist der Staat aber ein empirisches Staatswesen. Die Handlungen der heranwachsenden Generation, an denen der ideale Staat nicht interessiert ist, weil sie die Dimension der inneren geistigen Bildung überschreiten, sind für den empirischen Staat offensichtlich von eminenter Bedeutung, da sie die Erhaltung und Sicherung des Staatswesens im status quo in einem erheblichen Maße tangieren können. Aus dem dualistischen Staatsbegriff folgt also eine dualistische Anthropologie der Heranwachsenden, die auf der Scheidung von „innerem" und „äußerem" Menschen beruht.[40] Die Rede vom idealen Staat erweist sich also als eine Konstruktion, die geeignet ist, den empirischen Menschen den Zwängen des Volksstaates auszuliefern. „Ob der Staat in seiner empirischen Erscheinung gut oder schlecht funktioniert, ob die Männer und Gruppen, die ihn zur Zeit beherrschen, etwas taugen oder nicht, immer ist in ihm diese Beziehung auf ein Ideal, in dem die Rechtfertigung des Staates vor seiner gegebenen Aufgabe gesehen wird. Dieses Ideal, das vielleicht in dem empirischen Verlauf der Staatsgeschäfte nie oder nur in gesteigerten Momenten aufleuchtet, dem oft alles im politischen Geschehen zu widersprechen scheint, ist Ziel der Erziehung und Inhalt zugleich, weil es zugleich Bedingung und Rechtfertigung des Staates ist."[41]

Für diesen Dualismus ist neben dem doppeldeutigen Staatsbegriff (der selbst wohl auf die für das 19. Jahrhundert typische Dichotomie von Staat und Gesellschaft zurückgeführt werden kann) in erster Linie der zweckfreie Bildungsbegriff verantwortlich, dessen Ursprünge im deutschen Idealismus, Humanismus und in der literarisch-ästhetischen Bildung der deutschen Klassik liegen, der Bildung auf den „Vorhof des Lebens“[42], in die Uneigentlichkeit verbannt und damit eine Distanz und Dichotomie zur Eigentlichkeit der Realitäten des Lebens in Beruf, Technik und Gesellschaft erzeugt, die dann nicht mehr überwunden werden kann. „Die Bildung hat gegenüber der Eigentlichkeit des Lebens einen nur *sekundären* Charakter. Sie bleibt ihrem Wesen nach im Vorhof dieses Lebens.“[43] Wenn WENIGER dann dennoch dem Heranwachsenden den Sprung in die Eigentlichkeit des Lebens zumutet, dann wird die kritische Auseinandersetzung mit der Vergangenheit einfach suspendiert. „Echte Bildung ermöglicht es dem jungen Menschen, dadurch zu seinem Eigentlichen ... zu gelangen, daß sie ihn überall da, wo er nicht in diesem Eigentlichen getroffen ... ist, die Entscheidungen abnimmt. Sie tut das dadurch, daß sie es ihm auf allen diesen für ihn sekundären Gebieten erlaubt, *Vertrauen* zu schenken. In diesem Vertrauen darf er ein Erbe übernehmen, ohne selbst ursprünglich oder gar schöpferisch sich mit diesem Erbe auseinandersetzen zu müssen.“[44] Der zweckfreie Bildungsbegriff setzt eine Trennung von innerer Geistigkeit und gesellschaftlicher Realität voraus, denn sonst müßte er sich in einen zweckgebundenen verwandeln oder dieses Moment ohne Idealisierung in sich aufnehmen. Die Bildungstheorie, die dieser Didaktik zugrundeliegt, zeugt also von einer *vornehmen Zurückhaltung* gegenüber der Praxis des Lebens, die angesichts des *höheren* geistigen Lebens eben nur als *Niederung* praktischer Daseinsbewältigung begriffen werden kann.

Der Obrigkeitsstaat, von dem WENIGER weitgehend ausgeht, fordert Ein- und Unterordnung. „Wer ihm (dem Staat) wirklich dienen ... will, muß sich in dieses objektive Gefüge einordnen.“[45] Dieses Staatsgefüge erweist sich als ein berufsständisch organisiertes Gemeinwesen, das vom Handlungs- und Verhaltensbereich des „äußeren“ Menschen die Anerkennung der Autorität des Staates verlangt, der jedem sein berufsständisch orientiertes Handeln und Verhalten zuweist. „Denn die eigentliche erste Aufgabe der Erziehung im Volksstaat ist es, jede Menschengruppe, ..., jeden Stand und Stamm in sich innerlich zu kräftigen zu seiner Funktion für das Ganze, ihm seinen Standort und seine Aufgabe zu zeigen und die Formen des menschlich-gesellschaftlich-politischen Verhaltens aufzuweisen, die dem Beruf dieser Gruppe entsprechen.“[46]

Der Ansatz dieser didaktischen Theorie wird geprägt durch eine dualistische anthropologische Konzeption, welche die emanzipatorische

Forderung nach Mündigkeit und Selbständigkeit in das „höhere geistige Leben" des Individuums verlagert, das ein mündiges Handeln im Raum gesellschaftlichen Lebens nicht inauguriert und ermöglicht, denn der „äußere" Mensch hat sein Handeln den autoritären Forderungen des empirischen Staates zu unterstellen und sich den berufsständisch orientierten Verhaltensmaximen anzupassen. Aufgrund der autoritären und emanzipatorischen „Zweipoligkeit" des demokratischen Volksstaates, der weitgehend obrigkeitsstaatlich strukturiert ist, bleiben „innerer" und „äußerer" Mensch letztlich unversöhnt.

In der Durchführung dieses Ansatzes unternimmt WENIGER gelegentlich den Versuch, diese Dichotomie aufzulösen, indem er von der Vorstellung der je „spezifischen Form des Ineinander von persönlicher Freiheit (selbständigem Verhalten) und staatlicher Bindung (gruppenweise Einordnung)"[47] ausgeht und dabei gezwungen ist, den zweckfreien Bildungsbegriff aufzugeben. Aber auch dieses angebliche selbständige Handeln wird von vornherein eingeengt auf die begrenzten Handlungsmöglichkeiten der jeweils geschichtlich vorgegebenen berufsständischen Gruppenstruktur und bleibt der Einseitigkeit eines bloß assimilativen Anpassungsbegriffs verhaftet, der ein Sich-einpassen und Hinnehmen von vorgegebenen staatlichen Bedingungen erfordert. WENIGERS didaktische Theorie findet nicht den Anschluß an ein Modell für eine moderne, sich permanent wandelnde Gesellschaft. Der Gedanke, daß es der gesellschaftliche Zusammenhang ist, der den einzelnen geradezu auffordert, verbesserungsbedürftige gesellschaftliche Verhältnisse aufzuspüren und sie in emanzipatorischen Handlungen umzugestalten, ist von einer Konzeption aus undenkbar, die den Gesellschaftsbegriff in einen Staatsbegriff aufgelöst hat, die Schule als Ort höherer geistiger Bildung auffaßt, die „absehen darf von der grausamen Realität des Lebens, ‚wie es ist'"[48], und seine unmittelbaren Forderungen an den Menschen meint „ausschalt(en)" zu dürfen.

Die *geistes*-wissenschaftliche Didaktik E. WENIGERS verlegt den emanzipatorischen Bildungsprozeß, der die Entwicklung des selbständigen *geistigen* Lebens gewährleistet, in die *Innerlichkeit* des Heranwachsenden, der in dieser Hinsicht als Subjekt und als Selbstzweck vom Lehrer geachtet wird, trennt die Dimensionen des „innerlichen" und „äußerlichen" Menschen voneinander, um die These von der zweckfreien Bildung nicht zu gefährden und überläßt die „Äußerlichkeit" des Menschen, die Dimension seines Handelns, den autoritären Zwängen des Volksstaates, die lediglich ein Sicheinpassen an vorgegebene Verhältnisse gestattet. So erweist sich die innere Freiheit als Voraussetzung der äußeren Unfreiheit, die innere Emanzipation als Bedingung der äußeren Ein- und Unterordnung. Durch die Verbannung der Emanzipation in die Subjektivität des Menschen wird sie abstrakt und bezieht sich nicht auf das konkrete Dasein des Menschen im Raum des praktischen Lebens.

W. KLAFKIS kritischer Würdigung der Grundgedanken WENIGERS wird man weithin zustimmen können: „WENIGER hat zwar generell betont, daß Lehrpläne in geschichtliche, d. h. u. a. in politisch-gesellschaftliche Gesamtsituationen verflochten sind und daß sie nur angemessen verstanden werden können, wenn sie im Verhältnis zu der jeweiligen politisch-gesellschaftlichen Situation untersucht werden; wiederum fehlen aber die konkreten Konsequenzen aus diesem Ansatz. Denn eine Untersuchung der Funktion der Lehrpläne in solchen Gesamtzusammenhängen zeigt, daß die bisherigen Lehrpläne in Deutschland – und nicht nur in Deutschland – stets an eine bestimmte Schulform gebunden waren, daß diese Schulformen aber eine bestimmte gesellschaftliche Schichtung spiegelten und in der Jugend reproduzierten. In ihrer Bindung an die verschiedenen Schulformen waren also auch die unterschiedlichen Lehrpläne Ausdruck überkommener gesellschaftlicher Verhältnisse. Die von WENIGER grundsätzlich geforderte und oft auch von den Lehrplangestaltern behauptete Orientierung der Lehrpläne am Prinzip der Selbstbestimmung des jungen Menschen mußte deshalb eine ideologische Behauptung bleiben.“[49]

Die zentrale Bedeutung des Staates für die „Didaktik als Bildungslehre“ wurde aufgewiesen. Die naheliegende Frage nach dem zugrundeliegenden Staatsbegriff wird von WENIGER nicht eindeutig beantwortet, aber WENIGER nennt in diesem Zusammenhang SCHLEIERMACHER, SÜVERN und VOM STEIN und bezieht sich generell auf das Staatsverständnis des 19. Jahrhunderts. Diese Tatsache macht deutlich, daß WENIGER dem Staatsbegriff des 19. Jahrhunderts und besonders dem der preußischen Reformbewegung der Napoleonischen Zeit und der nachfolgenden restaurativen Epoche deutscher Geschichte verpflichtet bleibt und dieses Verständnis des Staates weithin „in einigen wesentlichen Zügen als eine Vorwegnahme entscheidender geistiger Grundlagen der Weimarer Demokratie“ betrachtet[50]. Nun wird man freilich etwas verwundert fragen können, warum die Didaktik WENIGERS nach 1945 von 1952 bis 1971 in völlig unveränderter Form in immer neuen Auflagen erschienen ist und somit als gegenwärtig relevantes Didaktikmodell angesehen werden möchte, wenn es das Staats- und Demokratieverständnis des 19. Jahrhunderts perpetuiert. In diesem Zusammenhang wird man den Hinweis WENIGERS auf die Geschichtlichkeit von didaktischen Theorien auch auf seine eigene Didaktik beziehen und feststellen dürfen, daß WENIGERS Staatsbegriff und Auffassung von Demokratie in der zweiten Hälfte des 20. Jahrhunderts nicht mehr als angemessen betrachtet werden kann.

Für eine emanzipatorische und kommunikative Didaktik, die einen modernen Demokratie- und Erziehungsbegriff voraussetzt, ist das Verhältnis von Staatsbegriff und Demokratie in Deutschland von einer solchen Bedeutung, daß die Auseinandersetzung mit E. WENIGER und zugleich vor allem mit dem Verständnis von Staat und Demokratie im 19. Jahrhundert zur Klärung des von uns zugrundegelegten Demokratiebegriffs unerläßlich ist.

Wenn die emanzipatorische Didaktik auf der Grundlage der Verfassung der Bundesrepublik Deutschland die Aufforderung nach einer fortschreitenden Demokratisierung aller Bereiche unserer Gesellschaft, und hierzu gehört auch das Bildungswesen, ernstnimmt, so wird man von einem extensiv ausgelegten Politikbegriff aus das Verhältnis von Freiheit und Macht, von Herrschaft und Freiheitsbeschränkung als ein wesentliches Thema der Didaktik betrachten, das in der Geschichte des Verhältnisses von Staatsbegriff und Demokratie in Deutschland seinen Niederschlag gefunden hat. „Die entscheidenden Wendepunkte unserer neueren Geschichte sind wesentlich dadurch bestimmt, daß in der ‚herrschenden Lehre' und politischen Meinung Staatsbegriff und Demokratieverständnis auseinanderfallen und entweder in Konfrontation oder doch in ein scharfes Unterordnungsverhältnis zueinander treten. Nur einmal, nach der Wende von 1945, geschah diese Unterordnung nicht eindeutig zugunsten des Staats- und auf Kosten des Demokratiebegriffs. Die Entscheidungen von 1848 und 1866–1871, aber auch die Begründung der ‚halben Demokratie' von 1918, vollends die Einigungsproklamationen von 1914 und 1933 stehen im Zeichen der Vorstellung vom Vorrang staatlicher Ordnung und Effizienz vor den individuellen und gesellschaftlichen Ansprüchen und Kräften."[51] Ganz in diesem Sinne hat L. KRIEGER in seinem Buch „The German Idea of Freedom" (1957) nachgewiesen, daß die deutsche Idee der Freiheit auch bei den Liberalen schon früh von der Vorstellung des Staates als einer übergesellschaftlichen Ordnungsmacht, die jenseits der Parteien und gesellschaftlichen Mächte stand und Macht und Schutz zugleich verbürgte, belastet war. Das 19. Jahrhundert und die erste Hälfte des 20. Jahrhunderts sind weitgehend von einem Staatsbegriff geprägt, der den Staat als „neutrales Überwesen jenseits der gesellschaftlichen und politischen Parteiungen und Zerspaltungen" begreift.[52] THOMAS MANNS „Betrachtungen eines Unpolitischen" machen deutlich, in welchem Umfang dieser Staatsbegriff sowie die Idee der Überparteilichkeit *unpolitisch* waren. Diese Idee artikuliert sich vor allem in der Auffassung des Staates als einem Verwaltungsstaat, und WENIGER verweist auf DILTHEYS SÜVERN-Biographie, in der von dem „gediegenen Wesen des preußischen Beamtenstaates" die Rede ist.[53]

Diese überparteiliche Funktion des Staatsverständnisses der deutschen Geschichte vor 1945 macht den zentralen Satz der Didaktik

WENIGERS verständlich: „Träger des Lehrplans und regulierender Faktor ist ... der Staat."[54] Dennoch gibt es bei WENIGER Ansätze, die das gegensätzliche Verhältnis von Staat und Demokratie zu überwinden versuchen. Dieses wird deutlich, wenn WENIGER SCHLEIERMACHER zitiert, der u. a. den Staat als „eine Vereinigung der lebendigen mannigfachen Kräfte" der Nation definiert und wenn WENIGER gelegentlich selbst hervorhebt: „Der Idee der Demokratie nach soll der Staat von den lebendigen Kräften der Nation ... getragen und fortentwickelt werden."[55] Aber solche Sätze erhalten im Kontext der Didaktik WENIGERS nicht das Gewicht, das ihnen heute zukommt.

Die Trennung von Staat und Demokratie und das Übergewicht des Staates gegenüber der Gesellschaft ist in den englisch-amerikanischen Demokratien weitgehend überwunden. „Die dort praktizierte Auffassung von *Government* im integralen Zusammenhang mit Demokratie und Gesellschaft" kommt dem modernen *Demokratieverständnis als Parteienstaat* (im engeren politischen Sinne), in dem um einen Konsens jeweils neu in Kommunikationsprozessen gerungen wird, schon beachtlich nahe.[56] Aufgabe einer modernen Gesellschaft ist es, daß nicht die Verstaatlichung der Demokratie, sondern die Demokratisierung des Staates von der gesellschaftlichen Erwartung aus im Blick auf die evolutionäre Neugestaltung der gesellschaftlichen Verhältnisse vorangetrieben wird. (Vgl. hierzu II, 3.)

4. Emanzipatorische und autoritäre Bildung des „äußeren" Menschen

a) Die wertfreie didaktische Theorie und der wertfreie Bildungsbegriff bei P. Heimann

W. SCHULZ hat eine erfahrungswissenschaftliche Unterrichtstheorie entwickelt, deren zentrale Kategorie das menschliche *Verhalten* bildet, welches der direkten Beobachtung zugänglich ist. Von diesem erfahrungswissenschaftlichen Ansatz aus wird nun die Dimension des „äußeren" Menschen thematisiert, die Spuren eines emanzipatorischen und autoritär geprägten Verhaltens aufzuweisen scheint. W. SCHULZ hat in den letzten Jahren die didaktische Konzeption von P. HEIMANN ausgebaut, differenziert und weiterentwickelt. Um nun den Fortschritt der didaktischen Theorie von W. SCHULZ gegenüber der didaktischen Konzeption von P. HEIMANN und damit auch den Wandel des Bildungsbegriffes verfolgen zu können, ist es zunächst notwendig, das Theorieverständnis von P. HEIMANN in einem ersten Abschnitt zu beleuchten. Hierbei verzichten wir auf die Wiedergabe des gesamten Umkreises seiner didaktischen Position, die an anderen Stellen vorgelegt wurde,[57] und beschränken uns auf die durch unser Thema abgesteckten Aspekte.

Die „permanente Ideologie-Kritik" wird von HEIMANN als ein notwendiger Bestandteil der didaktischen Theorie aufgefaßt. „Der Begriff der Ideologie wird hier nicht negativ im Sinne des ‚schlechten Bewußtseins' (gemeint ist wohl des ‚falschen Bewußtseins', der Verfasser) gebraucht", so schreibt PAUL HEIMANN, „sondern wertneutral. Er bedeutet hier lediglich das gedankliche ‚Sich-selbst-voraus-Sein' des durch bestimmte kollektive Wunsch- und Erwartungsvorstellungen angetriebenen Menschen."[58] Offensichtlich rezipiert HEIMANN den wertfreien bzw. wertneutralen Ideologiebegriff der amerikanischen Soziologie, den diese wiederum von dem Wissenssoziologen KARL MANNHEIM übernommen und dabei die beiden weithin metaphysischen und metasozialen „Aspekte Mannheimschen Denkens, die Repsychologisierung des Ideologieproblems und die Philosophie der geschichtlichen Emanation eines Absoluten" ausgeklammert hatte, um die Ideologiekritik der empirischen Forschungspraxis integrieren zu können. Die amerikanischen Soziologen „bedienen sich dabei der Methode der Zuordnung von Denkweisen und Werthaltungen zu sozialen Gruppen und Schichten oder suchen systematisch die funktionalen Beziehungen zwischen Denken und sozialem Handeln zu bestimmen, ohne daß sie selber der Frage der *Geltungsrelevanz* des Sozialen für gedankliche Gebilde noch weiter nachgehen."[59] Diese Zuordnungsmethode gestattet es, gesellschaftliche Ansprüche und normative Forderungen auf bestimmte soziale Gruppen zurückzuführen und den partikularen Standort dieser Gruppen im Gesamtzusammenhang der Gesellschaft auszumachen. Die Entdeckung der Abhängigkeit der normativen Forderungen von bestimmten lokalisierbaren „sozialen Seinslagen" ermöglicht eine Relativierung des ideologischen Druckes, eine gewisse Distanz gegenüber den ideologischen Ansprüchen sich bekämpfender Gruppen und die Kontrolle der eigenen ideologischen Befangenheit des Lehrers durch den Aufweis seines „Standort(s) im ideologisch-politisch-gesellschaftlichen Spannungsfeld seiner Zeit ... Das Ziel einer solchen *distanzierenden Analyse* ist nicht die totale Auflösung aller Ideologiebestände, sondern ihre Aufklärung und bewußte Assimilation durch das kontrollierende Bewußtsein."[60]

Die Theorie ist wertfrei, sie entscheidet sich nicht für diese oder jene gesellschaftliche Forderung, denn „die Entscheidung selbst ist ein Akt der Freiheit, der den theoretischen Bereich transzendiert",[61] aber sie hat einen aufklärerischen Zug, indem sie auf den ideologischen Charakter von normativen Forderungen aufmerksam macht und gewisse methodische Hilfen anbietet, die den Lehrer in die Lage versetzen, seine didaktischen Entscheidungen angesichts der Einsicht in die Partikularität ideologischer Forderungen und anderer Bestandteile der

Theorie zu treffen, die wir an dieser Stelle nicht weiter berücksichtigen wollen.

Die „Didaktik als Theorie und Lehre" von PAUL HEIMANN vertritt die Ansicht, daß das, was als *Bildung* angesehen wird, notwendigerweise vom „normenbildende(n) Fremdwille(n)" der „Träger dieser Ideologiebildung" abhängt. Diese Ideologieträger sind die *„gesellschaftlichen Mächte* und *Weltanschauungsgruppen*, die mit ihrer realen und materiellen ‚Mächtigkeit' ihren ideologischen Vorstellungen erst Effektivität verleihen: der Staat, die Wirtschaft, Elternorganisationen, Parteien, Kirchen".[62] Auszumachen, was jeweils unter Bildung verstanden wird, ist also *nicht* Aufgabe der *didaktischen* Theorie, sondern fällt in den Bereich der normativen Ansprüche und Vorstellungen der verschiedenen gesellschaftlichen Gruppen. Schon allein dieser offensichtlich pluralistische Charakter der Gesellschaft macht ein „offenes, nicht aber ... (ein) normatives, programmatisch und inhaltlich festgelegtes System mit konkreter Anweisungsfunktion" erforderlich,[63] welches in stärkerem Maße „strukturtheoretischem Denken" verpflichtet ist und einen hohen Grad an „Formalität und Allgemeinheit" aufzuweisen imstande ist..[64]

„Innerhalb einer pluralistisch organisierten Gesellschaft kann eine solche Theorie nur als ein offenes System ... entwickelt werden. Das System ist vielmehr so zu organisieren, daß es eine wertfreie theoretische Betrachtung von Unterricht auf kategorial-analytischer Grundlage ermöglicht."[65]

„In der Kategorial-Analyse erweist sich Unterricht als ein bestimmt strukturiertes (Inter-)Aktionsfeld, in dem eindeutig zu benennende *Entscheidungen* zu fällen sind: für bestimmte Unterrichtsziele, Inhalte, Verfahren und Medien."[66] In der konkreten Unterrichtssituation, die hier mit Recht als ein „Aktionsfeld" bezeichnet wird, müssen diese Entscheidungen allein vom Lehrer getroffen werden. Diese sind dann als nachwissenschaftlich, privat zu bezeichnen, denn die wissenschaftlich-didaktische Analyse ist bereits vorausgegangen. Aus diesem Sachverhalt resultiert zwangsläufig eine Notlage des Lehrers. Er hat zwar erfahrungswissenschaftlich begründete Kenntnisse und Informationen von seiner Lage und von den Aufgaben, die ihm gestellt sind. Maßstäbe für seine täglich zu treffenden Entscheidungen für die speziellen Zielsetzungen seines Unterrichts hat er damit aber noch nicht gewonnen, genauer formuliert: Möglichkeiten, wie diese Maßstäbe in der konkreten Arbeit des Lehrers in Zusammenarbeit mit den Schülern gewonnen werden können, zeigt ihm diese Theorie nicht auf. Der Lehrer wird vielmehr verwiesen auf das Postulat der Wertfreiheit der empirisch-analytischen Wissenschaften, wobei in diesem Zusammenhang die Frage offen bleibt, in welchem Maße die didaktische Theorie von PAUL

Heimann die Ansprüche dieser Wissenschaften zu erfüllen vermag. Der Anspruch auf Wertfreiheit von wissenschaftlichen Sätzen findet seinen Begründungszusammenhang in den von Hans Albert sogenannten „drei Ebenen der Fragestellung". Zu unterscheiden ist zwischen dem „Problem der *Wertbasis*", „dem Problem der *Wertungen im Objektbereich*" der Wissenschaften und „dem *Werturteilsproblem;* der Frage, inwieweit ... wissenschaftliche Aussagen selbst den Charakter von Werturteilen haben müssen." Dabei wird zugegeben, daß Wertungen auf den ersten beiden Ebenen nachweisbar sind. Werturteile auf der dritten Ebene werden von H. Albert hingegen nicht zugelassen. „Demnach unterscheiden sich Werturteile von rein informativen Aussagen durch ihren auszeichnend-normierenden Charakter ... Wer eine rein kognitiv-informative Zielsetzung der Wissenschaft anerkennt, hat keinen Anlaß, Werturteile innerhalb ... wissenschaftlicher Aussagezusammenhänge zuzulassen."[67]

Alle sogenannten normativen Entscheidungen werden also in den ideologischen Bereich verwiesen, wobei Heimanns wissenssoziologisches Ideologieverständnis keine Aussagen über die Sinnhaftigkeit und gegenwärtige gesellschaftliche Relevanz von unterrichtlichen Zielsetzungen zuläßt, sondern diese Entscheidungen weitgehend dem Lehrer zumutet. W. Gottschalch hat deshalb wohl zu Recht die Frage formuliert: „Verführt seine (Heimanns – der Verfasser) Liste der sechs ‚kategorialen Grundbestimmungen' nicht leicht zu einem pädagogischen Dezisionismus?"[68]

Aus diesem Dilemma hat W. Schulz einen Ausweg gesucht und kritisch gegenüber P. Heimann festgestellt, „daß die Pädagogik ohne Setzungen ... nicht auskommt."[69]

b) Die Wendung von einer wertfreien zu einer quasi-kritischen didaktischen Theorie und der quasi-kritische Bildungsbegriff bei W. Schulz

P. Heimann hatte besonders betont, daß er den wertfreien Ideologiebegriff im Gegensatz zum kritischen Ideologieverständnis verwendet wissen möchte, und infolgedessen versuchte er, eine Didaktik zu entwickeln, die eine „wertfreie theoretische Betrachtung von Unterricht auf kategorial-analytischer Grundlage ermöglicht."[70] Dieser wertfreie Wissenschaftsbegriff verbietet der didaktischen Theorie geradezu, selbst wertende Maßstäbe für ein zu entwickelndes Bildungsverständnis zu entwerfen. Nun ist diese Entscheidung zugunsten eines wertfreien Wissenschaftsbegriffs zweifellos eine Wertung, aber dieses Votum gehört im Sinne der empirisch-analytischen Wissenschaftstheorie nicht in den wertfreien Begründungs-, sondern in den Entdeckungszusammenhang der Theorie, der von Wertungen nicht freigehalten werden kann.[71]

W. SCHULZ folgt nicht mehr dem wertfreien Ideologiebegriff im Sinne von KARL MANNHEIM, sondern dem kritischen Ideologieverständnis von H. J. LIEBER. „Aussage(n) über die Verbindlichkeit" von Normen sind jetzt möglich, und W. SCHULZ ist darauf bedacht, „zwischen Ideologien im engeren Sinne, Utopien, ‚konkret überprüfbaren Vorurteilen partieller Art', weltanschaulichen Positionen, formellen und informellen Übereinkünften" zu differenzieren. „Als Ideologie darf danach (im Verständnis von H. J. LIEBER), ‚jenes geistige, apologetische Selbstverständnis der Gesellschaft gelten, das in seinen Wahrheitsanspruch das Bewußtsein möglicher Falschheit und Konformität mit den Faktizitäten der Gesellschaft nicht selbstkritisch aufnimmt und aktiviert und damit die Gesellschaft im Grunde nur unbefragt bestätigt'"[72] Hier wird ein gesellschaftliches Selbstverständnis nicht mehr wertneutral sozialen Seinslagen zugeordnet, sondern die Theorie erkennt darüber hinaus den affirmativen Charakter der Ideologie, und damit wird ein Weg beschritten, der geeignet ist, den wertfreien Ideologiebegriff zu verlassen. Das wertfreie Theorieverständnis wird vollends aufgegeben, wenn unter „Utopien ... solche Entwürfe gesellschaftlichen Lebens verstanden" werden, „die eine sozial-kulturelle Realität in Frage stellen, indem sie ihr das Bild einer als möglich hingestellten anderen Ordnung entgegensetzen."[73]

Einerseits will W. SCHULZ an dem wertfreien Theoriebegriff festhalten, wenn darauf hingewiesen wird, daß die Entscheidung für Normen – im Sinne der empirisch-analytischen Wissenschaftstheorie – nicht Aufgabe der Theorie sein kann, andererseits kommt, „die Pädagogik ohne Setzungen, die das Ziel der Einflußnahme bezeichnen, nicht aus." Und dennoch ist für SCHULZ „Normensetzung ... nicht das Ergebnis wissenschaftlichen Denkens."[74] Um diese Spannung deutlich zu machen, die darin besteht, daß auf der einen Seite der wertfreie Theoriebegriff beibehalten und auf der anderen Seite der wertfreie Theoriebegriff in Richtung auf einen kritischen Theoriebegriff überschritten wird, sprechen wir von einem quasi-kritischen Theorieverständnis.

Bildung nennt SCHULZ die „Grundlage für die Anpassungsleistungen", die als „Bezeichnung einer gesellschaftlich wünschenswerten Zuständlichkeit des ... zu Unterrichtenden" aufzufassen ist,[75] und die in diesem Sinne nach HEIMANN als ein wertfreier Begriff verwendet wird; denn *was* jeweils als „gesellschaftlich wünschenswert" angesehen wird, gehört nach dieser Auffassung in den Raum der Gesellschaftspolitik, impliziert Wertungen und transzendiert infolgedessen den Aussagezusammenhang der „wertfreien" Wissenschaft.

Sobald der Anpassungsbegriff jedoch reflektiert wird, wird sichtbar, daß W. SCHULZ nicht mehr an dem wertfreien Bildungsbegriff im Sinne von P. HEIMANN festhält.

„Die beobachtbaren Ergebnisse des Lernens werden im folgenden Neuanpassung oder einfach *Anpassung* genannt. Da dieser Ausdruck die Ergebnisse aller denkbaren Lernprozesse bezeichnen soll, ist es verfehlt, ihn in diesem Zusammenhang mit dem abwertenden Beiklang der ‚bloßen' Anpassung zu gebrauchen, etwa im Gegensatz zu ‚Widerstand'. Je nach dem beobachtbaren Trend der Neuanpassung an Veränderungen im Umfeld oder Infeld eines Menschen kann man mindestens zwischen Assimilation (*die* Veränderung sich anpassen) und Akkomodation (sich *der* Veränderung anpassen) unterscheiden. *Verhalten* meint in diesem Zusammenhange die Gesamtheit der Anpassungsleistungen in Bezug auf eine Situation."[76] SCHULZ differenziert also zwischen den akkomodativen und den assimilativen Anpassungsleistungen, wobei die letzteren nicht wie weithin üblich die Angleichung und Einpassung des Menschen an bzw. in vorgegebene, sich verändernde gesellschaftliche Verhältnisse meinen – das ist vielmehr die Aufgabe der akkomodativen Anpassungsleistungen –, sondern umgekehrt die Angleichung des sozialen Umfeldes an das menschliche Subjekt akzentuieren. Die menschliche und pädagogische Aufgabe wird nun darin gesehen, die sozialen Veränderungen „sich anzupassen" und d. h., diese sozialen Verhältnisse *selbst* aufgrund der Kraft einzelner bzw. vieler menschlicher Subjekte zu verändern. Die schulischen Lernprozesse haben das Ziel, das *Verhalten* der Heranwachsenden als Inbegriff von assimilativen bzw. kreativen und akkomodativen Anpassungsleistungen zu verändern. Da nun das *Verhalten* die *„äußere" Seite* des Menschen definiert, d. h. sein Verhalten in der gesellschaftlichen Praxis, wird an dieser Stelle eine neue Dimension der erfahrungswissenschaftlichen gegenüber der geisteswissenschaftlichen Didaktik sichtbar.

Fragen wir nun weiter nach dem Sinn von Anpassung, so wird deutlich, daß das Ziel der assimilativen Anpassung in der Sicherung des Bestandes des Subjekts und der Zweck der akkomodativen Anpassung in der Sicherung des Bestandes der Gesellschaft gesehen werden kann. Nicht vergessen werden darf jedoch, daß W. SCHULZ es nicht versäumt, beide Arten von Anpassungsleistungen spannungsreich aufeinander zu beziehen. Zwar verlangt das akkomodative Verhalten die Anpassung an die bestehenden Zwänge gesellschaftlicher Verhältnisse und insofern kann von einem *autoritär geprägten Verhalten* gesprochen werden. Auf der anderen Seite aber wird die Einseitigkeit dieses autoritären Bildungsverständnisses durch die Möglichkeit einer Veränderung gesellschaftlicher Verhältnisse durch ein „assimilatives" Verhalten des Subjekts ergänzt, und in dieser Hinsicht wird hier ein *emanzipatori-*

sches Moment sichtbar, das dem einzelnen die Befreiung aus autoritären Zwängen der Gesellschaft verspricht. Solange jedoch der Sinn von Emanzipation allein in die Bestandssicherung des empirischen, menschlichen Subjekts gegenüber den autoritären Ansprüchen der Gesellschaft verlegt wird, ist der volle Sinn von Emanzipation noch nicht erreicht. Und da außerdem die autoritären und emanzipatorischen Momente von Bildung sich wechselseitig begrenzen, kann nur von emanzipatorischen und autoritären Spuren von Bildung gesprochen werden.

Auch bei der Diskussion des Bildungsbegriffes läßt sich eine ähnliche Spannung verfolgen, die wir bei der Erörterung des Theorieverständnisses feststellen konnten. Auf der einen Seite wird Bildung in einem wertfreien Sinn als „Bezeichnung einer gesellschaftlich wünschenswerten Zuständlichkeit"[77] genommen und ein wertneutraler Ideologiebegriff verwendet, und auf der anderen Seite macht diese didaktische Theorie vor allem hinsichtlich des „assimilativen" Anpassungsbegriffs und des kritischen Ideologiebegriffs gewisse Zugeständnisse an einen kritischen Bildungsbegriff und eine emanzipatorische didaktische Theorie. Deshalb ziehen wir es vor, das Bildungsverständnis dieser didaktischen Theorie als ein *quasi*-kritisches zu bezeichnen.

Wenn W. Schulz sich auch kritisch von einem „bloßen" Anpassungsbegriff distanziert, so ist doch bemerkenswert, daß seine Auffassung von „Unterricht als Bildungshilfe" in dieser Schrift[78] unter dem Titel der Anpassung abgehandelt wird. Der Begründungszusammenhang der vorausgesetzten Wissenschaftstheorie der empirisch-analytischen Wissenschaften und das in diesen Kontext gehörende Postulat der Wertfreiheit verhindern die volle Entfaltung eines kritischen Bildungs- und didaktischen Theoriebegriffs.

W. Schulz möchte diesen Horizont zweifellos erreichen, wie z. B. sein Aufsatz „Didaktik, Umriß einer lehrtheoretischen Konzeption einer erziehungswissenschaftlichen Disziplin" beweist[79]. In programmatischer Weise wird dort zwischen der „effektuierenden", der „kommunikativen" und der „kritischen" Aufgabe der Didaktik unterschieden. Es wird hier also ein Drei-Schichtenmodell angekündigt, das verspricht, das quasi-kritische Verständnis der unterrichts-theoretischen Didaktik zu überwinden, indem die empirische Unterrichtstechnologie, die vor allem „die Effektivität empirischer Einwirkung" untersucht, auf einer *anderen wissenschaftstheoretisch legitimierten Ebene,* angesiedelt wird als die kritische oder emanzipatorische Aufgabe, die durch folgende Sätze umschrieben wird." – „Die Erziehungswissenschaft reflektiert die Bedingungen der Möglichkeit, unter denen die Erziehungsziele gesetzt, die Erziehungswege gewählt, unter denen beide verändert oder nicht verändert werden; sie bewirkt damit die *Emanzipation* der im Erziehungsfeld Agierenden von der Gesellschaftsverbundenheit ihrer Praxis und stellt damit die conditio sine qua non für die Relativierung jeder Erziehungspraxis und deren Innovation, d. h. theoretisch begründete, empirisch kontrollierte Erneuerung dar."[80] Diese programmatische Formulierung und die nachfolgende Unterscheidung von Theorie und Konzeption im Blick auf metatheoretische Setzungen zeigen jedoch, daß W. SCHULZ einseitig an der Sichtweise des quasi-kritischen Wissenschaftsbegriffs festhält. Da heißt es in der Beschreibung der Planung von Unterricht: Hier „überschreitet der Theoretiker die Grenzen der Theoriebildung, die auf ein Allgemeines gerichtet ist und nimmt zu diesem Zweck metatheoretische Setzungen in sein System hinein, die Lösung einer prinzipiell überholbaren gesellschaftlichen Aufgabe versuchend. Wir bringen diese Wendung in der Unterscheidung zwischen *Theorie* und *Konzeption* zum Ausdruck."[81]

Durch den Verweis der Setzungen in den konzeptuellen Bereich wird aber die Gefahr nicht abgewendet, daß „der Unterricht rein technologisch aufgefaßt und beliebigen außerpädagogischen Zwecken für die Durchsetzung ihrer Intentionen bereitgestellt" wird[82] oder einseitig der Bestandssicherung des menschlichen Subjekts gegenüber den autoritären Ansprüchen der Gesellschaft dienstbar gemacht wird. Emanzipation wird in diesem Kontext verkürzt auf jenen nur „negativ zu beschreibende(n) Vorgang, in dem wir uns aus der Vormundschaft nicht nur der Tradition, sondern aller gesellschaftlich vermittelten Interessen befreien, indem wir den durchschauten Interessen anderer unsere eigenen gegenüberstellen."[83] Emanzipation wird also auf die Verhaltensstruktur des einzelnen empirischen Menschen zurückgenommen, der sich von den Ansprüchen der Gesellschaft emanzipiert, und es wird vergessen, daß die Emanzipation des einzelnen abhängig ist von einer Emanzipation der gesellschaftlichen Verhältnisse, d. h. der Dimension gesellschaftlichen Handelns. Deutlich wird hier jedoch der *beachtliche Fortschritt* der unterrichtstheoretischen Didaktik von W. SCHULZ in Richtung auf eine von uns zu entwickelnde emanzipatorische und kommunikative Didaktik, die der empirischen Unterrichtsforschung eine Basis- und Kontrollfunktion einräumt, ohne ihrer Methodologie einseitig verpflichtet zu bleiben.

Die erfahrungswissenschaftliche Didaktik weist also über sich hinaus auf die Realisierung eines emanzipatorischen Anspruchs der Gesellschaft – nicht wie sie ist, sondern wie sie gemäß ihrer eigenen *Erwartung* sein sollte –, der allerdings im Rahmen einer im strengen Sinne wertfreien und erfahrungswissenschaftlichen Theorie nicht mehr erfüllt werden kann.

5. Die Überwindung von Innerlichkeit und Äußerlichkeit im kommunikativen Bildungsprozeß

a) Der pädagogische Bezug und die Klassengruppe

Gemeinsam ist beiden didaktischen Konzeptionen von Weniger und Heimann/Schulz, daß sie vom pädagogischen Bezug zwischen Lehrer und Schüler ausgehen. Weniger interpretiert den Bildungsvorgang als eine „Begegnung"[84] zwischen Lehrer und Schüler und begreift die „Praxis der Erziehung" als „die konkrete Beziehung zwischen zwei Menschen zum Zwecke der bildenden Einwirkung des einen, des Erziehers, auf den anderen, den Zögling ... Isolieren wir das gedanklich und nennen wir es den pädagogischen Akt, so besteht der Erziehungsvorgang aus einer zusammenhängenden ... Folge von pädagogischen Akten."[85] Das vom Lehrer „bewußt Gewollte und Veranstaltete" ist freilich „gebunden an die Gesetze und Mächte der ... Wirklichkeit", d. h. vor allem der Wirklichkeit der „geistig-geschichtlich-gesellschaftlichen Welt" im Rahmen des Volksstaates.[86] Von hier aus entwickelte Weniger eine „Theorie des Handelns"[87], die sich auf weite Strecken als eine Theorie des pädagogischen Handelns des *Lehrers* erweist.

Auch für W. Schulz „benennt" „der Unterricht als Erziehung" „jene Beeinflussungsprozesse, in denen Menschen oder deren Objektivationen Veränderungen von Menschen ... erreichen wollen."[88] „Es empfiehlt sich deshalb ... als *Unterricht* jene Formen der Lehre zu bezeichnen, die ... das planmäßige Lehren mehrgliedriger Lehrgehalte in voneinander getrennten Zeitabschnitten ... ermöglichen."[89] Ganz in diesem Sinn legt W. Schulz neuerdings ein Arbeitspapier vor, dessen Titel die wissenschaftliche Absicht dieser didaktischen Theorie deutlich werden läßt und die „Aufgaben der Didaktik" konsequent aus „*lehrtheoretischer* Sicht" beschreibt.[90]

Beide didaktischen Theorien beachten die dominierende Rolle des Lehrers im unterrichtlichen Erziehungsprozeß und entwickeln auf dieser Grundlage weitgehend lehrerorientierte Didaktiken. Einschränkend muß jedoch hinzugefügt werden, daß das Ziel der Didaktik des Berliner Arbeitskreises weitergesteckt ist und sie ein „den Auffassungen der jeweiligen Bezugsgruppe von wünschenswerter menschlicher Zuständlichkeit" entsprechendes akkomodatives und assimilatives Verhalten initiieren möchte.[91] „Von dem Axiom" einer menschlichen Bezugsgruppe, „alle Erziehung habe der Emanzipation des Menschen von Fremdbestimmung zu dienen, ließe sich etwa ein Postulat herleiten, das vom Lehrer die Offenlegung der Unterrichtsziele und deren Beeinflußbarkeit durch die Schüler fordert."[92]

Für didaktische Modelle, die davon ausgehen, daß der Lehrer in unterrichtlichen Prozessen die Erziehung Heranwachsender *bewirkt,* mag es zutreffend und konsequent sein, dem pädagogischen Bezug eine konstituive Bedeutung beizulegen. Eine Didaktik jedoch, die bemüht ist, den modernen Demokratisierungsbestrebungen einen angemessenen Platz in der Schule einzuräumen, wird betonen müssen, daß der pädagogische Bezug nicht die geeignete Grundkategorie darstellt, um eine moderne demokratische Organisationsform des Unterrichts zu gewährleisten,[93] da dieser Bezug die Vorstellung eines Einandergegenüber von Lehrer und Schüler nahelegt und suggeriert, der allzuleicht als ein Autoritätsgefälle ausgelegt werden könnte. Eine solche Didaktik, die wir *kommunkative und emanzipatorische* Didaktik nennen wollen, wird anstelle des pädagogischen Bezugs die Klassengruppe und deren Subgruppen, denen auch der Lehrer zumeist angehört, als organisierende und grundlegende Kategorie einsetzen müssen, um den pädagogischen und demokratischen Grundsatz einer breiten gemeinsamen Basis miteinander agierender Kommunikationsteilnehmer zu akzentuieren, der das hierarchische Gefälle zwischen Lehrer und Schüler im unterrichtlichen Erziehungsprozeß ausschließt. Ein solcher Grundsatz ist ein eminent bedeutsamer pädagogischer Gedanke, denn eine Erziehung, die zur Emanzipation in Wort und Tat erziehen möchte, wird den Erziehungsprozeß nicht in einem Herrschaftsverhältnis ansiedeln dürfen, sonst könnte allzuleicht das Gegenteil von dem erreicht werden, was erreicht werden soll, nämlich Unmündigkeit und Untertanengeist.

Vor allem wird von der didaktischen Theorie eine Hilfe für die Praxis erwartet. Die Praxis wurde allzu häufig als Praxis des Lehrers aufgefaßt. So verspricht die erfahrungswissenschaftliche Didaktik im Sinne von SCHULZ „ein theoretisch kontrolliertes Praktizieren",[94] das angemessene Anpassungsleistungen auf Seiten des Schülers bewirkt. Hier wird das pädagogische Handeln des Lehrers vom erwarteten Verhalten des Schülers getrennt. Und die geisteswissenschaftliche Didaktik WENIGERS versucht, die naive „Voreinstellung"[95] des praktizierenden Lehrers zugunsten einer allgemeinen Orientierung des unterrichtlichen Handelns des Lehrers an jenen Verstehensdimensionen aufzulösen, die WENIGER als Lehrplanschichten interpretiert.

Um sich von einer weitgehend lehrerorientierten Didaktik absetzen zu können, wird eine kommunikative und emanzipatorische Didaktik nun nicht im Gegenzug als eine schülerorientierte Didaktik bezeichnet werden dürfen. Sie wird vielmehr die realen sozialen und kommunikativen Bedingungen beachten, die einen emanzipatorischen Unterrichtsprozeß ermöglichen bzw. behindern und demgemäß eine *gruppenorientierte* Didaktik entwickeln.

b) Das kommunikative Handlungsfeld und kommunikatorische Prozesse

(1.) *Wissen und Handeln.* Wissen und Handeln haben sich in der Geschichte der Bildungstheorien und Didaktik als die zentralen pädagogischen Kategorien erwiesen. Diesem Gedanken liegt sicherlich die richtige Einsicht zugrunde, daß erst im Handeln die Menschlichkeit des Menschen erreicht und sichtbar wird. Die traditionelle Bildungstheorie hat nun weitgehend versucht, das Problem des Verhältnisses von Wissen und Handeln vom Wissen aus zu lösen. Dabei wurde stillschweigend vorausgesetzt, daß das Wissen den Zugang zum Handeln gleichsam mitliefert und daß eine Bildungstheorie die Frage zu beantworten habe, wie der Mensch über das Wissen zum Handeln zu finden vermag.[96] WENIGER z. B. sublimiert das für das Handeln des Lehrers nötige Wissen zu rationalen Verstehensdimensionen oder Lehrplanschichten und erwartet von ihnen, daß sie geisteswissenschaftlich gesichertes pädagogisches Handeln des Lehrers ermöglichen.

Vielleicht trägt es zur Lösung dieses zentralen pädagogischen Problems bei, wenn die Didaktik sich entschließt, nicht beim Wissen zu verharren, sondern das Handeln der am Unterricht Beteiligten selbst zum Gegenstand der Reflexion zu erheben, denn in den kommunikativen Inter-*Aktionen* ist die Kluft zwischen Wissen und Handeln überwunden.

Das kommunikative Handlungsfeld setzt voraus, daß das Lernen im Unterricht nicht auf die bloße Vermittlung von Wissens- und Erlebnisinhalten gekürzt werden darf. Das sieht auch SPENCE, wenn der *Interaktionsbegriff* im Rahmen einer Lerntheorie eingeführt wird: „Learning refers to a hypothetical factor which is assumed, on the one hand, to be the product of the past interactions of the individual with his invironment, and, on the other, to be one of the conditions that determines his performance at any moment. In this sense learning is similar to other constructs representing hypothetical states of the organism, such as drive, fatigue, drug, condition, etc., which are assumed to be among the determinants of performance. The learning theorist, in other words, ascribes the progressive changes in behavior that occur in a learning experiment to changes that develop in this hypothetical learning state as a result of previous experiences in the situation."[97] Es hat sich als sinnvoll erwiesen, Lernen im engeren Sinn (Erwerb von Können und Wissen) vom Lernen im weiteren Sinn (Änderung des Verhaltens als Folge von Erfahrungen) zu unterscheiden. Die Verhaltensforschung überwindet in diesem weiteren Begriff des Lernens als erfahrungsbedingter Verhaltensänderung – hierzu gehören die edukativ relevanten psychischen und sozialen Lernerfahrungen –

die Dichotomie von Kenntniserwerb und Vermittlung von Fertigkeiten, von Wissen und Handeln, restringiert jedoch gesellschaftliches Handeln auf intersubjektiv und intersensuell beobachtbares Verhalten. Die situativen Bedingungen der jeweiligen sozialen Situation, in deren Rahmen Lernprozesse ablaufen, werden zumeist als Reize und die „Handlung" als Reaktionen auf diese Reize gedeutet. Der vorausgesetzte behavioristische Wissenschaftsbegriff resultiert somit häufig in einer reaktiven Interpretation der gesellschaftlichen Inter-Aktionen.

Der Unterricht im Raum der Schule wird von uns als eine *kommunikativ-soziale Realität* aufgefaßt, die veränderbar ist, und der Unterrichtsprozeß als edukativ-kommunikativer Vollzug von Interaktionen oder kommunikativ-sozialen Handlungen, in denen, wie noch gezeigt wird, die Inhaltsdimension und die soziale Beziehungsdimension in konkreten Kommunikationsprozessen vermittelt sind. Um die Veränderbarkeit und die Möglichkeiten der Veränderung dieser kommunikativ-sozialen Wirklichkeit aufweisen zu können, geht die kommunikative und emanzipatorische Didaktik vom dialektischen Wissenschaftsbegriff aus und ist bemüht, die Verdinglichung dieses kommunikativ-sozialen Objektbereichs der Unterrichtspraxis durch einen dialektischen Theoriebegriff der Didaktik „aufzuheben", der der Totalität edukativ-gesellschaftlicher Unterrichtspraxis in einer solchen Weise gerecht zu werden vermag, daß in diesem Begriff das Wissen als Information in den edukativ-sozialen Handlungsprozeß eingeht und dieser unterrichtliche Handlungszusammenhang als ein emanzipatorischer begriffen werden kann.

(2.) *Interpersonales Netzwerk und kommunikatives Handlungsfeld.* Diese einführenden Zeilen erheben freilich nicht den Anspruch, den gesamten Umkreis einer *kommunikativen* und *emanzipatorischen Didaktik* abzustecken und inhaltlich zu füllen. Es handelt sich vielmehr in diesem Kapitel um eine erste vorläufige Skizze mit ausgesprochen programmatischem Charakter, die versucht, eine Reihe unterrichtstheoretischer Probleme von einem neuen didaktischen Ansatz aus anzusprechen.

Eine solche kommunikative Didaktik wird vor allem nicht an den Forschungsergebnissen der modernen Kommunikationswissenschaft vorübergehen dürfen, die in den Arbeiten von LASSWELL, LAZARSFELD, KATZ, POOL, DEUTSCH u. a. ihren Niederschlag gefunden haben. Die zumeist empirisch abgesicherten Ergebnisse der Kommunikationsforschung werden zuweilen noch einseitig im Rahmen des S-R-Schemas (Reiz-Reaktions-Schemas) vorgetragen, das einem modifizierten behavioristischen Modell verpflichtet bleibt. An den Stellen, die im Anmerkungsteil ausgewiesen werden, stützen wir uns zum Teil auf Resultate der Kommunikationswissenschaft, weisen jedoch deren modelltheoretischen Voraussetzungen einen abhängigen Stellenwert im wissenschaftstheoretischen Gesamtzusammenhang zu. Ohne in jedem Fall expressis verbis darauf hinzuweisen, interpretieren wir die Ergebnisse der Kommunikationsforschung von einem didaktischen Handlungsmodell aus, das im folgenden entwickelt wird.

Bei der systematischen Analyse des kommunikativen Geschehens hat sich die Forschung hauptsächlich an der klassischen LASSWELL-Formel orientiert: ‚Who says what in which channel to whom with what effect?'"[98] Die Bezeichnung „channel" bezog sich zunächst auf die Medien der Massenkommunikation und wurde später vor allem von E. KATZ und P. F. LAZARSFELD auf jede „person-to-person communication"[99] erweitert, so daß diese Formel jetzt lautet: „Who says what to whom in a person-to-person communication and with what effect". Diese Fragestellung, die durch die erweiterte Formel von LASSWELL definiert wird und sich heutzutage allgemein durchgesetzt hat, wird von der Kommunikationsforschung weithin auf ein Gruppenmodell projiziert, in dem die einzelnen Worte dieses Satzes die wesentlichen Fragen der Kommunikationswissenschaft sichtbar werden lassen. Die Gruppenmitglieder erscheinen als Kommunikatoren bzw. als Kommunikanten, die über die Sprache als Kommunikationsmedium durch Informationsprozesse auf der Grundlage einer Gruppensituation spezifische Kommunikationswirkungen erzielen, die zumeist nach dem bekannten empirischen S-R-Schema interpretiert werden. Nach diesem behavioristischen Modell werden die „opinions and attitudes" – die „inneren" Meinungen und Einstellungen von Gruppenmitgliedern – auf „communication behavior" – auf kommunikatives „äußeres" Verhalten – zurückgeführt, das in dynamischen Gruppenprozessen auf effektive Weise beeinflußt werden kann. „Interpersonal communication is simply another name for *interaction*, and by definition, communication is, of course, a component of all interpersonal relations."[100] Damit werden intrakommunikative Gruppenprozesse als „interpersonal networks" aufgefaßt, und der ursprüngliche Sinn von inter-*actions* als kommunikative *Handlungs*vollzüge geht verloren und wird in ein bloßes Netzwerk von zwischenmenschlichen Beziehungen aufgelöst. Dabei wird übersehen, daß die Wirklichkeit einer Gruppe nicht allein im Dasein der einzelnen Gruppenmitglieder einschließlich ihrer wechselseitigen Beziehungen besteht, sondern sich in einer Realität, in einem gemeinsamen kommunikativen Bewußtsein der Gruppe artikuliert und manifestiert, das von kommunikativen Inter-Aktionen getragen wird und das nicht nur im Sinne eines Schemas wechselseitiger Reaktionen verstanden werden darf. *Nennen wir Handeln jede bewußte Tätigkeit, die auf Aufbau, Gestaltung und Umgestaltung von Wirklichkeit gerichtet ist, so bedeutet* dies, *didaktisch gewendet,* daß die *sprachlichen Tä-*

tigkeiten der Klassengruppe als kommunikative Handlungen oder als *kommunikative Inter-Aktionen interpretiert werden können*, mit deren Hilfe Lehrer und Schüler als Gruppenmitglieder im Unterricht miteinander und zuweilen gegeneinander agieren. Aus dem Zusammenwirken vieler kommunikativer, sprachlich intentionaler Einzelhandlungen entsteht im Laufe der Zeit das, was wir als kommunikative Wirklichkeit oder als kommunikatives Handlungsfeld bezeichnen wollen und was sich im kommunikativen Gruppenbewußtsein artikuliert und objektiviert. Auf diese Weise bildet sich eine kommunikative Handlungswirklichkeit, in deren Rahmen individuelle Kommunikationshandlungen stattfinden und eine Orientierungshilfe geben. Die Struktur dieser Wirklichkeit jedoch bleibt gebunden an die kommunikativen Handlungen der Klassengruppe und kann deshalb auch verändert, verwandelt und umstrukturiert werden. Wir sprechen deshalb auch von einer *mobilen* und nicht von einer stabilen kommunikativen Wirklichkeit. Ausdruck der inneren Einheit einer Gruppe ist das ‚Wirbewußtsein'. Die Gruppe ist also mehr als nur ein ‚Netzwerk von Wechselbeziehungen'" (L. v. WIESE).[101]

(3.) *Der Gruppenleiter im kommunikativen Handlungsfeld.* Dem Lehrer als Gruppenleiter kommt in einem solchen unterrichtlichen kommunikativen Handlungsfeld eine spezifische Position und Funktion zu, die weithin von zwei Faktoren – der *Struktur* und dem *Klima* der Klassengruppe – abhängen.

Die *Gruppenstruktur* bestimmt weitgehend die Art und Weise, wie Kommunikationsprozesse ablaufen und ist abhängig vom unterschiedlichen Grad der Interdependenz kommunikativer Handlungen, der Gruppengröße, den Kommunikationsinhalten und dem unterschiedlichen Status der Mitglieder der Klassengruppe.[102] An dieser Stelle ist jedoch allein der Status des Lehrers für den Aufbau der Gruppenstruktur von Interesse. C. G. HOMANS hat in seinem Buch „The Human Group" nachgewiesen, daß „the higher a man's social rank, the larger will be the number of persons that originate interaction with him, either directly or through intermediaries."[103] Das bedeutet für den Unterricht, daß der autoritäre Status des Lehrers die Tendenz verstärkt, die gemeinsamen und breit gefächerten Kommunikationshandlungen aller am Unterricht Beteiligten auf das polare Gegenüber von Lehrer und Schüler umzufunktionieren und zu verkürzen, wobei der Lehrer im Rahmen dieses zweipoligen Kommunikationsprozesses als Initiator und Adressat von kommunikativen Handlungen verstanden wird. Aus pädagogischen Gründen, die in den folgenden Abschnitten diskutiert werden, bleibt es der unterrichtlichen Geschicklichkeit des Lehrers überlassen, eine breite Basis kommunikativer Wirklichkeit aufzubauen und zu gestalten, damit die andere Tendenz, von der HOMANS berichtet –

„any single person interacts most of all with his equals" – voll zum Zuge kommen kann.[104]

R. Lippitt, R. K. White und K. Lewin haben gezeigt, daß das *Gruppenklima* primär von den kommunikativen Handlungen des erwachsenen Gruppenleiters geprägt wird.[105] Die autoritären kommunikativen Handlungen des Gruppenleiters bewirkten, daß eine relativ höhere Anzahl von kommunikativen Handlungen der anderen Gruppenmitglieder allein das Ziel verfolgte, die Aufmerksamkeit des Gruppenleiters auf sich zu ziehen. Die Gruppenhandlungen in einem demokratischen Gruppenklima – in einer sog. peer-group, die durch eine antiautoritäre Stellung aller Mitglieder der Gruppe gekennzeichnet ist – zeigten jedoch mehr produktive Initiative und waren allgemein in einem größeren Ausmaße unabhängig von der Suggestivkraft der Kommunikationshandlungen des Gruppenleiters. Auf die Klassengruppe bezogen bedeutet dies, daß das autoritäre Klima *den Lehrer* ins Zentrum aller Gruppenhandlungen rückt, während sich die Schülerhandlungen in einem demokratischen Klassenklima zumeist *an der Thematik* von Kommunikationsprozessen orientieren.

(4.) *Autoritäre, autoritative und emanzipatorische Handlungen.* Einige mehr grundsätzliche Überlegungen sollen vom konkreten Bezug auf die Klassengruppe absehen und den Charakter von autoritären und emanzipatorischen Handlungen klären helfen. Unter *Autorität* und dem ihr entsprechenden *autoritären Handeln* verstehen wir jede Machtausübung von Personen, gesellschaftlichen Gruppen und Sachen, die Denken, Wollen und Handeln von Menschen *binden bzw. bestimmen* und Unterordnung verlangen, ohne daß alle Kommunikationspartner an den Entscheidungsprozessen, die selbst kommunikative Handlungen sind, gemäß dem Grad ihrer Einsicht beteiligt werden. Der Geltungs- und Machtanspruch von Personen, Gruppen und Sachen, der in autoritären Handlungen zum Ausdruck kommt, verwandelt Menschen allzuleicht in Autoritätsobjekte. Das ideologisch verschleierte Motiv dieser autoritären Handlungen hat die reflexive Bestandssicherung der Macht der Interessen von einzelnen oder Gruppen im Blick. Diese Verschleierung egoistischer Machtgelüste wird zuweilen auf Sachbereiche ausgedehnt, indem Sachzusammenhängen vermeintlich ansichseiende Sach- und Strukturgesetzlichkeiten unterschoben werden, die angeblich autoritäre Forderungen aufstellen, denen Menschen sich unterordnen sollen. Die ideologische Verbrämung autoritärer, unbegriffener Sacherfordernisse wird zumeist durch die Bezeichnung Sachautorität kaschiert.

Das *Autoritative* und das ihm gemäße autoritative Handeln, das in kommunikativen *Inter-Aktions-Prozessen* zustande kommt, aber nicht einfach von vornherein vorausgesetzt werden darf, zeigt sich und ist allein im Vollzug rationaler, verbaler Aktionen und Argumente gegenwärtig, in den zwar egoistische und subjektivistische Machtansprüche von einzelnen und Untergruppen eingehen, dann aber im argumentativen Gang von Kommunikationsprozessen unter dem Anspruch der Rationalität weithin und soweit wie möglich aufgehoben und aufgelöst werden. In solchen kommunikativen Unterrichtsprozessen erscheinen die Gruppenmitglieder nicht mehr als Autoritätsobjekte, sondern als Subjekte, die den Vollzug von kommunikativen Prozessen mitbestimmen und mitgestalten. Als maßgeblich, verbindlich und damit als *autoritativ* für alle Beteiligten erweist sich der rationale, kommunikative Handlungsprozeß selber, der also auf der Teilnahme aller Mitglieder der Klassengruppe an der Ver-*Handlung* von Sachverhalten beruht und der in einem Konsensus seinen vorläufigen Abschluß findet und die kommunikativen Handlungen individueller Gruppenmitglieder aus der vordergründigen Verkettung an fremde und eigenwillige Machtinteressen herausführt.

Der gemeinsame Kommunikationsprozeß, in dem das jeweilige, neu auszumessende *Autoritative* realisiert wird, ist gekennzeichnet durch eine *dreifache Emanzipation*. Die kommunikativen Handlungen, die zu einem autoritativen Handlungszusammenhang aller am Unterricht Beteiligten hinführen und (1.) personale, (2.) gruppenmäßige und (3.) sachlich kaschierte Autoritätsstrukturen abbauen helfen, können in emanzipatorische Handlungen verwandelt werden wie später noch zu zeigen ist, welche den einzelnen aus dem Diktat eigner bzw. fremder autoritärer Machtinteressen und der unbegriffenen und uneinsichtigen autoritären Sachgesetzlichkeit zu befreien vermögen. Die einzig legitime „Autorität" ist also *das gemeinsame kommunikative Autoritative* rationaler Interaktionen, das Emanzipation initiiert, fördert und sichtbar werden läßt.

(5.) *Informationen, kommunikative Orientierungsweisen und kommunikatorische Prozesse.* Die faktische Realität der Unterrichtssituation, die durch das bloße Dasein der Mitglieder der Klassengruppe definiert werden kann, ist nicht die kommunikative Wirklichkeit des unterrichtlichen Handlungsfeldes, das wir im Blick haben. Eine solche Wirklichkeit wird nicht einfach vorgefunden, sonden muß im Laufe der Zeit durch kommunikative Handlungen aufgebaut werden. Dieser Begriff der kommunikativen Handlung soll nun von drei Aspekten beschrieben werden.

Von der inhaltlichen Seite her erweisen sich kommunikative Handlungen als *Informationsprozesse,* welche Sachgehalte und einzelne Sachzusammenhänge der Unterrichtsfächer in den kommunikativen Ver-*Handlungsprozeß* der Klassengruppe einbringen. Die Fächer wiederum werden inhaltlich durch curriculare Entscheidungen konturiert und gefüllt, die u. a. auch von den objektivierten Informationsprozessen der Wissenschaft abhängen. Die Wissenschaften haben in einem erheblichen Maße Aufgaben zu erfüllen, die der Erforschung, Beschreibung und Theorienbildung angesichts der gesellschaftlichen Wirklichkeit dienen. Damit wird die Gesellschaft in die Lage versetzt, Wirklichkeiten mannigfacher Art besser begreifen zu lernen und verbesserungsfähige Bereiche gesellschaftlichen Lebens aktiv umzugestalten. Diese aktive und handlungsrelevante Dimension von Informationsprozessen ist gerade für die Didaktik von besonderem Interesse. Informationen dürfen also schon von ihrem wissenschaftlichen Ursprung her nicht zu bloß geistigen Gehalten sublimiert werden, um der „inneren" zweckfreien Bildung des Individuums (E. WENIGER) dienlich sein zu können. Informationsprozesse als Handlungsprozesse transzendieren immer schon die geistige „Innerlichkeit" des Menschen und ver-*handeln* etwas und sind insofern in einem erheblichen Umfang gesellschaftsrelevant.

Kommunikationsprozesse dürfen auch nicht auf die bloße Annahme und Weitergabe von Informationen verkürzt werden, sondern in Kommunikationshandlungen gewinnen die Mitglieder einer Klassengruppe zugleich neue *Orientierungsweisen*. Der kommunikative Argumentationsgang erschließt neue Möglichkeiten, um Wirklichkeiten – die Handlungswirklichkeit der Klassengruppe und die gesellschaftliche Wirklichkeit, in die jene eingebettet ist – ver-*handelnd* verändern zu können. Und damit haben wir uns bereits dem zweiten Aspekt kommunikativer Handlung zugewandt. Informationsprozesse müssen allen am Unterricht Beteiligten frei zugänglich sein und didaktisch so aufbereitet werden, daß alle an der Ver-Handlung teilnehmen können und neue Kommunikationsprozesse initiieren helfen. Die Orientierungsweisen sind nicht einfach vorhanden, sondern werden in einem gemeinsamen interaktiven Arbeitsprozeß im Zusammenwirken aller Mitglieder der Klassengruppe erarbeitet. Die sprachlichen Aktionen oder Handlungen aller vereinigen sich zu einem kommunikativen Handlungsfeld, das neue Möglichkeiten eröffnet und im bzw. durch den aktiven Vollzug kommunikativer Handlungen das Handlungsfeld aufbaut und verändert.

Dieser letzte Satz wird erst dann voll verständlich, wenn die Qualitäten von Gruppenhandlungen, die zugleich den dritten Aspekt kommunikativer Handlungen bilden, betrachtet werden. Soweit Gruppenhandlungen von *anderen* beobachtbar sind und soweit sie auch faktisch von anderen beobachtet werden, lassen sie sich als Gruppenverhalten beschreiben und in einem Phasenmodell klassifizieren. In den USA sind zahlreiche Phasenmodelle solcher Art entwickelt und einige von ihnen jahrelang in sog. „Laboratorien" und „Trainingsgruppen" erprobt worden. Bekannt und erfolgreich ist z. B. das BENNIS-SHEPARDsche

Phasenmodell, für dessen Verständnis eine Reihe von Unterscheidungen wesentlich ist. „Mitglieder“ der Gruppe, „die sich auf Verfahrensweisen . . . einen Experten u. dgl. verlassen, werden dependent genannt. Mitglieder, die durch autoritäre Strukturen aus der Fassung gebracht werden, heißen konterdependent. Mitglieder, die keine Ruhe haben, bevor sie einen relativ hohen Grad von Vertrautheit mit allen anderen erreicht haben, erhalten das Eigenschaftswort überpersonal. Diejenigen, die eine Vertrautheit mit irgendeinem anderen Teilnehmer zu vermeiden suchen, heißen konterpersonal. Als Independente werden diejenigen Teilnehmer bezeichnet, die besser in der Lage sind, von ihren Erfahrungen zu profitieren und die vorliegenden Situationen adäquater zu bewerten“.[106] Die Charakterisierung der Gruppenmitglieder als dependent bzw. independent usw. wird hier in eine Typologie subjektiver Einstellungen überführt. Eine solche Interpretation führt das je verschiedene Gepräge von inhaltlich gefüllten Handlungsvollzügen auf die Subjektivität des Handelnden zurück und abstrahiert damit gerade von den Handlungen, auf die es uns ankommt. Die sog. Einstellungen oder Haltungen können darum als *Handlungsqualitäten* interpretiert werden, die sich nach dem Grad realisierter Emanzipation unterscheiden lassen.

Die moderne Leistungsschule verlangt von allen Mitgliedern der Klassengruppe die Anspannung aller Kräfte, um inhaltliche Aufgaben in möglichst kurzer Zeit bewältigen zu können. Das Diktat des Curriculum erzeugt einen Leistungsdruck, der Schüler wie Lehrer daran hindert, die Bedeutung von kommunikativen Handlungen der Klassengruppe angemessen zu berücksichtigen. Im Anschluß an amerikanische Erfahrungen auf diesem Gebiet schlagen wir deshalb vor, diese Gruppenhandlungen selber gelegentlich zum Unterrichtsgegenstand zu erheben. Diesen selbstreflexiven, d. h. metakommunikativen, Gruppenprozeß nennen wir im Unterschied zum kommunikativen Unterrichtsprozeß, der den Gegenstand der Reflexion bildet, *kommunikatorischen Unterrichtsprozeß*, der die Qualitäten von kommunikativen Handlungen den Mitgliedern der Klassengruppe ins Bewußtsein zu heben vermag und damit den kommunikativen Bildungsprozeß in Richtung auf independente kommunikative Handlungen ausrichtet. Die kommunikativen Handlungen lassen sich somit als eine Folge pädagogisch bedeutsamer Handlungen beschreiben, denen als solchen schon eine bildende Funktion zukommt. Die kommunikatorischen (metakommunikativen) Reflexionsprozesse verstärken die kommunikativen Bildungsprozesse, damit das Gruppenbewußtsein und das Selbstbewußtsein eineinzelner kommunikativ handelnder Gruppenmitglieder in einer solchen Weise strukturiert wird, um die Bedeutung von emanzipatorischen Handlungen für die mobile kommunikative Wirklichkeit einsichtig werden zu lassen, die diese kommunikativ-soziale Realität im Blick auf mehr Freiheit zu verändern vermögen.

Kommunikative Gruppenhandlungen sollten zufolge der Logik dieser didaktischen Handlungstheorie weder auf eine höhere geistige „Innerlichkeit“ noch auf die bloße „Äußerlichkeit“ von Gruppenverhalten reduziert werden. Kommunikatives Handeln kann weder allein von der „inneren“ noch allein von seiner „äußeren“ Seite adäquat begriffen werden. Beide Lösungsmöglichkeiten bedeuten eine unzulässige Verkürzung des hier behandelten Problems.

Wohl kann man einerseits aktive „innere“ geistige Bewußtseins-Prozesse zum Teil am „äußeren“ Verhalten studieren und Bewußtseinsprozesse zum Epiphänomen von Verhalten erklären, wie es der modifizierte Behaviorismus tut. Damit wird jedoch schon das alte behavioristische S-R-Modell, das Verhalten allein als eine Funktion der Umweltreize aufzufassen bemüht ist, verlassen. Will man jedoch andererseits nicht in Kauf nehmen, daß Bewußtseinsprozesse auf Epiphänomene des Verhaltens reduziert werden, so wird man der Introspektion gewisse Zugeständnisse machen müssen, um dem Bewußtsein in größerem Umfang gerecht werden zu können.[107]

Wird der Unterrichtsprozeß als ein kommunikativer Handlungsprozeß interpretiert, so wird deutlich, daß die geistige Dimension von kommunikativen Handlungen nicht in ein bloßes Verhalten aufgelöst werden kann, das allein der Fremdbeobachtung zugänglich wäre. Da die Selbstbeobachtung von diesem didaktischen Handlungsmodell nicht ausgeschlossen, sondern ausdrücklich eingeschlossen und gefordert wird, überschreiten die kommunikativen Handlungen die bloße Verhaltensdimension. Die pädagogische Reflexion überwindet im Begriff der kommunikativen Handlung der edukativen Unterrichtspraxis den Dualismus von „innerer“ Geistigkeit und „äußerem“ Verhalten durch den Gedanken intentionaler und bewußter Handlungsvollzüge, die kommunikative Wirklichkeit aufbauen und auf Grund von kommunikatorischen Prozessen, d. h. metakommunikativen Handlungen (vgl. III, 1, c, und IV, 5) umgestalten und somit eine Basis für *künftiges* gesellschaftliches Handeln der Heranwachsenden abgeben. Solche kommunikative Ver-Handlung wird hier nicht um einer projektierten Zukunft willen inszeniert. Die Kommunikation hat ihr Ziel in sich selbst; sie wird nicht „mediatisiert“, wie es so oft in den Theorien der Didaktik geschieht, wenn sie auf die „Bildungsbedeutsamkeit“ der Gehalte zu sprechen kommen. Und doch ist der *Ver-Handlung* in *kommunikativen Inter-Aktionen* eine gewisse „Zukünftigkeit“ eigen. In der Ver-Handlung nämlich wird eine „Wirklichkeit“ erstellt, die insofern sich als maßgeblich für künftige Wirklichkeit erweist, als sich ihr die an der Ver-Handlung Beteiligten nicht ohne weiteres entziehen können.

IV. Emanzipatorische und kommunikative Didaktik

1. Wissenschaftstheoretische und kommunikationswissenschaftliche Perspektiven der Didaktik

a) Das horizontale und das vertikale Modell der Didaktik

Unter den von der erziehungswissenschaftlichen Forschung in den letzten Jahren erarbeiteten didaktischen Konzeptionen hat H. Blankertz über deren wechselseitige positionelle Polemik hinaus einen Dialog zu initiieren verstanden, in dem er die unterschiedlichen Ansätze dieser in eine horizontale Ordnung gebrachten didaktischen Modelle als eine Aspektverschiedenheit *zwischen* bildungstheoretischen und informationstheoretischen didaktischen Konzeptionen erklärt.[1] Der Gesichtspunkt der Aspektverschiedenheit läßt sich allerdings auch anders deuten, als es Blankertz tut. Wird dieser Terminus *wissenschaftstheoretisch* und nicht nur im Blick auf das jeweils unterschiedlich strukturierte Inhalts- und Methodenverhältnis der verschiedenen didaktischen Theorien interpretiert, so erscheinen die didaktischen Modelle plötzlich in einem neuen Licht, und es eröffnet sich eine neue Dimension didaktischer Forschung und Reflexion. Wissenschaftstheoretische Aspektverschiedenheit bedeutet nun, daß sich die unterschiedliche Struktur didaktischer Theorien zum Teil auf unterschiedliche wissenschaftstheoretische Voraussetzungen zurückführen läßt.

In diesem Zusammenhang ist die dialektische Wissenschaftstheorie von J. Habermas von besonderem Gewinn, weil sie verspricht, die relative Berechtigung wissenschaftlicher Aufgabenfelder von bestimmten wissenschaftstheoretischen Prämissen aus – den sog. erkenntnisleitenden Interessen – aufzuweisen. „Für drei Kategorien von Forschungsprozessen läßt sich ein spezifischer Zusammenhang von logisch-methodischen Regeln und erkenntnisleitenden Interessen nachweisen ... In den Ansatz der empirisch-analytischen Wissenschaft geht ein *technisches,* in den Ansatz der historisch-hermeneutischen Wissenschaften ein *praktisches* und in den Ansatz kritisch orientierter Wissenschaft" ... ein „emanzipatorisches *Erkenntnisinteresse* ein."[2] Hier wird aufgedeckt, daß das technische, das praktische und das emanzipatorische Interesse so wie die ihnen entsprechenden Wissenschaften nicht in einem horizontalen, sondern in einem spezifisch-vertikalen Verhältnis zueinander stehen. Damit kommt den empirisch-analytischen Wissenschaften eine Basisfunktion im Rahmen dieses Modells zu. Einerseits werden sie in einem dialektischen Reflexionsprozeß kritisch auf ihre gesellschaftlichen Voraussetzungen hinterfragt, und andererseits – das ist die „Kehrseite der Positivismuskritik“ – kommt man zu der „Einsicht, daß sich eine jede Theorie der Gesellschaft am Forschungsstand der empirischen Wissenschaften und vor dem Forum der zeitgenössischen Wissenschaftstheorie rechtfertigen muß.“[4]

W. Schulz hat unlängst programmatisch drei Aufgabenfelder der Didaktik unterschieden. Offensichtlich im Anschluß an die erkenntnisleitenden Interessen im Sinne von J. Habermas spricht er nun von der „effektuierenden“, der „praktischen“ bzw. der „kommunikativen“ und der „kritischen“ oder „emanzipatorischen“ Aufgabe der Didaktik.[5] Und H. Blankertz stellt fest, es komme *heute* darauf an, „ein Aufgabengefüge sichtbar zu machen, welches erlaubt, die verschiedenen Konzeptionen in ihrem Stellenwert zu analysieren. Damit wird eine Aspektverschiedenheit in dem Sinne (in einem *neuen* Sinne – der Verfasser) unterstellt, daß der mögliche Problemhorizont der Didaktik sich erst in der *Überlagerung* mehrerer, nämlich: bildungstheoretischer, lerntheoretischer und informationstheoretischer *Ansätze* eröffne.“[6] Aufschlußreich in unserem Zusammenhang ist, daß hier von einer *Überlagerung* verschiedener Ansätze gesprochen wird.

In jüngster Zeit wird in zunehmendem Maße programmatisch gefordert, an die Stelle einer horizontalen Nebenordnung didaktischer Modelle ein vertikal gegliedertes Schichtenmodell treten zu lassen, das die wissenschaftstheoretisch begründete Integration verschiedener didaktischer Theorien in *ein* didaktisches Beziehungsgefüge erlaubt.

b) Kommunikationswissenschaft und Didaktik

Bei dem Problemstand der eben skizzierten didaktischen Diskussion erweisen sich die Erkenntnisse der Kommunikationswissenschaft als äußerst nützlich. Als junge Wissenschaft weiß sie sich auf ihrem interdisziplinären Forschungsfeld einer Vielfalt von wissenschaftlichen Methoden verpflichtet. Gerade deshalb ist sie in besonderem Maße geeignet, dem Zusammenhang von verschiedenen Methodologien und erkenntnisleitenden Interessen gerecht zu werden. Aus diesen und anderen Gründen hat die Kommunikationswissenschaft in den vergangenen Jahrzehnten in zunehmendem Maße eine nicht zu unterschätzende Bedeutung für zahlreiche Wissenschaften gewonnen. Da auch Unterrichtsprozesse Kommunikationsprozesse besonderer Art sind, kann erwartet werden, daß die Ergebnisse der Kommunikationswissenschaft auch für die Didaktik relevant sind. Aufgabe der didaktischen Reflexion ist es nun, den Fragenkomplex zu prüfen, welche Kategorien der Kommunikationswissenschaft der kommunikativen Struktur des Unterrichts gerecht zu werden vermögen.

Werden Kommunikationsabläufe interpretiert und analysiert, so zeigt es sich, daß Kommunikationsprozesse zunächst Informationsprozesse sind, in denen ein Mitglied der Gruppe einem anderen etwas mitteilt. Aus dieser angeredeten Gruppe antwortet ein Gruppenmitglied durch eine anders geartete Mitteilung. Auf diese Weise werden Inhalte produziert und weitergegeben. Und in dieser Weitergabe sind miteinander kommunizierende Teilnehmer an Kommunikationsprozessen in spezifischer Weise präsent. Diese spezifische Präsenz der Kommunikationspartner in Kommunikationsabläufen verweist, wie noch zu zeigen sein wird, auf die *Beziehungsdimension menschlicher Kommunikation,* die mit der *Inhaltsdimension der Kommunikation* aufs engste verwoben ist. „Wenn man untersucht, *was* jede Mitteilung enthält, so erweist sich ihr Inhalt vor allem als Information. Dabei ist es gleichgültig, ob diese Information wahr oder falsch, gültig oder ungültig oder unentscheidbar ist. Gleichzeitig aber enthält jede Mitteilung einen weiteren Aspekt, der viel weniger augenfällig, doch ebenso wichtig ist – nämlich einen Hinweis darauf, wie ihr Sender sie vom Empfänger verstanden haben möchte. Sie definiert also, wie der Sender die Beziehung zwischen sich und dem Empfänger sieht, und ist in diesem Sinn eine persönliche Stellungnahme zum anderen. Wir finden somit in jeder Kommunikation einen *Inhalts-* und einen *Beziehungsaspekt.*“[7]

Der Beziehungsaspekt artikuliert also die Beziehung zwischen Gruppenmitgliedern. Im allgemeinen und im besonderen Falle der Deutung des Schulalltags wird man sagen können, daß die Artikulation der Beziehung zwischen Kommunikationspartnern nicht durch die unter dem Beziehungsaspekt vorgenommene Analyse und Interpretation von wenigen Sätzen erreicht werden kann, sondern daß hierzu die Analyse von längeren Kommunikationsprozessen notwendig sein wird. Der Beziehungsaspekt weist also darauf hin, daß ein *Bild der Beziehung* zwischen den verschiedenen Gruppenmitgliedern in die Kommunikation eingeht, mit denen kommuniziert wird. Diese Beziehungsartikulation kann nun von den Gruppenpartnern angenommen, modifiziert oder verworfen werden, was sich jeweils in den Antworten der am Kommunikationsprozeß beteiligten Partner ausdrückt. Kurzfristige und besonders langfristige Folgen von Kommunikationsprozessen in Gruppen bilden sich aus und verdichten sich zu einem kommunikativen Beziehungsgefüge, das wiederum die Ich-Identität und das Ich-Bewußtsein aufbaut und verändert.[8]

Diese kurzen Hinweise auf die Kommunikationswissenschaft müssen hier genügen, um von ihr Kategorien abzuleiten, in denen nun der Unterricht als Kommunikationsprozeß, vornehmlich unter dem Beziehungsaspekt, beschrieben werden soll.

2. Die Beziehungs- und die Inhaltsdimension der Didaktik

Unter dem Titel Didaktik werden in diesem Buch vor allem Probleme der Beziehungsdimension pädagogisch relevanter Kommunikation durchgesprochen. Das bedeutet nicht, daß die Inhaltsdimension von der kommunikativen Didaktik als weniger bedeutsam erachtet wird. Sie kann vielmehr nicht umhin, ausdrücklich die notwendige Zusammengehörigkeit des Inhalts- und des Beziehungsaspektes zu betonen.

Was berechtigt dann zur Bevorzugung der Beziehungsdimension im Gang dieser Darstellung?

a) Zunächst ist an das leicht aufweisbare Faktum zu erinnern, daß gerade dieser Aspekt in der Vergangenheit weithin vernachlässigt wurde. Hierzu hat einmal geführt, daß das Vorurteil, Schule habe es nur mit Unterricht und purer Wissensvermittlung zu tun, nicht auszurotten, sondern im Gegenteil genährt worden ist durch den Mißkredit, der heute die Erziehung belastet; zum anderen haben von diesem Vorurteil genährte Begriffsdisjunktionen das immer entschiedenere Auseinanderrücken des Inhalts- und des Beziehungsaspekts veranlaßt. So hat die Unterscheidung von Methodik und Didaktik, die Unterscheidung des Wie vom Was im Unterricht – selbst wenn man deren wechselseitige Bezogenheit betonte – die Meinung nahegelegt, daß man doch erst einmal wissen müsse, um *was* es im Unterricht zu gehen habe, wobei dann das Wie bei gleichzeitiger Rücksicht auf das Kind sich diesem Was schon anbequemen werde. Auch die gesonderte Thematisierung der Unterrichts- oder „Erziehungs"-stile hat die Bevorzugung des Inhaltsaspekts in der Didaktik gefördert, indem man diese – wohl unter dem Eindruck überholter neuzeitlicher Systematik, die zwischen Unterricht und Erziehung trennte – losgelöst von der Inhaltsproblematik und somit ohne wesentliche Rückwirkung auf sie aufgriff und erforschte. Das gegenwärtige Interesse an der Curriculumkonstruktion und die der Optimierung des Unterrichts als Vermittlungsprozeß dienenden Arbeiten der Lernforschung demonstrieren die Bevorzugung der Inhaltsdimension in der gegenwärtigen Didaktik aufs deutlichste.

b) Sodann ist festzustellen, daß nicht nur ein gewisser Nachholbedarf hier dem Beziehungsaspekt den Vorrang in der Erörterung einräumt, sondern daß es im Rahmen einer emanzipatorischen und kommunikativen Didaktik hierfür auch einen systematischen Grund gibt. Jene Trennung von Unterricht und Erziehung (wie schon Herbart) negierend und überholend, ist zu sagen, daß gerade die Beziehungsdimension des Unterrichts, der es selbstverständlich mit Inhalten – mit Lernsachen – zu tun hat, zugleich auch seine edukative Dimension ist. Kritische Erziehungswissenschaft verlangt unabweislich, gerade auch die edukativen Momente des Unterrichts zu betonen und sie nicht über dem Interesse an Effektuierung des *Vermittlungsprozesses* zu vergessen. Die Lernsachen selbst kommen als solche für diesen *edukativen* Effekt des Unterrichts nicht auf: Sie sollen ja weder „Stoffe" einer formalen Bildung noch Angelpunkte sogenannter Gesinnungsbildung sein. Die Lernsachen sind im Blick auf die edukative Energie des Unterrichts, sie sind *pädagogisch* nicht das Entscheidende, sondern die kommunikativen Interaktionen sind es, die sich in der Klassengruppe an den Inhalten entzünden. Im Blick auf die genannten Disjunktionen (vgl. a) ist zu sagen – was hernach genau zu entfalten ist –, daß diese kommunikativen Interaktionen der Klassengruppe weder mit der Methode, dem Wie der Vermittlung von Inhalten, noch mit den Erziehungsstilen, bei denen Inhalte keine Funktion haben und die allenfalls abstrakte „demokratische" Tugenden erzeugen, identisch sind. Dem heute fast ausschließlich auf die Lernsachen und deren Vermittlung gerichteten Interesse des Erziehungswissenschaftlers und des Lehrers ist von der kommunikativen Didaktik entgegenzuhalten, daß der edukative Effekt des Unterrichts nicht *in* den Inhalten zu suchen ist, sondern sich *an* ihnen, im kommunikativen Durchsprechen der Inhalte, herausstellt.

Erst einer emanzipatorischen und kommunikativen Didaktik ist es theoretisch wie praktisch möglich, den Inhalts- und den Beziehungsaspekt didaktischer Kommunikation wohl zu unterscheiden, ohne sie dabei voneinander zu trennen. Wenn auch der Beziehungsaspekt didaktischer Kommunikation Thema dieses Kapitels ist, wird es sich aus den geschilderten Gründen nicht vermeiden lassen, daß immer auch die Inhaltsdimension eine zu beachtende Rolle spielt.

3. Das technische Interesse der empirischen Unterrichtsforschung

Die emanzipatorische und kommunikative Didaktik gewinnt einen ersten Zugang zu der Erfahrungsgrundlage der edukativen Unterrichtspraxis durch empirische Forschungen. Dabei bildet der gesamte Bereich der empirischen Unterrichtsforschung[9] die unumgängliche Basis der emanzipatorischen Didaktik. Nun kann freilich an dieser Stelle nur ein relativ kleiner Ausschnitt der umfänglichen Unterrichtsforschung berücksichtigt werden, den man als empirische didaktische Interaktionsforschung bezeichnen könnte, über deren Forschungsstand in den anglo-amerikanischen Ländern, der hier nur zum Teil aufgenommen werden kann, J. Withall und W. W. Lewis umfassend berichten.[10] Aus dem Bereich der empirischen Interaktionsforschung beziehen wir uns also auf die anglo-amerikanische Tradition, die durch die einschlägigen Arbeiten von R. und A.-M. TAUSCH rezipiert und weiterentwikkelt worden ist und nicht nur im deutschen Sprachraum eine breite Resonanz gefunden hat, die jedoch von der Didaktik bisher weithin nicht hinreichend beachtet wurde.

R. und A.-M. TAUSCH haben u. a. zahlreiche Untersuchungen über Wahrscheinlichkeitszusammenhänge zwischen Interaktionen von Lehrern und Schülern durchgeführt, die für unsere Studie von Bedeutung sind. Dabei knüpfen sie an die einschlägigen Arbeiten von LEWIN, LIPPITT, WHITE und vielen anderen an und gehen von Umschreibungen der Merkmalsdimensionen autokratischer, sozialintegrativer und Laissez-Faire-Verhaltensformen aus. Zum Zweck von empirischen Analysen wird das empirisch aufweisbare Verhalten der Lehrer zu unabhängigen und das Verhalten Jugendlicher zu abhängigen Variablen erklärt. In diesem Kontext werden nun die Auswirkungen des Lehrerverhaltens auf das Schülerverhalten geprüft und untersucht. „Eine derartige Darstellung der Befunde erscheint in praktischer Hinsicht sinnvoll für diejenigen, welche sich für die Auswirkung ihres eigenen Verhaltens gegenüber Jugendlichen interessieren und es mit anderen Möglichkeiten des Verhaltens zu vergleichen suchen.“[11]
Insbesondere berichtete R. TAUSCH (1966) auf dem Braunschweiger Symposion über *„Autokratisch/dominante/autoritäre Verhaltensstile:*
In den Untersuchungen von LEWIN, LIPPITT, WHITE erwies sich dieser Verhaltensstil von Erwachsenen – charakterisiert u. a. durch größere Häufigkeit von Anordnungen, unterbrechende Befehle, nicht konstruktive persönliche Kritik, Dirigierung der Tätigkeiten der Kinder sowie durch häufiges persönliches Lob und Beifall – zusammenhängend mit folgenden Verhaltensmerkmalen von Jugendlichen: Verminderte Individualität und Spontaneität im Verhalten und Leistungen, größere Spannung und Dominanz der Kinder untereinander, seltenere gemeinsame Gruppenaktionen, u. U. gelegentlicher Gruppenzusammenschluß in Form der Rebellion gegen den Gruppenleiter ...

ANDERSON, BREWER und REED (1946) fanden dominantes Verhalten von Lehrerinnen des zweiten Schuljahres – charakterisiert u. a. durch Tadel, Verwarnungen, Kritik, scharfe Zurechtweisungen, häufige Aufforderungen und Befehle, seltene Gewährung von Entscheidungsmöglichkeiten, Fordern von Bitten zur Erlaubnis für einfache Tätigkeiten – zusammenhängend mit Widersetzlichkeit der Schüler gegenüber Befehlen und Bitten der Lehrerinnen; nach 5 Monaten Unterrichtszeit ergaben sich analoge Befunde zuzüglich verstärkter Dominanz der Schüler über andere Kinder und Verminderung des spontanen Verhaltens ... In einer neueren Untersuchung (TAUSCH u. TAUSCH 1966) wurden über 500 als einigermaßen repräsentativ anzusehende Sprachäußerungen von Lehrern und Erziehern nach 15 bipolaren und 2 monopolaren Merkmalsdimensionen von einer Zufallsstichprobe von Abiturienten eingeschätzt, jede Merkmalsdimension von jeweils 5 anderen Beurteilern zur Vermeidung eines eventuellen Halo-Effektes. Die Auswahl der Merkmalsdimensionen erfolgte insbesondere im Hinblick auf ihre Erfaßbarkeit bei transskribierten Äußerungen. Die Merkmale wurden miteinander korreliert und die Korrelationsmatrix faktorenanalysiert Es ergab sich dabei insbesondere ein Faktor, der 10 von 17 Merkmalen weitgehend erklärt; der positive Pol dieses Faktors wird durch folgende Cluster von Variabeln beschrieben: Verständnis-Freundlichkeit-Höflichkeit-Erfreutheit-Optimismus-Ruhe. Dieses Verhalten hat – *auf der Basis der Einschätzung neutraler Beurteiler* – folgende Wirkungen auf Jugendliche: *Verbesserung der Beziehungen Erzieher/Jugendlicher* – positive Erfahrungen Jugendlicher – annehmende Reaktion – Förderung seelischer Reife. Da diese aufgeführten Merkmale bipolar verwendet wurden, läßt sich der negative Pol des Faktors beschreiben durch: Verständnislosigkeit-Unfreundlichkeit-Unhöflichkeit-Verärgerung-Pessimismus-Erregung, ein Verhalten, auf das Jugendliche mit Verschlechterung der Beziehungen Erzieher/Jugendlicher – mit negativen Erfahrungen – mit ablehnenden Reaktionen und Hinderung seelischer Reife reagieren.“[12]

Unter der theoretischen Vorgabe, daß das Schülerverhalten als abhängige Variable des Lehrerverhaltens zu betrachten sei, kann R. Tausch im Zusammenhang mit dem nicht-autokratischen Verhaltensstil des Erziehers ein geändertes, aktiveres Schülerverhalten beobachten. „*Non-autokratische/sozialintegrative/demokratische Verhalensstile:* Lewin, Lippitt, White (1939) fanden Beziehungen zwischen einem Verhaltensstil von Erwachsenen, charakterisiert durch geringes Ausmaß von Befehlen, durch Beteiligung der Kinder an Verantwortung und Entscheidung von Tätigkeiten, häufige Anregung zur Selbsttätigkeit, geringe Initiative des Leiters in der Übernahme von Entscheidungen, intensive Bemühungen zur Stimulierung von Eigeninitiative, eigener Führung und Unabhängigkeit, häufigen Bemühungen des Leiters zur Einordnung als Mitglied in die Gruppe ohne besondere Beteiligung bei der Arbeit, Bereitschaft zu persönlichen Gesprächen u. a. m. mit folgenden Vorgängen bei Jugendlichen: Größere Vielfältigkeit und Spontaneität des Verhaltens, zufriedenere Arbeitsatmosphäre, geringeres Ausmaß an Spannung, geringeres Ausmaß an Unzufriedenheit mit dem Leiter, freundlichere, persönliche Zuwendung zum Leiter, Beziehungen zum Leiter mehr auf der Basis von Gleichheit bei geringerer Unterwürfigkeit, freie Bildung von Untergruppen, vermehrte gegenseitige Anerkennung, geringeres Dominanzstreben untereinander, Übernahme und Verantwortung für die Regelung von Arbeitsabschnitten einzelner Pflichten.“[13] „Das Verhalten von Erwachsenen kann *gleichsam* als eine relativ unabhängige Variable angesehen und seine Auswirkung auf das Verhalten von Jugendlichen dargestellt werden", so schreibt TAUSCH, „wobei die Annahme zugrunde liegt, daß die Interaktion Erwachsene/Jugendliche in den Grundzügen von den Erwachsenen bestimmt wird."[14]

Wenn auch die wissenschaftliche Leistung und die praktische Bedeutsamkeit der „Pionieruntersuchungen"[15] von TAUSCH allgemein anerkannt werden, so setzt sich dennoch P. B. BALTES kritisch mit dem Ansatz von TAUSCH auseinander. „So ist es in den meisten Untersuchungen zwar eine Möglichkeit, vielleicht aber nur eine Fiktion des Experimentators, daß die gefundenen Effekte Konsequenz der von ihm als unabhängige Variable definierten erzieherischen Verhaltensweisen sind." In diesem Zusammenhang verweist P. B. BALTES auf „andere Erklärungsmöglichkeiten" hin. Eine wichtige und andere wahrscheinliche Möglichkeit, die TAUSCH nicht beachtet, ist folgende. „Die Effekte sind Konsequenz des *Verhaltens der Kinder bzw. Jugendlicher*, d. h. aggressive Kinder z. B. ‚erziehen' Eltern zu aggressiven Eltern."[16] Es muß wohl damit gerechnet werden, daß Schüler in einem Unterricht, der den Forderungen von gruppendynamischen Prozessen gerecht zu werden vermag, ihren Lehrern zu Interaktionspartnern werden, die das Verhalten ihrer Lehrer mit bedingen.[17]

R. und A.-M. TAUSCH machen in ihrem Buch „Erziehungspsychologie"[18] auf die „Abgrenzung der Erziehungspsychologie von der Pädagogik, der Lehre von der Erziehung", aufmerksam. In dieser wissenschaftstheoretischen Reflexion gehen sie davon aus, „daß sich die Pädagogik wesentlich mit der Klärung und Festlegung von Zielen befaßt, zu denen hin Menschen erzogen werden sollen."[19]

„Eine Entscheidung, welche Verhaltensweisen von Lehrern und welche Vorgänge bei Schülern im Unterricht in den verschiedenen Stadien realisiert werden sollen, fällt in den Bereich der Pädagogik. Die Psychologie bemüht sich um die Erforschung und Darstellung der im Unterrichtsgeschehen gegebenen psychologischen Vorgänge und ihrer Zusammenhänge."[20] R. und A.-M. TAUSCH untersuchen also lediglich den Fragenkomplex, welche Auswirkungen autokratisches bzw. sozialintegratives Lehrerverhalten auf das Schülerverhalten haben.

Eine Entscheidung darüber, welches Lehrerverhalten in der heutigen Zeit als wünschenswert zu betrachten ist, fällt demnach nicht in den Aufgabenbereich der empirischen Psychologie, sondern der Pädagogik. Es ist aber an den empirischen Analysen von TAUSCH bemerkenswert, daß die negativen Auswirkungen von autokratischen Interaktionsformen eine Entscheidung zugunsten der sozialintegrativen Beziehungsformen zumindest nahelegen.

Fassen wir die Resultate der Forschungsarbeiten von TAUSCH u.

Tausch global zusammen, so kommen sie zu dem Ergebnis, daß der autokratische Erziehungsstil bzw. die entsprechende autokratische Interaktionsform autokratische und der sozial-integrative Erziehungsstil sozial-integrative bzw. demokratische Verhaltensformen des Schülers bewirken. Diese empirische Wirkungsforschung analysiert also die funktionale Abhängigkeit des Schülerverhaltens vom Lehrerverhalten. Der methodologische Rahmen der empirisch-analytischen Wissenschaftstheorie, der hier vorausgesetzt wird, hat zur Folge, daß dieser Funktionszusammenhang als ein *möglichst reines Objekt der Forschung* betrachtet wird. Beide jedoch – die forschenden Menschen und der im Forschungsprozeß zu ermittelnde Funktionszusammenhang – gehören demselben praktischen Totalzusammenhang der Gesellschaft an, haben in ihm ihren Ursprung und ihr Ziel, indem sie in ihren Ergebnissen eben die Praxis dieses Zusammenhanges voraussetzten und sicherstellen.

Dieses Problem wird von der empirisch-kritischen Wissenschaftstheorie durchaus gesehen und durch eine saubere Trennung zwischen den menschlichen und den Forschungsaufgaben derselben Person zu lösen versucht. Als Mensch bleibt auch der Forscher den gesellschaftlichen Zusammenhängen verbunden. Als Forscher jedoch ist er diesem Zusammenhang gesellschaftlicher Praxis enthoben. Gerade diese Trennung ist aber problematisch. Der Zusammenhang von Theorie und Praxis fordert auch die Rücksicht des Menschen auf den Forscher und umgekehrt! Die Trennung des Forschers vom Menschen dagegen läßt den einen vom anderen ungeschoren – jeder hat sein eigenes Gewissen, was recht beruhigend sein mag. Zur Rechtfertigung dieser Trennung werden Wertungen, die die Forschungsprozesse leiten – wie das Votum für die Rationalität der Forschung z. B. – in den vorwissenschaftlichen Raum der „Basisentscheidungen" abgeschoben. Die noch verbleibenden Restbestände an subjektiver gesellschaftlich vermittelter Meinung, die den Blick jener „neutralen Beurteiler", von denen Tausch spricht, trüben könnten, werden durch das Postulat der Intersubjektivität der Beobachtung mehrerer Beurteiler und anderer forschungsimmanenter Maßnahmen getilgt. Auf diese Weise gelangt die empirische Forschung zu wertneutralen oder besser wertfreien Satzzusammenhängen, die an empirisch erhebbaren Daten überprüft bzw. falsifiziert werden können. An dieser Stelle wird die Unumgänglichkeit und die Unerläßlichkeit der empirischen Forschung sichtbar, die mit Recht den Anspruch erhebt, alle Teilaspekte von Theorien, die empirisch überprüfbar sind und die der empirischen Forschung zugänglich sind, soweit operational zu definieren, daß sie der Möglichkeit der Falsifikation ausgesetzt werden können. Unter dem Einfluß des Wiener-Kreises versucht der behavioristische Neopositivismus nun die wissenschaftliche

Bedeutung von Bergriffen und Sätzen durch operationale Definitionen, d. h. durch Operationen, die der Beobachtung, Beschreibung und Messung von Verhalten dienen, zu präzisieren. Verhaltensmerkmale müssen intersubjektiv und intersensuell beobachtbar sein und als Forschungsgegenstände betrachtet werden können.

Von dem Hintergrund einer emanzipatorischen bzw. kritischen Theorie aus wird man darauf hinweisen müssen, daß z. B. Funktionszusammenhänge von Interaktionsformen, die u. a. von TAUSCH erforscht wurden, nicht als empirische Ergebnisse einer „reinen" Theorie aufgefaßt werden können, weil Erkenntnis- und Forschungsprozesse interessegeleitete Forschungsprozesse sind, deren Interesse vom vorausgesetzten methodologischen Rahmen abhängt. „Da bei diesen Wissenschaften der Erkennende dem Erkenntniszusammenhang selber mit angehört, kann er seinem Gegenstand (der zugleich seine Voraussetzung ist) nicht mit derselben Neutralität gegenübertreten wie der Naturwissenschaftler seinem Forschungsobjekt; er sieht sich vielmehr durch ein erkenntnisleitendes Interesse an ihn zurückgebunden, dem er nur deshalb nicht (oder nur im eingeschränkten Sinn einer technischen Anwendung seines Wissens) Rechnung trägt, weil ihm sein objektivistisches Vorurteil dieses Interesse verschleiert. In diesem ‚objektivistischen Verblendungszusammenhang' aber – das etwa ist das Resultat der ersten kritischen Überlegung – gründet die ideologische Befangenheit (und Grenze) der empirisch-rationalen Funktionswissenschaft überhaupt und damit auch der empirisch-rationalen Erziehungswissenschaft im besonderen."[21]

R. TAUSCH und A.-M. TAUSCH erforschen die objektivistisch verstandene funktionale Abhängigkeit des Schülerverhaltens vom Lehrerverhalten, damit möglichst effiziente und erfolgreiche Mittel und Wege für das Ziel der Verhaltensänderung des Schülers bereitstehen. *Die Verbesserungsbedürftigkeit der Erziehungs- und Unterrichtspraxis* wird durchaus erkannt, Verbesserung und Veränderung jedoch auf ein *technisches Interesse* der möglichst vollständigen Beherrschung der Wege und Mittel dieses Funktionszusammenhanges reduziert.

Auch die über TAUSCH hinausgehende empirische Gruppenforschung im Rahmen der Kommunikationswissenschaft bleibt dem einschränkenden technischen Interesse an der Perfektionierung von wünschenswerten Beeinflussungsprozessen verhaftet, wenn sie die edukative Funktion von intrakommunikativen Gruppenprozessen weithin auf das behavioristische Modell eines „interpersonal network" erweitert.

So notwendig diese Eingrenzung der Erziehungspraxis auf beobachtbares und meßbares Verhalten auch sein mag, um zu empirischen Ergebnissen zu kommen, so impliziert dies zugleich eine Reduktion der vorausgesetzten Erziehungspraxis und damit auch des Erziehungsverständnisses auf die bloße Einwirkung des Erziehers auf das Verhalten des Edukandus.

Im Blick auf die Arbeiten von TAUSCH und TAUSCH ist jedoch bemerkenswert, daß sie nicht einem engen, sondern einem sehr extensiv ausgelegten Empiriebegriff verpflichtet bleiben, da eine ganze Reihe von Begriffen verwendet wird – erinnert sei z. B. an die Begriffe „Verständnis" und „seelische Reife" –, die sich erstens nicht ohne weiteres operational definieren lassen und die sich zweitens nicht vollständig und ohne Rest auf Momente des Verhaltens zurückführen lassen, sondern den weiteren Begriff der interaktiven Handlungen fordern, den TAUSCH und TAUSCH selbst gelegentlich verwenden. Hier wird deutlich, daß die empirischen Arbeiten von TAUSCH und TAUSCH selbst über sich hinausweisen und Interpretationen erforderlich machen, welche die Dimension des reinen beobachtbaren Verhaltens überschreiten und auf die Handlungsdimension hinweisen, der wir uns im folgenden Abschnitt zuwenden.[22]

4. Das praktische Interesse der kommunikativen Handlungstheorie

Die unterschiedlichen Interaktionsformen, die TAUSCH gegeneinander abzugrenzen sucht, bilden als Ganzes gesehen eine Typologie von Interaktionsformen, die jeweils konkrete Kommunikationsprozesse edukativer Art voraussetzen. Solche z. B. unterrichtlichen Kommunikationsprozesse vollziehen sich Tag für Tag an jenem Ort institutionalisierter edukativ-gesellschaftlicher Praxis, den man gemeinhin mit dem Ausdruck Schule zu bezeichnen pflegt. Die Frage bleibt jedoch bestehen, ob es dem reduktionistischen Erziehungsverständnis von TAUSCH wirklich gelingt, dem emanzipatorischen Anspruch von konkreten edukativen Interaktionen gerecht zu werden. Die von TAUSCH sog. sozialintegrative Interaktionsform intendiert zweifellos Emanzipation im Rahmen eines einseitigen Wirkungszusammenhanges oder eines Kausalverhältnisses. Der wissenschaftstheoretische technologische Rahmen, den TAUSCH voraussetzt, ist aber Resultat des technischen erkenntnisleitenden Interesses, das diesen wissenschaftstheoretischen Rahmen hervorbringt. Dieser wiederum hat eine Technologie von Erziehung und Unterricht zur Folge, wobei der Lehrer als Subjekt eines Beeinflussungsprozesses in einem linearen Modell sozial-integrativ auf den Schüler als Objekt einwirkt, dem freilich ein möglichst großer Freiheitsspielraum gestattet wird.[23]

a) Symmetrische und komplementäre Interaktionen

Um nun dieses edukative Modell einseitiger Beeinflussungsmechanismen zu überwinden, übernehmen wir zwei wesentliche Begriffe der Kommunikationswissenschaft im Sinne von P. WATZLAWICK, J. H. BEAVIN und D. D. JACKSON, die menschliche Beziehungsformen in komplementäre und symmetrische Interaktionsformen einteilen. Schon im Jahre 1935 unterrichtete G. BATESON über komplementäre und symmetrische Beziehungsphänomene[24]. Diese Terminologie wurde von P. WATZLAWICK, J. H. BEAVIN, D. D. JACKSON u. a. aufgegriffen und für die Kommunikationswissenschaft fruchtbar gemacht. Stehen zwei oder mehrere Menschen in einer kommunikativen Beziehung miteinander, so wird sich mit der Zeit entweder die eine oder die andere Form kommunikativen Handelns einspielen oder festsetzen. „Symmetrische Beziehungen zeichnen sich ... durch Streben nach Gleichheit und Verminderung von Unterschieden zwischen den Partnern aus, während komplementäre Interaktionen auf sich gegenseitig ergänzenden Unterschiedlichkeiten basieren."[25]

Nun haben die genannten Autoren vielfältige Probleme der Psychiatrie im Rahmen der Kommunikationswissenschaft unter den Gesichtspunkten des Komplementären und des Symmetrischen untersucht. Im Rahmen der Forschungen dieser Kommunikationswissenschaftler kam es entscheidend darauf an, möglichst reine komplementäre Interaktionsformen mit möglichst reinen symmetrischen Beziehungsformen zu konfrontieren. Wir hingegen wollen versuchen, die Begriffe des Komplementären und des Symmetrischen für die Didaktik fruchtbar werden zu lassen. Zu diesem Zweck sollen diese Begriffe auf das spezifische Untersuchungsfeld der kommunikativen und emanzipatorischen Didaktik bezogen werden.

Dabei hat es sich gezeigt, daß die Kategorie der Klassengruppe geeignet ist, das kommunikative Handlungsfeld aller am Unterricht Beteiligten angemessen zu bezeichnen. Der Begriff der Klassengruppe gewinnt dadurch seine spezifische Bedeutung, daß Lehrer und Schüler sich auf einer gemeinsamen breiten Basis der Gleichheit um das gruppieren was im Unterricht ver-handelt wird. Sie gruppieren sich um die kommunikativen Inhalte, die in Form von Information in den unterrichtlichen Kommunikationsprozeß eingehen und eine sachgerechte Kommunikation erforderlich machen. Im Blick auf die Sachgerechtigkeit der zu ver-handelnden Inhalte sind Lehrer und Schüler gleich, d. h. sie unterstehen gemeinsam den Regeln der zu bearbeitenden Aufgabenfelder. Voraussetzung und Basis des kommunikativen Handlungsfeldes ist der gesellschaftlich vermittelte und gesellschaftsrelevante Weltbezug, der über die Inhalte der Unterrichtsfächer ins Blickfeld rückt, die in Form von Information in den Kommunikationsprozeß eingehen und jeweils auf ihre gesellschaftlichen Bedingungen kritisch hinterfragt werden.

b) Das kommunikative Handlungsfeld

In dem kommunikativen Handlungsfeld kommt dem Lehrer als dem Gruppenleiter zwar eine spezifische unaufgebbare Funktion und Position zu. Der Gruppenleiter ist dabei aber ein Gruppenmitglied, das durch eine *Koordinationsfunktion* ausgezeichnet ist, die ihn von allen anderen Gruppenmitgliedern unterscheidet.

Der Lehrer wird vom praxisbezogenen emanzipatorischen Anspruch, der auf eine möglichst herrschaftsfreie edukative Kommunikation gerichtet ist, der Klassengruppe ein emanzipatorisches Verständnis der jeweiligen edukativen Praxis ermöglichen, das allem entgegentritt, das die „Gruppe" aufhebt – den eigenwilligen Ausbrüchen der Schüler ebenso wie den eigenen personalistischen Autoritatismen des Lehrers.

Auf der Grundlage dieser Zusammenhänge ist es an der Zeit, das Erziehungsverständnis der Didaktik neu zu formulieren. Im Gefolge einer langsam voranschreitenden Demokratisierung aller Bereiche unserer Gesellschaft bildet sich ein neues Verständnis von Erziehung und Bildung heraus, das durch die Begriffe Emanzipation und Kommunikation umschrieben werden kann. Dem traditionellen Erziehungsbegriff wird vorgeworfen, daß er menschliche Freiheit unnötigerweise beschränke und den Schüler durch Unterrichtsprozesse der Verfügungsgewalt und dem Herrschaftswillen der Lehrer unterwerfe. Damit werde Mündigkeit verhindert und die Heranwachsenden zu Unmündigkeit und Untertanengeist erzogen, die die Verbesserung der gesellschaftlichen Verhältnisse unmöglich machen. Mit der kritischen Reflexion dieser Vorwürfe werden wir uns an anderer Stelle noch auseinandersetzen müssen. Soviel soll jedoch schon hier festgehalten werden, daß diese Argumentation sich allzuleicht in der Negation gegenwärtiger unterrichtlicher Verhältnisse erschöpft und nicht ohne weiteres zu positiven Aussagen durchdringt. Die kommunikative Didaktik versucht ein neues Erziehungs- und Bildungsverständnis zu artikulieren, das nicht Freiheit mit Bindungslosigkeit verwechselt und das der gesellschaftlichen Demokratisierungs- und Emanzipationsbewegung gerecht zu werden versucht.

Ein Erziehungskonzept, das von einem Gegenüber zwischen Lehrer und Schüler ausgeht, in dem der Lehrer in einem einseitigen Beeinflussungsprozeß den gleichsam bildsamen Willen des Zöglings auf dem Wege der Bildungsmanipulation so zu formieren sucht, daß eine bestimmte, als wünschenswert angesehene Gesinnung das Resultat ist – man denke nur an das Erziehungskonzept des Dritten Reiches – widerspricht den elementaren Grundsätzen der Demokratie. Es muß also ein Erziehungsverständnis gesucht werden, das dem Lehrer die pädagogisch nötige Zurückhaltung nahelegt und dem Heranwachsenden den nötigen Freiheitsspielraum gewährt, in dem sich seine Selbstverwirklichung nach den Maßstäben einer sich demokratisch verstehenden Gesellschaft vollziehen kann (vgl. hierzu II, 3 und III, 3). Eine solche Konzeption wird man weder auf die anthropologisch-pädagogische Annahme der Plastizität oder Formbarkeit des Willens noch auf den unterstellten Herrschaftswillen des erziehenden Lehrers gründen können. Ein solcher personalistischer oder monadischer Ansatz, der zunächst Wesensaussagen über den Menschen macht, um von dort aus zu Aussagen über zwischenmenschliche Beziehungen zu gelangen, wird von der kommunikativen Didaktik abgewiesen, deren primum datum das *mobile veränderbare kommunikative Interaktionsgefüge* darstellt, von dem aus Aussagen über die Kommunikationspartner möglich werden. Dabei „verschiebt sich der Blickpunkt von der künstlich isolierten Monade auf die *Beziehung* zwischen den Einzelelementen größerer Systeme (z. B. Gruppen)." „*Das Medium dieser Manifestationen* (menschlicher Beziehungen – der Verfasser) *ist die menschliche Kommunikation.*"[26] Ebenso wie in der Pädagogik hat sich auch die Kommunikationswissenschaft im Sinne von P. Watzlawick, J. H. Beavin, D. D. Jackson u. a. von der monadischen Auffassung des Menschen abgewandt und erforscht menschliches Handeln im Medium von kommunikativen Kontexten. Nach dieser Auffassung sind wir nicht primär isolierte einzelne, die dann sekundär in eine kommunikative Beziehung treten. „Wir sind wie eingesponnen in Kommunikation – selbst unser Ichbewußtsein hängt . . . von Kommunikation ab."[27]

Primär zeigt sich dem Kommunikationswissenschaftler ein kommunikatives Handlungsfeld, in dem dann sekundär Kommunikatoren bzw. Kommunikanten auszumachen sind. Nicht monadische Aussagen über das „Wesen" des Menschen definieren den Charakter der Kommunikation, sondern das kommunikative mobile Interaktionsgefüge definiert die an kommunikativen Handlungsprozessen Beteiligten. Diese kommunikationswissenschaftliche Konzeption wird von der kommunikativen Didaktik mit Zustimmung aufgegriffen, weil sie ähnlichen Überlegungen auf dem Gebiet der Pädagogik entspricht. Freilich ist die kommunikative Beziehung nichts Vorgegebenes und keine statische Größe, sie wird vielmehr aufgebaut im Rahmen der kommunikativen dynamischen Aktivität von Kommunikationsprozessen, in dem sich die Ich-Identität oder weitergefaßt das Ichbewußtsein, welches das Bewußtsein von Welt einschließt, der einzelnen Kommunikationspartner bildet. Das Ichbewußtsein ist deshalb im Rahmen von unterrichtlichen Kommunikationsprozessen einem ständigen Veränderungsprozeß unterworfen, so daß man sagen kann, das Ichbewußtsein ist nichts anderes als durchlaufene Kommunikation. Der Fortgang der Kommunikation sichert also die „Bildung" und Identität des Ich.

Einige praktische Erfahrungen, die die Entwicklung dieser didaktischen Theorie begleitet haben, können diesen didaktischen Ansatz gewiß nicht begründen, wohl aber illustrieren. Eine solche kommunikative Didaktik kann nicht allein in einsamer Schreibtischarbeit entstehen. Ihre Hypothesen werden laufend mit der konkreten Unterrichtswirklichkeit und ihrer kommunikativen Ver-Handlung konfrontiert, wie es etwa durch Fernsehaufnahmen der Unterrichtsmitschau möglich ist.[28] Der Forschungsgegenstand Unterrichtswirklichkeit, der zugleich als „Ermöglichungsgrund" der didaktischen Theorie aufgefaßt wird und der sich der visuellen, auditiven und reflexiven Analyse und Interpretation dieser Bild- und Tondokumente darbietet, läßt sich u. E. durch die Bezeichnung *kommunikatives Interaktionsgefüge* optimal charakterisieren. Was hier sichtbar und hörbar wird, sind nicht von einander isolierte einzelne, die dann gelegentlich in Beziehung zu einander treten, sondern es handelt sich hier um einen Gesamtkontext von aufeinander abgestimmten kommunikativen Handlungsabläufen.

c) Quantitative und qualitative kommunikative Handlungen

Wir gehen auf dieser Dimension der Reflexion von den komplementären und symmetrischen Interaktionsformen aus, die sich auf Grund der Prinzipien der Gleichheit und Ungleichheit unterscheiden. Unter *komplementären unterrichtlichen Interaktionsformen* verstehen wir solche Handlungsformen, durch die ein Mitglied oder eine Subgruppe der Klassengruppe durch autoritäre Forderungen den Freiheitsspielraum der übrigen Mitglieder der Klassengruppe auf eine solche Weise begrenzt, daß ihr Freiheitsspielraum ungleich größer ist als der der übrigen Mitglieder der Klassengruppe. *Symmetrische Interaktionsformen* sind dagegen solche, in denen allen Mitgliedern der Klassengruppe gemäß ihrer Einsicht in die Struktur des Symmetrischen ein gleichgroßer Freiheitsspielraum zusteht. Dieser erste Definitionsversuch grenzt die komplementären und symmetrischen Interaktionsformen durch eine *quantitative Differenz* voneinander ab. Ein zweiter Definitionsversuch lenkt die Aufmerksamkeit auf einen *qualitativen Unterschied*. Die Art und Weise, wie am Kommunikationsprozeß Beteiligte miteinander umgehen, drückt unter anderem aus, ob sie sich als „gleichberechtigt" oder als „ungleichberechtigt" betrachten, und so erinnert z. B. Th. Litt an M. Buber und weist auf Erziehungsverhältnisse in der Form von symmetrischen Interaktionen hin, wenn er schreibt: „Die Beziehung des Ich zu dem Du" ist „die Beziehung zweier Wesen, die einander in grundsätzlicher Gleichberechtigung gegenüberstehen und von denen keines es verträgt, von der Gegenseite als ‚Objekt' der ... zweckgeleiteten Bearbeitung unterworfen zu werden."[29] *Qualitative symmetrische Interaktionsformen* erkennen an, daß alle Kommunikationspartner – und nur hier ist der Ausdruck Kommunikations*partner* in vollem Sinne angebracht – „gleichberechtigt" sind und ihnen die gleiche „Würde" zusteht.

Das quantitativ und qualitativ bestimmte symmetrische Interaktionsgefüge erweist sich als nähere Bestimmung eines möglichst herrschaftsfreien edukativen Interaktionsgefüges, dessen *Anspruch* und *freilich begrenzte Möglichkeit* schon auf diesen beiden ersten Dimensionen der didaktischen Reflexion aufgezeigt wurden, dessen *Verwirklichung* jedoch erst auf der dritten Dimension der Didaktik im vollen Sinne sichtbar wird. Auf diese Weise wird auch deutlich, daß das symmetrische Interaktionsgefüge – zunächst als eine regulative didaktische Idee – den Bereich des Komplementären begrenzt und definiert und nicht umgekehrt. Das Symmetrische ist es also, das zunächst *im Gedankenkreis des Lehrers* und später *im Selbstverständnis der Praxis der Klassengruppe* klar und deutlich präsent und gegenwärtig sein wird.

Im Rahmen der traditionellen Diskussion um die Führungsstile im Sinne von K. Lewin bis zu R. Tausch sind die Erziehungsstile Führungsstile des Lehrers, die die Art und Weise seiner Beziehung zu den Schülern in typologischer Weise umschreiben. Die kommunikative Didaktik wendet sich von dieser einseitig lehrerorientierten Betrachtungsweise ab und geht statt dessen vom Interaktionsgefüge der Klassengruppe aus. Insofern bestimmen die komplementären und symmetrischen Handlungsformen nicht nur das Verhältnis zwischen Lehrer und Schüler, sondern ebenso die Beziehungen der Schüler untereinander. Um diesen Gedanken angemessen berücksichtigen zu können, verwenden wir die Bezeichnung Erziehungsstil nicht, weil dieser Begriff traditionell besagt, daß Lehrer auf bestimmte Weise Schüler bilden und erziehen. Dabei wird leicht übersehen, daß Schüler und Klassengruppenleiter gemeinsam am Interaktionsprozeß beteiligt sind. Wir ziehen deshalb die Bezeichnung Interaktionsform vor.[30] Die Definition der quantitativen Interaktionsformen ist zunächst wertfrei, impliziert also unmittelbar keine Wertung und weist insofern nicht darauf hin, welchen Interaktionsformen der Vorzug gegeben werden sollte. Eine kommunikative Didaktik, die sich dem emanzipatorischen Bildungsbegriff verpflichtet weiß, wird allerdings nicht bei der Darstellung eines wertfreien Beschreibungsmodells verharren dürfen. Sie wird vielmehr den kommunikativen Handlungsprozeß nicht nur als wertfreien, sondern als einen emanzipatorischen Prozeß auffassen, für den die fortschreitende und gelegentlich verhinderte Emanzipation als ein dynamischer Interaktionsprozeß sich in einem positiv zu wertenden Sinne als verbindlich erweist.

Um den emanzipatorischen Anspruch von Interaktionsprozessen deutlich herauszuarbeiten, wird es sich als sinnvoll erweisen, zwischen *progressiven und regressiven komplementären Interaktionsprozessen* zu unterscheiden. Es wird wohl kaum bestritten werden, daß sich an den deutschen Schulen langfristig solche progressiven komplementären Interaktionsprozesse nachweisen lassen. Man wird von einer progressiven komplementären Eskalation sprechen, wenn der Freiheitsspielraum von einigen oder allen Schülermitgliedern der Klassengruppe progressiv bis zu einer gewissen Grenze immer mehr eingeengt wird. Denkbar und zuweilen nachweisbar ist auch der Fall, daß in progressiven komplementären Interaktionen der Freiheitsspielraum des Lehrers durch autoritäre Forderungen der Schülergruppen, die durchgesetzt werden, eingeschränkt wird.

In regressiven komplementären Interaktionsprozessen erweitert der Gruppenleiter den Freiheitsspielraum der Schülermitglieder der Klassengruppe. Diese Erweiterung kann bis zu einer Grenze voranschreiten, in der die komplementären Interaktionen sich in symmetrische verwandeln. Dieser Gedanke macht deutlich, daß die symmetrische Interaktionsform eigentlich ein *Spezialfall* der komplementären Interaktion darstellt. In symmetrischen Handlungsformen ergänzen sich die Freiheitsräume der Kommunikationspartner *spiegelbildlich*. Verwandeln sich komplementäre Interaktionen in Richtung auf symmetrische, so ist der Fall denkbar, daß der zuvor ungleich kleinere Freiheitsspielraum des einen Kommunikationsmitglieds sich in einem solchen Maße erweitert, daß das Gleichheitsmaß überschritten wird, und dann entsteht wiederum eine komplementäre Interaktionsform mit umgekehrtem Vorzeichen.

Progressive komplementäre Interaktionen lassen sich also von regressiven komplementären kommunikativen Handlungen, die in symmetrische Interaktionen einmünden, unterscheiden, wobei jene progressiv komplementäre Interaktionsform, insofern sie langfristig durchgehalten wird, Emanzipation verhindert. Die regressiv komplementäre Interaktionsform erweist sich als eine vorläufige Umschreibung des emanzipatorischen Interaktionsprozesses, in dem unnötige Herrschaftsstrukturen, Zwänge und Eingrenzungen sukzessiv abgebaut werden.

Der möglichst emanzipatorisch-symmetrische Fortgang des Kommunikationsprozesses fordert geradezu, daß jeder Kommunikationsteilnehmer *gleich wichtig* ist, d. h. daß allen am Interaktionsprozeß Beteiligten die grundsätzlich gleiche „Würde", „Achtung" und „Gleichberechtigung" zukommen. Es handelt sich hier jedoch nicht um metaphysische „Wesensbegründungen", sondern das von diesen traditionellen Begriffen Gemeinte wird vom Kommunikationsprozeß eingeführt und bestimmt, der eine *„generelle Ansprechbarkeit" (Bildsamkeit)* aller am kommunikativen Handlungsprozeß Beteiligten voraussetzt.[31]

„Die Würde des Menschen ist unantastbar", so lautet der erste Satz des Grundgesetzes. Dieses Grundrecht der Unantastbarkeit der Menschenwürde ist die Basis aller anderen Grundrechte. Jeder Lehrer weiß, daß es nicht leicht ist, diese Forderung in die Tat umzusetzen. Die vielerlei Belastungen, denen der Lehrer ausgesetzt ist, erschweren seine Aufgabe in dieser Hinsicht in beträchtlicher Weise. Für die kommunikative Didaktik ist nun die Frage interessant, in welchem Ausmaß in den konkreten kommunikativen Prozessen dieser Forderung entsprochen wird. Dabei stellt sich heraus, wenn wir uns hier auf die empirischen Untersuchungen von Tausch und Tausch stützen dürfen, daß ein sehr hoher Prozentsatz von kommunikativen Handlungen von Schülern und Lehrern diesem Grundsatz nicht entspricht. Tausch und Tausch haben eine Anzahl von empirischen Untersuchungen durchgeführt, die deutlich zeigen, daß es vor allem Lehrern häufig nicht gelingt, diesem Grundsatz entsprechend zu handeln.[32]

Nun lassen sich solche Interaktionen von Lehrern nach dem jeweils verschiedenen Ausmaß, in dem dieser Forderung Genüge getan wird, ordnen. Positiv formuliert bedeutet dies, daß sich das Ausmaß der Realisierung dieses Anspruchs, oder negativ gewendet, daß das Ausmaß, in dem diese Forderung in der konkreten Gestalt von kommunikativen Prozessen eingeschränkt wird, bestimmen läßt. Man wird also kommunikative Handlungen nach dem Grad an *Komplementarität* unterscheiden können. Damit das Ausmaß an Beschränkung mit der Zeit abnimmt, also *regressiv* verläuft, empfiehlt es sich zu überprüfen, ob und in welchem Maße solche Interaktionen „reversibel"[33] sind, d. h. ob dieselben komplementären Lehrerformulierungen, die Lehrer Schülern gegenüber verwenden, auch von Schülern Lehrern gegenüber verwendet werden könnten, ohne gegen Höflichkeit und Respektierung des Lehrers zu verstoßen. Diese Nachprüfung würde der selbstkritische Lehrer in der Regel wohl nur selbst in einem Gedankenexperiment vornehmen können.

Eine solche „Metakommunikation" des Lehrers wird in vielen Fällen zum Ergebnis haben – wenn er sich nicht täuscht –, daß eine ganze Reihe von Kommunikationseinheiten des Lehrers irreversibel sind. Schüler, die lernen sollen, daß allen Menschen die gleiche „Achtung" zukommt, erfahren zuweilen in Kommunikationsprozessen zwischen Lehrern und Schülern, daß Lehrer ihnen nicht die gleiche „Achtung" entgegenbringen, die von ihnen im Blick auf den Lehrer erwartet wird.

J. MUTH hat darauf hingewiesen, daß der „pädagogische Takt“ eine besondere „Form erzieherischen Handelns“ darstellt, als dessen wesentliche Momente sich „Zurückhaltung“ und „Feingefühl“ bestimmen lassen. „Jenes *Feingefühl,* das den Taktvollen auszeichnet, ist ein Gefühl für das Du, für den Mitmenschen, für die Eigenart und das Eigenrecht des anderen Menschen, ist ein Respekt vor der letzten Unnahbarkeit des anderen.“ – „Und die *Zurückhaltung* ... ist ... von Übereinstimmung umgriffen, denn der Taktvolle hält sich um des andern willen zurück. Immer zeigt sich Zurückhaltung im taktvollen Handeln im *Nicht-Einwirken* (Hervorhebung vom Verfasser); sie ist daher eher ein Unterlassen als ein Tun, was freilich auch nicht ohne Feingefühl möglich ist.“[34] Hier wird also klar ausgesprochen, daß die Achtung und Respektierung von allen am unterrichtlichen Kommunikationsprozeß Beteiligten nicht ohne den notwendigen pädagogischen Takt möglich sind. Freilich wird damit nicht eine abstrakte Forderung aufgestellt sondern es kommt entscheidend darauf an, daß der Anspruch des pädagogischen Takts auch in den konkreten Kommunikationsprozessen deutlich und so der komplementäre Interaktionsprozeß regressiv abgebaut wird. Derart kann die fortschreitende Realisierung dieses Anspruchs im Sinne eines emanzipatorischen Prozesses gelingen, der sich freilich nicht bis ins Letzte planen läßt, der aber doch als Regulativ einen Richtpunkt für das Handeln des Lehrers abzugeben vermag.

Um im emanzipatorischen Kommunikationsprozeß den möglichen Freiheitspielraum aller am Handlungsprozeß Beteiligten zu beschreiben, wollen wir den *negativen* vom *positiven* Aspekt der Emanzipation unterscheiden. Unter dem negativen Aspekt der Emanzipation verstehen wir das Herausführen des Jugendlichen aus zahlreichen Zwängen, die seinen Freiheitsspielraum beschränken; der positive Aspekt der Emanzipation besagt hingegen, daß jegliches Hinter-sich-lassen von Zwängen und Einschränkungen als positives Pendant zugleich ein Hineinführen in neue Freiheit im Rahmen der edukativen Möglichkeiten der Klassengruppe bedeutet. Es handelt sich hier also um den Umschlag von einer autoritär angemaßten Freiheit hin zur symmetrischen Freiheit im Vollzug von unterrichtlichen Kommunikationsprozessen. Nun darf das Verlassen von Beschränkungen, das zugleich ein Sich-Einlassen auf neue Freiheit beinhaltet, nicht als ein einmaliger Vorgang, sondern er muß als ein notwendig fortlaufender dynamischer Prozeß aufgefaßt werden.

Zahlreiche Ungleichheiten, das darf nicht verschwiegen werden, bestimmen die Beziehung zwischen dem Klassengruppenleiter und den Schülermitgliedern der Klassengruppe, die ihren Ausdruck in der Überlegenheit des Gruppenleiters im Hinblick auf sein Wissen, Können,

Verständnis von Sachzusammenhängen und seine soziale Position finden. Dieses bemerkenswerte Gefälle zwischen Lehrer und Schüler behindert den emanzipatorischen Kommunikationsprozeß nicht notwendig, sondern es kann auch als eine Bedingung der Emanzipationsbewegung aller Mitglieder der Klassengruppe aufgefaßt werden. Nur ein tatsächlich qualifizierter Klassengruppenleiter wird in der Lage sein, den Emanzipationsprozeß angemessen zu fördern. Der im Horizont der Kommunikation „ermittelten Verbindlichkeit für das auf Besserung der Situation bedachte Handeln kann der Mensch *qualifiziert* erst nachkommen, wenn er *für sich* etwas darstellt, wenn er etwas kann und hat – sonst wäre sein Handeln wirkungslos und es bliebe in seinem Wirklichkeit verändernden Handeln lediglich beim ‚guten Willen'."[35] Die Dimension des Könnens und der *Leistung*, die in konkreten Kommunikationsprozessen im Blick auf alle Teilnehmer aufgebaut wird, erweist sich als eine fundamentale Voraussetzung für emanzipatorische Kommunikationsprozesse. Aufgabe des Lehrers ist es dennoch, einen „Vorschuß an Freiheit" zu geben und ein „Mehr" an Freiheitsspielraum bereitzustellen, als für die Erfüllung von jeweils bestimmten Aufgabenstellungen nötig ist, um ein selbständiges und emanzipiertes Arbeiten zu ermöglichen. Denn es kommt entschieden darauf an, daß zunächst Freiheit und Emanzipation im *Gedankenkreis des Lehrers stets gegenwärtig sind*, die dann später im Vollzug von unterrichtlichen Kommunikationsprozessen den Horizont der unterrichtlichen Kommunikation zu verändern und zu bestimmen beginnen.

d) Kommunikative Handlungen und interkommunikative Wirklichkeit

Werden unterrichtliche Interaktionsprozesse im Blick auf das Zusammenspiel und den Zusammenhang von Lehrer- und Schülerhandlungen beobachtet, analysiert und interpretiert, und bleibt der Inhaltsaspekt der Kommunikation unbeachtet, so wird sichtbar, daß die interkommunikativen Handlungen etwas über die Art und Weise der Beziehungen zwischen Lehrer und Schüler aussagen. Wenn sich auch kommunikative Handlungen inhaltlich weitgehend voneinander unterscheiden, so fällt dennoch auf, daß die kommunikativen Handlungen gleichsam einem Muster zu folgen scheinen, das ihre formale Gestalt weitgehend bestimmt. Die dauernde Folge kommunikativer Handlungen aller am Unterricht Beteiligten weist also eine formale Gestalt auf, die als Struktur bezeichnet werden kann. Die kontinuierliche Wiederholung des Zusammenhangs von unterrichtlichen Handlungen läßt eine bestimmte Beziehungsgestalt oder eine Beziehungsstruktur sichtbar werden. Die kommunikativen Interaktionen scheinen sich im Laufe der Zeit zu einer Beziehungsstruktur, zu einem *Beziehungsgefüge* zu verfestigen, das eine gewisse Stabilität aufweist. Später wird es sich zeigen, daß nicht von einer starren, unbeweglichen, sondern von einer mobilen Stabilität dieses Interaktionssystems gesprochen werden kann. „Die Wirklichkeit konstituiert sich im Rahmen einer umgangssprachlichen organisierten Lebensform kommunizierenden Gruppen."[36] *Die kommunikativen Handlungen aller Kommunikationsteilnehmer bauen eine Beziehungswirklichkeit von besonderer Art auf, die eine komplementäre bzw. symmetrische Wirklichkeit, ein komplementäres bzw. symmetrisches Interaktionsgefüge darstellt.* Nun wird auch deutlich, warum wir von kommunikativen Handlungen oder Inter-Aktionen sprechen. *Als Handeln wird jede bewußte Tätigkeit bezeichnet, die auf Aufbau, Gestaltung und Umgestaltung von Wirklichkeit ausgerichtet ist.* Handlungen ver-wirklichen etwas, bauen eine Wirklichkeit auf und sind auch imstande, Wirklichkeit zu verändern. Und da die kommunikativen, weithin verbalen Äußerungen aller am Kommunikationsprozeß Beteiligten eine komplementäre bzw. symmetrische Wirklichkeit konstituieren, kommt ihnen Handlungsqualität zu, sind sie kommunikative Handlungen oder Inter-*Aktionen.*

„Von einem . . . praktischen Erkenntnisinteresse sprechen wir . . . insofern, als die Lebenszusammenhänge . . . symbolisch vermittelte Aktion . . . den Sinn der Geltung möglicher Aussagen dahingehend präformieren, daß sie . . . nur in diesen Lebenszusammenhängen eine Funktion haben – eben . . . praktisch wirksam sind."[37] In der Terminologie einer kommunikativen Didaktik umgesetzt bedeutet dies, daß sich die permanente Folge von kommunikativen Interaktionen im Raum der edukativen Praxis des Unterrichts zu einem jeweils spezifisch strukturierten Interaktionsgefüge verdichtet, an dem sich weithin die folgenden Handlungen aller Mitglieder von edukativen Gruppen orientieren. Wirksam und aufweisbar ist dieses *praktische Interesse* lediglich im Raum dieses theoretisch-praktisch vermittelten Interaktionsgefüges, dessen emanzipatorische Dimension im vollen Sinne freilich erst der Metakommunikation zugänglich ist. Das praktische Erkenntnisinteresse ist eben nicht nur – wie HABERMAS ein wenig einseitig betont – ein *Erkenntnis*interesse, sondern ebenso ein *praktisches* Interesse an Handlungsorientierung, das den dialektisch vermittelten Zusammenhang einer didaktischen *Theorie* des kommunikativen Interaktionsgefüges mit der jeweiligen interkommunikativen edukativen *Praxis* deutlich werden läßt.[38] Die unterrichtlich-edukative Praxis kann eben nicht adäquat als reines Objekt aufgefaßt werden, über das von dieser Praxis getrennte Satzzusammenhänge einer didaktischen Theorie Auskunft geben können, sondern jene gesellschaftliche und edukative Praxis bildet den Ermöglichungsgrund einer didaktischen Theorie. Anders ausgedrückt, die Theorie selber ist immer schon ein Produkt der gesellschaftlichen und edukativen Praxis und ist damit abhängig von unterrichtlicher und gesellschaftlicher Praxis.

In dieses Interaktionsgefüge geht freilich nicht nur die Beziehungsdimension der Didaktik ein, sondern darüber hinaus spielt die gesamte inhaltliche Dimension der Didaktik, die an anderer Stelle dargestellt werden soll, eine gewichtige Rolle. Allgemeine Zielvorstellungen und didaktische Intentionen (Fern- und Nahziele) bis hin zu einer curricularen Theorie gehören mit zum Umkreis einer Theorie der Didaktik.

Das sich einspielende Interaktionsgefüge ist entweder weithin komplementär oder weitgehend symmetrisch strukturiert und legt damit interaktive Spielregeln fest, die tendenziell auf eine mögliche Immobilität des jeweiligen Interaktionsgefüges ausgerichtet sind.

Die Folgen eines langfristig progressiv komplementären Interaktionsgefüges für die Schülerhandlungen können nicht ernst genug genommen werden. Die langfristig fortgesetzte Einengung des Handlungsspielraumes bewirkt vor allem ein wesentlich passives und rezeptives Schülerhandeln, das in Apathie einmünden oder dessen Frustration in Aggression umschlagen kann. Sehen wir von einem derart strukturierten kommunikativen Handlungsfeld ab, dessen Schwäche so offensichtlich ist, daß es nicht weiter erörtert zu werden braucht, bleibt jene zu erstrebende Möglichkeit langfristig regressiv komplementärer Wirklichkeit übrig. Der Rahmen dieses Inter-Aktionsgefüges ermutigt den Schüler zum selbständigen Denken und kommunikativen Handeln und läßt bewußt Raum für Schülerinitiativen.

e) Kommunikative Interpunktionsweisen

Zahlreiche Konflikte zwischen Schülern und Lehrern, welche die Unterrichtssituation in zunehmendem Maße belasten, lassen sich als Resultat von Interpretationsprozessen auffassen, das durch einen jeweils einseitigen Blickwinkel der Schüler- oder Lehrerperspektive bedingt ist.

Das komplementäre Beziehungsgefüge, das den Rahmen für kommunikative Unterrichtsprozesse abgibt, wird neuerdings von Schülern oft als ein Gewaltverhältnis ausgelegt, welches ihre Handlungsmöglichkeiten unnötig einschränkt und das der Aufrechterhaltung der Herrschaft von Lehrern über Schüler zu dienen scheint. In diesem Zusammenhang weisen politische Schülergruppen häufig auf das undurchsichtige Zensierungs- und Zeugnissystem hin, das die Sicherung der Herrschaft der Lehrer stabilisiere. „Noten schaffen Terror, ohne daß sie diesen Terror durch Objektivierung der Messung auch nur vordergründig rechtfertigen könnten.“[39] Um in einem komplementären Interaktionsgefüge des Unterrichts „überleben“ zu können, bleibt für spontane kommunikative Schülerhandlungen kaum Raum. Die kommunikativen Interaktionen von Schülern haben sich dem Rahmen, den der autoritäre Lehrer setzt, einzufügen und müssen sich – nach dieser Auffassung – den anweisenden und determinierenden Lehrerhandlungen anpassen. *Alle kommunikative Schüleraktivität wird hier als eine Folge der Lehreraktivität aufgefaßt.* Der Lehrer fragt und die Schüler haben zu antworten. Der Lehrer erweist sich als das Subjekt dieses autoritären Interaktionsgefüges, das den Schüler zum Objekt des Lehrerhandelns denaturiert. Der reaktive Charakter von kommunikativen Schülerhandlungen tritt deutlich hervor. Die kommunikativen Schüleraktionen erweisen sich als ein reaktives Handeln, weil in dem progressiv-komplementär strukturierten Interaktionsgefüge den Schülern kein angemessener Handlungsspielraum zur Verfügung gestellt wird.

Wir wissen heute, daß das autoritäre Handeln des Lehrers nicht bloß eine persönliche Attitüde ist, sondern daß die autoritäre Gesellschaft erst den autoritären Lehrer oder Erzieher möglich macht. Die autoritäre Gesellschaft kodifiziert ihre Ansprüche in den Lehrplänen und Richtlinien. Aufgabe des Lehrers ist es nun, Lehrplänen und Richtlinien den Schülern gegenüber Geltung zu verschaffen und sie den Schülern gegenüber durchzusetzen. Auf den Lehrer wird also ein gesellschaftlicher Druck ausgeübt, den er an die Schüler weitergibt.[40]

Wird der Zusammenhang von determinierenden Lehrerhandlungen und ergänzender, sich anpassender Schülerhandlung von den Schülern als ein autoritäres Gewaltverhältnis beschrieben, das die autoritäre Struktur des Interaktionsgefüges sichtbar werden läßt, so wird dieser Darstellung der kommunikativen Wirklichkeit von der Seite der Lehrer energisch widersprochen. Lehrer können darauf hinweisen, daß die kommunikative Wirklichkeit *aus ihrer Perspektive betrachtet* „ganz anders“ strukturiert ist.

Wenn die These der Schüler lautet: Die Lehrerhandlungen bestimmen die Schülerhandlungen, d. h. die Schülerhandlungen sind von den Lehrerhandlungen abhängig, so können Lehrer die These der Schüler *umkehren* und selbst die Gegenthese aufstellen, die besagt: Die Schülerhandlungen bestimmen die Lehrerhandlungen, d. h. *die Lehrerhandlungen sind eine Folge der Schülerhandlungen.*

Nicht der den Schüler autoritär bestimmende Lehrer steht im Zentrum des Unterrichts, sondern der Schüler im Horizont der kommunikativen Interaktion, um dessen Bildung der Lehrer bemüht ist. Zu diesem Zweck versucht der Lehrer, edukative Interaktionsprozesse anzuregen, die den Schüler in die Lage versetzen, seine kommunikativen Möglichkeiten zu ergreifen. Nicht der Schüler ist für den Lehrer da, damit dieser seine Macht erprobe, sondern der Lehrer ist für den Schüler da, damit diesem alle notwendigen Hilfen geboten werden, die nötig sind, um seine kommunikativen Orientierungsweisen zu entwickeln, die freilich erst im Interaktionsprozeß selber entstehen, sich erst im Vollzug von Kommunikation bilden und nicht im Sinne von Anlagen in der Subjektivität des Heranwachsenden vorausgesetzt werden dürfen. Die komplementären Interaktionen des Lehrers orientieren sich also an den Möglichkeiten, die im Schülerhandeln sichtbar werden. Alle weithin komplementären Kommunikationsprozesse haben den Sinn, dem Schüler zu helfen, seine Möglichkeiten im unterrichtlichen Handlungsgefüge zu erkennen und sie in *eigenen* Interaktionen zu realisieren, um damit spezifisch gestaltete kommunikative Wirklichkeiten aufzubauen. Die kommunikativen Möglichkeiten, die es zu verwirklichen gilt, schlummern nicht im Subjekt des Schülers als geheimnisvolle Potenzen, die durch Mittel des Kommunikationsprozesses aktualisiert werden könnten, sondern sie sind dem Kommunikationsprozeß selber als kommunikative Angebote immanent, die der Lehrer und auch die Schüler allen Kommunikationsteilnehmern des Unterrichts zugänglich machen, indem solche Informationsquellen rückhaltlos erschlossen werden, die für die jeweilige Thematik des Unterrichts relevant sind. Die Lehrerhandlungen orientieren sich stets aufs neue an den jeweils vorausgegangenen Schülerhandlungen. An diesen konkreten Schülerhandlungen wird für den erfahrenen Lehrer die Diskrepanz oder die Differenz zwischen den bereits realisierten und den noch zu realisierenden kommunikativen Möglichkeiten des Schülers sichtbar. Diese *didaktische Differenz* ist für das nachfolgende Lehrerhandeln maßgeblich. Sie bestimmt zum Teil das Lehrerhandeln. Aufgrund dieser didaktischen Differenz, die die *Individual- und Soziallage* des Schülers mitberücksichtigt, stellt der Lehrer in seinem kommunikativen Handeln dem Schüler Freiheitsspielraum zur Verfügung, damit dieser seine Möglichkeiten verwirklichen kann.

Nach der Schülerthese konstituieren vor allem die komplementären kommunikativen Lehrerhandlungen das gemeinsame Interaktionsgefüge, die Schülerhandlungen passen sich den Lehrerhandlungen lediglich an und sind von diesen abhängig. Die Gegenthese der Lehrer läßt sich aber ebenfalls nicht aus demFelde schlagen. Sie besagt, daß die kommunikativen Schülerhandlungen entscheidend für den Aufbau der kommunikativen Wirklichkeit sind und daß die Lehrerhandlungen von den Schülerhandlungen abhängig sind. Die kommunikativen Lehrerhandlungen erweisen sich als eine Folge der Schülerhandlungen. An dieser Stelle stoßen wir auf ein Problem, das von der Kommunikationswissenschaft wiederholt behandelt worden ist. „Dem unvoreingenommenen Beobachter erscheint eine Folge von Kommunikationen als ein *ununterbrochener Austausch von Mitteilungen.* Jeder Teilnehmer an dieser Interaktion muß jedoch Kommunikationsprozessen unvermeidlich eine Struktur zugrundelegen, die BATESON und JACKSON in Analogie zu WHORF[41] die ‚Interpunktion von Ereignisfolgen' genannt haben."[42] Zahlreiche kommunikative Beziehungskonflikte lassen sich auf verschiedene Interpunktionsweisen zurückführen. Die Schüler artikulieren ihr Unbehagen an der unterrichtlichen Situation in einer These, die durch die Gegenthese der Lehrer entkräftet werden soll. Die Strategien, die den Opponenten meist nicht bewußt sind, werden eingesetzt, um die eigene These zu belegen und beruhen auf unterschiedlichen kommunikativen Interaktionsweisen. Dieser Vorgang läßt sich am einfachsten durch ein Schaubild verdeutlichen.[43]

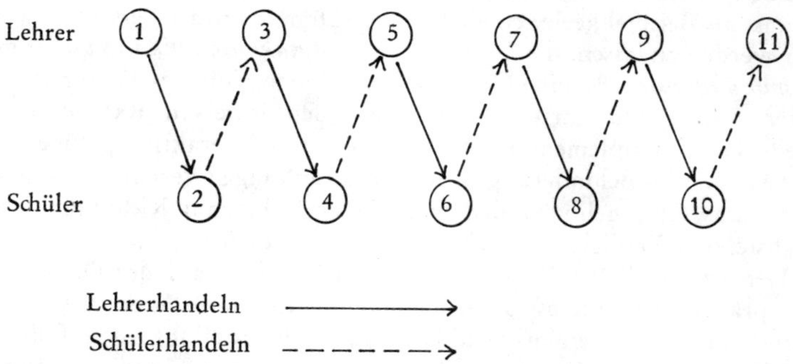

Offensichtlich *interpunktieren* die Lehrer in unserem Beispiel diesen kommunikativen Interaktionsprozeß auf andere Weise als die Schüler. Die Lehrer registrieren die Triaden 2-3-4, 4-5-6, 6-7-8 usw. und die Schüler die Triaden 1-2-3, 3-4-5, 5-6-7 usw. Beide Parteien nehmen den ganzen Interaktionsprozeß wahr, lassen ihn jedoch *unterschiedlich beginnen,* so daß die eigene kommunikative Handlung als eine Folge der Handlung des anderen erscheint. Die unterschiedlichen *Interpunktionsweisen* wollen wohl vergessen machen, daß die eigenen Handlungen ebenfalls „ursächlich" im Blick auf die folgenden Handlungen der Gegenpartei zu betrachten sind. Vielleicht spielt hier eine Rolle, daß bei allen Beziehungskonflikten jede Partei zu zeigen versucht, daß ihre Handlung die Ereignisfolge nicht eingeleitet hat, weil bekanntlich der „schwarze Peter" bei der Partei hängenbleibt, die den Beziehungskonflikt „angeblich" begonnen hat.

Interaktionsprozesse sind ihrer logischen Struktur nach „Systeme mit Rückkopplung", d. h. sie sind grundsätzlich *kreisförmige Systeme,* die nicht der Logik von „linearen, progressiven Kausalketten" folgen. Deshalb ist es auch sinnlos und willkürlich, die Kontinuität des kommunikativen Kreises an einer Stelle zu unterbrechen und diese Stelle zum

Anfang und damit zur „Ursache“ der folgenden Handlungen zu erklären. Interaktionen bedingen sich wechselseitig und sind in ihrem Ablauf grundsätzlich voneinander abhängig. Dieser Gedanke macht auch die Grenze des Schaubildes deutlich.[44]

5. Das emanzipatorische Interesse metakommunikativer Interaktion

Die „Geschichte“ von den einander widerstreitenden Thesen, die ausmündet in die Einsicht der wechselseitigen Bedingtheit der beiden Thesen, ist als Beispiel geeignet, eine weitere Dimension der Didaktik sichtbar werden zu lassen, die *Dimension der Metakommunikation oder des Kommunikatorischen* im Gegensatz zur Dimension des Kommunikativen. Solange die Parteien in unserer „Geschichte“ im Rahmen eines weitgehend komplementären kommunikativen Interaktionsgefüges mit seinen vielerlei Behinderungen und Beschränkungen verharren, wird es ihnen schwerlich gelingen, den interaktiven Rahmen in Richtung auf zu realisierende Freiheit zu erweitern und zu verbessern.

Der Anspruch auf Emanzipation wurde bereits auf der Dimension des praktischen Interesses der Didaktik artikuliert. Aber dieser Anspruch als bloße regulative didaktische Zielvorstellung ist auf dieser zweiten Ebene zu schwach, als daß sie im konkreten Kommunikationsprozeß des Unterrichts realisiert werden könnte. Es kommt also darauf an, Mittel und Wege zu finden, die den emanzipatorischen Anspruch in die edukative Praxis eingehen und ihr Selbstverständnis bestimmen lassen. Diese Möglichkeit bietet die Reflexion oder die Metakommunikation des vorhandenen kommunikativen Rahmens. In der kommunikativen Reflexion des gegebenen kommunikativen Gefüges wird der die Kommunikationsteilnehmer bestimmende Rahmen überschritten, d. h. der jeweils einseitige Gesichtswinkel wird verlassen und das gesamte kommunikative Handlungsfeld wird überschaubar und dabei transzendiert. In der reflexiven Metakommunikation erscheint beiden Parteien entweder der einengende Rahmen in einem neuen Licht, indem sie den positiven Sinn der Gegenperspektive mit in ihre vorher einseitige Konzeption aufnehmen und diese Einseitigkeit damit abbauen, oder beiden Parteien wird deutlich, daß der kommunikative Rahmen *verändert* werden muß. „In der Selbstreflexion gelangt eine Erkenntnis um der Erkenntnis willen mit dem Interesse an Mündigkeit zur Deckung; denn der Vollzug der Reflexion weiß sich als Bewegung der Emanzipation. Vernunft steht zugleich unter dem Interesse an Vernunft. Wir können sagen, daß sie einem *emanzipatorischen Erkenntnisinteresse* folgt, das auf den Vollzug der Reflexion als solchen zielt.“

Um nun sichtbar zu machen, daß die Reflexion nicht jener Sphäre der intentio obliqua angehört, die selbst als „reines" Denken von dem Bereich der Praxis getrennt aufzufassen ist, ziehen wir es vor, diese proflexiv-kommunikative Struktur als Dimension der Metakommunikation oder noch besser als *Dimension des Kommunikatorischen* zu bezeichnen. Diese terminologische Wendung soll eigens betonen und hervorheben, daß dem Kommunikatorischen die „Kraft" einwohnt, kommunikative Wirklichkeit zu verändern, d. h. *das Kommunikatorische ist selbst metakommunikative Handlung* und damit theoretische Praxis. Die vorgängige Dichotomie von Theorie und Praxis, welche die Bildungstheorie in ihrer Geschichte allzu lange belastet hat, wird vom Ansatz dieser didaktischen Theorie aus überwunden. Für die kommunikative und emanzipatorische Didaktik ist die Dimension des Kommunikatorischen von besonderem Interesse, weil sie den emanzipatorischen Bildungsprozeß vorantreibt.

Die kommunikative Wirklichkeit des Unterrichts, die in dieser Studie von ihren Beziehungsaspekten aus thematisiert wird, unterliegt – wie gezeigt – zahlreichen autoritären Bindungen und Beschränkungen, die dem emanzipatorischen Prozeß entgegenstehen. Wir haben lediglich die Art der Gefährdung untersucht, die von langfristig progressiven komplementären Interaktionen ausgeht und haben dann die positiven Möglichkeiten der regressiven Komplementarität zu ermitteln versucht, deren Ziel die emanzipatorische Symmetrie von Interaktionen darstellt. Die Dimension des Kommunikatorischen erweist sich als der „Modus" dieser emanzipatorischen Bewegung. In metakommunikativen Interaktionen reflektieren die Mitglieder der Klassengruppe gemeinsam mit dem Klassengruppenleiter das kommunikative Interaktionsgefüge. Gegenstand und Voraussetzung *kommunikativer Interaktionen* ist jener Zusammenhang von unterrichtlicher Kommunikation aller Interaktionspartner; denn die Totalität des jeweils konkreten kommunikativen Interaktionsgefüges muß zugleich als Objekt *und* als Bedingung der Möglichkeit von kommunikatorischen Interaktionen betrachtet werden. In diesem kommunikatorischen Prozeß wird allen Kommunikationsteilnehmern sichtbar, daß das komplementäre Interaktionsgefüge keinen blinden Mechanismus darstellt, der einer irrationalen Herrschaftssicherung dient, der dem Belieben der Lehrer oder der Schüler ausgeliefert wird. Der positive Sinn dieses Handlungszusammenhanges wird ermittelt, und es zeigt sich, daß Lehrer- und Schülerhandlungen wechselseitig aufeinander angewiesen sind und daß beide „Parteien" den Interaktionsprozeß aktiv und kreativ mitgestalten. Vom Standpunkt eines Kommunikationsteilnehmers aus ist der Interaktionsprozeß durch wechselseitige Abhängigkeit und Unabhängigkeit gekennzeichnet – Abhängigkeit im Blick auf die vorausgegangene und Unabhängigkeit im Blick auf die noch zu gestaltende kommunikative Aktion. Diese Dialektik von Abhängigkeit und Unabhängigkeit, von Fremdbestimmung und Selbstbestimmung im Blick auf möglichst herrschaftsfreie Kommunikation ist charakteristisch für den Zusammenhang einer emanzipatorischen Didaktik.

Ein Grundbegriff der kommunikativen Didaktik – die Klassengruppe – macht darauf aufmerksam, daß diese Dialektik von Fremd- und Selbstbestimmung nicht auf das Lehrer-Schülerverhältnis begrenzt ist, sondern das *Beziehungsgefüge* zwischen allen am Kommunikationsprozeß Beteiligten definiert, d. h. das soziale Gefüge bestimmt, zu dem die sozialen Beziehungen zwischen den Schülern genauso gehören wie die vielfältigen Beziehungen zwischen Lehrer und Schüler auf dem Hintergrund ihrer jeweils unterschiedlichen individuellen und sozialen Herkunft.

Wenn auch die Dialektik von Fremd- und Selbstbestimmung grundsätzlich die kommunikative Handlung kennzeichnet, so darf dennoch nicht vergessen werden, daß das *aktuelle* Ausmaß an Fremd- und Selbstbestimmung der einzelnen kommunikativen Handlungen jeweils sehr unterschiedlich ist. Vom kommunikatorischen Interaktionsprozeß wird nun nicht nur erwartet, daß er das Bewußtsein für diese Unterschiede und Ungleichheiten schärft, sondern daß er eine *neue Sensibilität* für emanzipatorische Prozesse schafft und damit zugleich zur aktuellen Verbesserung und Veränderung von autoritären bzw. komplementären kommunikativen Unterrichtsprozessen beiträgt. Diese neue Sensibilität führt zu einem *kritischen* Bewußtsein unterrichtlich-edukativer Praxis. „Wir können Kritik, die nicht definiert werden kann, weil sich die Maßstäbe der Rationalität in ihr selbst erst explizieren lassen, behelfsweise als einen Prozeß auffassen, der in herrschaftsfreier Diskussion eine fortschreitende Auflösung dieses Dissens einschließt. Eine solche Diskussion steht unter der Idee eines allgemeinen und ungezwungenen Konsensus derer, die an ihr teilnehmen. Dabei soll ‚Übereinstimmung' nicht die Idee der Wahrheit auf beobachtbares Verhalten reduzieren. Vielmehr sind die Kriterien, anhand deren jeweils Übereinstimmung erzielt werden kann, selber abhängig von dem Prozeß, den wir als einen Prozeß zur Erzielung von Konsensus auffassen. Die Idee der Übereinstimmung schließt deshalb die Unterscheidung von wahren und falschen Konsensus nicht aus; aber diese Wahrheit läßt sich nicht revisionsfrei definieren."[45] Die Möglichkeit der jeweils revisionsbedürftigen, weil weithin geschichtlichen Wahrheit, die in möglichst „herrschaftsfreier Diskussion" als „unerzwungener Konsensus" und deshalb auch zuweilen als Dissensus der Teilnehmer an Kommunikationsprozessen zustande kommt (was auch die Kommunikation der Autoren dieses Buches angeht), setzt voraus, daß in einem metakommunikativen Prozeß die zahlreichen Zwänge, unnötige irrationale Herrschaftsstrukturen, Widersprüchlichkeiten und Beschränkungen der edukativ-gesellschaftlichen Praxis sichtbar werden. Der Anspruch auf Emanzipation darf also nicht *als ein vorgegebenes normatives Maß* aufgefaßt werden, der lediglich an die jeweils komplementäre bzw. autoritäre Unterrichtspraxis angelegt zu werden braucht. Erst in der Einstellung auf Überwindung und Aufhebung dieser Behinderungen gewinnt die Didaktik ihr *emanzipatorisches Interesse*, ihr Interesse an „Mündigkeit", das ihr ermöglicht, einerseits den Formierungs- und Anpassungscharakter jener empirisch zu erforschenden Beeinflussungsprozesse zu durchschauen, die weithin der Affirmation der jeweils bestehenden gesellschaftlichen Verhältnisse dienen, und andererseits den Anpassungscharakter des sich stabilisierenden und zuweilen immobil werdenden Interaktionsgefüges aufzudecken, an dem sich die Handlungen aller am edukativen Kommunikationsprozeß Beteiligten orientieren. Anpassung an edukative und gesellschaftliche Praxis mag nun freilich die unumgängliche Voraussetzung und Basis der emanzipatorischen Didaktik sein, sie ist aber nicht ihr Ziel.[46] Ziel allein ist die Emanzipation der edukativen und damit auch der gesellschaftlichen Praxis. Emanzipation ist dabei aber keine normativ vorgegebene Zielgröße, die sozusagen erst nachträglich zwecks Überprüfung des Erreichten an die edukative und gesellschaftliche Praxis herangetragen wird, sondern sie ist *im* gegenwärtigen gesellschaftlichen Kontext als ein fundamentales Interesse der evolutionären Veränderung der Gesellschaft aufweisbar. Realität ist Emanzipation ebenso im Vollzug von konkreten emanzipatorischen Unterrichtsprozessen. Sie wird also und sie ist real in der Metakommunikation auf die oftmals eingeschränkte wie behinderte gegenwärtige edukativ-gesellschaftliche Praxis sowie deren Überwindung in Richtung auf möglichst herrschaftsfreie Kommunikation.

Bei der hier geforderten theoretisch-praktischen Bewegung im Horizont der Kommunikation handelt es sich keineswegs um eine abstrakte „Utopie". Das alltägliche Faktum der Kommunikation, das ein jeder kennt und in dem jeder sich wiedererkennt, paralysiert – zur Kenntnis genommen und Praxis geworden (Metakommunikation) – jedweden Anspruch auf Herrschaft und imperialen Abbruch des kommunikativen, geschichtlichen und gesellschaftlichen Handlungsvollzuges.

6. Ausblick auf die Inhaltsdimension der kommunikativen und emanzipatorischen Didaktik

Der Beziehungsaspekt der Didaktik wurde im Blick auf die edukative Aufgabe des Unterrichts als vorrangig angesehen. Pädagogisch relevante Beziehungen selbst aber – so wurde deutlich – sind nicht von Natur gegeben oder nur technisch zu bewerkstelligen, sondern sie bauen sich auf im Verlauf der edukativen Kommunikation in der Klassengruppe. Diese Kommunikation wiederum hat nur in Gestalt der Metakommunikation sich selbst zum Thema; im übrigen entzündet sie sich *an* den *Inhalten* des Unterrichts. Sie ist die permanente Ver-Handlung der mitgeteilten Lernsachen. Darum hat sich auch eine kommunikative Didaktik gleichermaßen um ihren Inhalts- wie um ihren Beziehungsaspekt zu kümmern.

Hier wie dort geht es in einer emanzipatorischen Didaktik darum, die kommunikative Wirklichkeit der Interaktion, welche die einzelnen Teilnehmer umgreift, zu befreien aus zahlreichen Behinderungen und Beschränkungen, denen sie im Alltag ausgesetzt ist. Was den Inhaltsaspekt angeht, erfährt die Kommunikation Einschränkungen durch die individuellen und sozialen Voraussetzungen, die von den einzelnen Kommunikationsteilnehmern und von dem institutionellen Rahmen in den Kommunikationsprozeß eingebracht werden. Dieser Horizont von Voraussetzungen trägt und fördert zwar einerseits den Kommunikationsprozeß; andererseits aber behindert er sein emanzipatorisches Interesse insofern, als jene Voraussetzungen sich zuweilen als eine Quelle von stereotypen Vorstellungen und Vorurteilen u. a. erweisen, die in Form von Informationen und Sanktionen Eingang in den Kommunikationsprozeß finden.

Die Emanzipation des kommunikativen Interaktionsgefüges erweist sich also als die zentrale Zielvorstellung, als die pädagogische Idee der emanzipatorischen und kommunikativen Didaktik. Die Emanzipation des einzelnen findet statt im Rahmen der Emanzipation der kommunikativen Wirklichkeit. Das Autoritative, das jeweils im kommunikativen Durchsprechen der Inhalte sich erweisende Verbindliche ist die positive Seite der Emanzipation. Die negative Seite der Emanzipation, das, wovon sich die kommunikative Wirklichkeit im Vollzug von Kommunikationsprozessen befreit, sind personalistisch verstandene Autoritäten, die personalistisch aufgebauschte und angemaßte Schülerautorität einzelner Gruppenmitglieder und die personalistisch verstandene Autorität des Lehrers, sowie sachautoritäre Maßgaben von Ideologien. Auch diese inhaltlichen Zwänge haben zurückzutreten, da ihre Verbindlichkeit sich allenfalls erst im Prozeß der Kommunikation erweisen kann.

Auch hinsichtlich des Inhaltsaspekts der Didaktik empfiehlt sich eine vertikale Anordnung der von den verschiedenen Konzeptionen moderner Didaktik eingebrachten Ergebnisse. Die emanzipatorische Didaktik wird an dem Reichtum gegenwärtiger didaktischer Forschung nicht vorübergehen dürfen: Ihrer anfänglichen Idee nach war die empirische Curriculumtheorie geleitet von dem (in der Forderung einer Curriculumrevision allerdings als unzureichend empfundenen) *technischen Interesse,* das Individuum zur „Bewältigung" der auf es zukommenden Lebenssituationen zuzurüsten. An der Sicherung der Identität des Ich im Wechsel der Begebenheiten war es ihr gelegen. Wenn freilich auch die Identität des Ich vornehmlich auf der Teilnahme am fortlaufenden kommunikativen Interaktionsprozeß beruht, so sind hierfür dennoch die Inhalte nicht ohne Belang; weiß sich doch das Ich nicht zuletzt in der *Erinnerung* an Gewußtes und Erlebtes, Erfahrenes und Erhandeltes, also in der Erinnerung an Inhalte, mit sich identisch. Auch tragen gerade die Inhalte zum Können und Leisten des Ich bei, in denen es sich wiedererkennt und die auch unter praktischem wie emanzipatorischem Interesse von hohem Belang sind. – Unter *praktischem Interesse* im Rahmen einer von ihm geleiteten Handlungstheorie werden die Inhalte auf die sozioökonomischen Voraussetzungen des Lernenden bezogen und dabei als solche kritisiert. – Das *emanzipatorische Interesse* nimmt die Inhalte in Bezug auf Veränderung der gegebenen Wirklichkeit in den Blickpunkt. Es weiß zu scheiden zwischen Lernzielen, die der Anpassung dienen, und solchen, die dem emanzipatorischen Anliegen entsprechen.[47] – Die jeweilige Aufhebung der Inhaltsproblematik unter technischem Interesse im praktischen und unter praktischem Interesse im emanzipatorischen sowie die Bedeutsamkeit der unter diesen Interessen ermittelten Inhalte wird sichtbar, wenn man der für den Inhaltsaspekt einer jeden Didaktik typischen Frage nachgeht (was hier allerdings nur sehr skizzenhaft geschehen kann), welche Sachverhalte denn nun Inhalte des Unterrichts werden sollen.

Kerschensteiner hatte von seiner Bildungstheorie her auf diese Frage eine „klassische" Antwort gegeben: Die Kulturgüter, deren Struktur der geistigen Struktur des Zöglings ganz oder teiladäquat ist, sind geeignet, Bildungsgüter zu werden.[48] Sie erweisen sich für den Bildungsvorgang als unerläßlich, da der Edukandus nur durch Resubjektivation dieser objektiv gewordenen Subjektivität der Menschheit in Gestalt der Kultur, da er nur durch den Weckruf der Bildungsgüter gebildet, d. h. individuell organisierte Wertgestalt werden kann. Bis hin zu W. Klafki hat die Geisteswissenschaftliche Pädagogik die pädagogische Verantwortung vor dem Heranwachsenden zur „Generalinstanz" der Didaktik erhoben und damit einen formalen Maßstab didaktischer Entscheidungen gewonnen.[49] Dieser strukturiert das Spannungsfeld zwischen Vergangenheit, Gegenwart und Zukunft in einer solchen Weise, daß die zentrale Stellung der jeweils geschichtlich erfüllten Gegenwart des jungen Menschen als didaktisches Postulat sichergestellt ist. Damit wird die zunächst formale Verantwortung vor dem Kinde inhaltlich gefüllt und sie macht nun konkrete didaktische Entscheidungen möglich, die dann der Praktiker im Blick auf bestimmte Schüler und bestimmte sich wandelnde geschichtliche Situationen zu fällen hat.

Eine kommunikative Didaktik im Rahmen der kritischen Erziehungswissenschaft wird wie jene „bildungstheoretische" Didaktik nachdrücklich die Frage nach der Auswahl der Lernsachen stellen müssen. Ihr kritisches Interesse kann sich aber nicht mit dem weithin formalen Kriterium der Verantwortung vor dem Heranwachsenden und seiner von der Geisteswissenschaftlichen Pädagogik angestrebten materialen Anreicherung begnügen und es kann den Heranwachsenden nicht von seiner Position her in der geschichtlichen, nach den Dimensionen von Vergangenheit, Gegenwart und Zukunft differenzierten Wirklichkeit begreifen. Für die kritische Erziehungswissenschaft steht der Heranwachsende *in* gegebener Wirklichkeit zugleich *außerhalb* der Wirklichkeit in ihrer Widersprüchlichkeit: wie sollte er sonst jener Prozeß fortgesetzter Verwirklichung von Wirklichkeit, Prozeß rationaler Ver-Handlung von Wirklichkeit, Prozeß ihrer Veränderung und Besserung sein! Gewiß ist es vornehmlich Sache der edukativen Kommunikation, den Heranwachsenden über die Grenzen des Gegebenen hinauszuführen; ihn an diese Grenze aber heranzuführen betrifft die Inhaltsdimension der Didaktik: Die Lernsachen selbst müssen so ausgewählt sein, daß das Gegebene, die bestehende Wirklichkeit, den Edukandus nicht bei sich festhält, sondern den kommunikativen Überstieg über das Gegebene möglich macht und initiiert. Oben wurde in diesem Sinne optimale Information gefordert und in einigen Zügen erläutert (II, 7, a). Die mitgeteilten Lernsachen müssen die Klassengruppe zur Diskussion und Kommunikation provozieren.

Hier soll die Frage nach den Inhalten des Unterrichts nicht im Blick auf einzelne Wissenschaften und auf einzelne Schulfächer, nicht im Blick auf den Edukandus, seinen Entwicklungsgang und seinen Bildungsfortschritt gestellt sein. Unabhängig von diesem fachdidaktischen und lernpsychologischen Aspekt wird man sagen müssen, daß die Lernsachen nicht nur als solche, in fragloser Vorgegebenheit, vermittelt werden dürfen, sondern allein bei gleichzeitiger Mitteilung der Bedingungen, die zur Gegebenheit des Gegebenen geführt haben (vgl. II, 5: Beispiel: Einrichtung eines Arbeitsplatzes): der ihnen zugrundeliegenden sozioökonomischen Verhältnisse, der ihnen vorausgehenden Interessen, der sie bestimmenden Ideen u. dgl. m. Derart von ihren Voraussetzungen her vorgebracht, wird der harmonistische Schleier, in den die herkömmliche Schule, wie auch jeder durch eine Weltanschauung regulierte Unterricht, immer wieder das Mitgeteilte einhüllt, von den vermittelten Informationsdaten gerissen. Das Gegebene wird in seinen Widersprüchen und Konflikten, aber auch in seiner Vorläufigkeit und Unzulänglichkeit enthüllt.

Unterricht darf den Heranwachsenden also nicht nur in die Wirklichkeit einführen, sondern er muß ihn durch Mitteilung der Voraussetzungen dieser Wirklichkeit zugleich über dies Gegebene hinaussehen lassen. Das kann dem Unterricht nur gelingen, wenn er die Wirklichkeit ungeheuer ernst nimmt, sie in keiner Weise – auch nicht als Bildungsgut um der Bildung des Zöglings willen – mediatisiert. Womit nun nicht gesagt ist, daß wir eine Wissenschaftsschule brauchen; denn auch die Wissenschaften präsentieren Wirklichkeit nur auf Grund von zumeist nicht mitbedachten Voraussetzungen (vgl. IV. 1). Der Lehrer wird sich nicht als „Born" eines so umfänglichen Wissens verstehen dürfen, um von daher möglicherweise seine Vorherrschaft in der Interaktion der Klassengruppe zu begründen; seine positionelle Beschränkung würde die Schüler auch ohne seine Absicht immer wieder zur Affirmation seines Standpunktes nötigen. Informationsquellen sind Lehrbücher, Schriften, Anschauungsmaterial, Filme, Tonbänder, Stätten und Institutionen gesellschaftlichen Handelns selbst sowie vieles andere mehr. – Auch die traditionellen Lehrpläne können dieser Forderung nach unbeschönigter Darlegung der Wirklichkeit im Unterricht nicht nachkommen. Alle Hoffnungen werden daher auf die Konstruktion von Curricula gesetzt (vgl. II, 8, f). Die Forderung permanenter Curriculum-Revision zeigt, wie bewußt man sich der Notwendigkeit ist, daß es mit der Einführung des Heranwachsenden in die Zukunftsvariante gegenwärtiger Wirklichkeit nicht getan ist, daß vielmehr auch die Emanzipation des Heranwachsenden aus den „Zwängen" der gegebenen Wirklichkeit in ihren Dimensionen von Vergangenheit, Gegenwart und Zukunft projektiert und – soweit sie eine Sache der *Vermittlung* von Kenntnissen, Fertigkeiten, Funktionen und Qualifikationen ist – taxonomisch sichergestellt werden muß.[50]

Aber: Wie vom Beziehungsaspekt der Didaktik nicht ohne Ausblick auf ihre Inhaltsdimension gesprochen werden konnte, so von den Inhalten nicht ohne Erinnerung an die sich an ihnen entzündende edukative Kommunikation in der Klassengruppe, in der die vermittelten Grenzen gegebener Wirklichkeit überschritten werden und das zur Ver-Handlung kommt, was innerhalb der Grenzen gegebener Wirklichkeit noch nicht wirklich ist – unter kritisch-emanzipatorischem Interesse ist die optimale Information im Unterricht ohne edukative Kommunikation weder pädagogisch noch gesellschaftlich von Belang. Dennoch: Optimale, das Mitgeteilte in Frage stellende Information, die von künftigen Curricula zu erhoffen ist, und optimale Vermittlung der Inhalte mit „allen Regeln der Kunst", denen die Lernforschung auf der Spur ist, sind für die edukative Kommunikation eine „transzendentale", dabei aber reale und durch empirische Wissenschaften sicherzustellende Voraussetzung. Die kommunikative und emanzipatorische Didaktik weiß, daß die mit der kritischen Erziehungswissenschaft zu fordernde edukative Kommunikation, welche in „Besserung" des Gegebenen ausläuft, nur gelingt, wenn die Inhalte des Unterrichts so ausgewählt und so „absichtslos" vermittelt werden, daß der Heranwachsende nicht zum Funktionär der bestehenden oder der von den Managern der Gegenwart für die Zukunft projektierten Wirklichkeit hergerichtet wird, wenn an den Lernsachen der jungen Generation jene Grenzen sichtbar werden, wo das Wirklichsein der Wirklichkeit fraglich wird.

Anmerkungen

Vollständigkeit in den Nachweisen ist nicht angestrebt. Es werden darum vornehmlich Werke mit ausführlichen und weiterführenden Literaturangaben genannt. In den geschichtlichen Belegen wird auf *Ballauff/Schaller:* Pädagogik I, II, III, Eine Geschichte der Bildung und Erziehung (I: 1969; II: 1970; III: 1971/2) zurückgegriffen; im systematischen Zusammenhang auf *K. Schaller/K.-H. Schäfer:* Bildungsmodelle und Geschichtlichkeit (1967); Erziehungswissenschaft und Erziehungsforschung (1968); Bildung und Kultur (1968) (sämtlich aus der Reihe Pädagogik der Repertorien zum Hochschulstudium, Hamburg: Leibniz-Verlag); weiterhin wird auf die bibliographischen Apparate im „Lexikon der Pädagogik", Neue Ausgabe, – Freiburg: Herder – hingewiesen.

I. Vorwort und Einführung

[1] *Klaus Schaller:* Die Krise der humanistischen Pädagogik und der kirchliche Unterricht, 1961;
–, Der Gebildete heute, Bochum o. J.;
–, Studien zur systematischen Pädagogik, ²1969;
–, Das Menschenbild des Geisteswissenschaftlers, in: Geisteswissenschaft und Naturwissenschaft, hrsg. v. *W. Laskowski,* 1970;
–, Vom „Wesen" der Erziehung, 1961;
–, Erziehung, Erzieher, Erziehungswissenschaft, Erziehungsweisheit, Freiheit in der Erziehung, Ganzheit, Gerechtigkeit, Kind, Konflikterziehung, Lebenshilfe, Pädagogik, Subjektivität, Ungehorsam, in: Lexikon der Pädagogik, Neue Ausgabe, 1970 ff.;
Karl-Hermann Schäfer, Didaktik zwischen Autorität und Emanzipation, in: didactica 1970;
–, Kommunikation und Emanzipation als didaktische Kategorien, ebenda;
–, Anpassung, Didaktik, Gesinnung, Geisteswissenschaftliche Pädagogik, Kenntnisse und Fertigkeiten, Päd. Bezug, Persona-Genese, Spontaneität, Theorie und Praxis, Verantwortung, in: Lexikon der Pädagogik, Neue Ausgabe, 1970 ff.;

[2] Vom „Wesen" . . . s. Anm. 1

[3] So in *Romano Guardinis* Schrift: Grundlegung der Bildungslehre. Versuch einer Bestimmung des pädagogisch Eigentlichen, 1953.

[4] So *Klaus Mollenhauer* in: *E. Weber* (Hrsg.) Der Erziehungs- und Bildungsbegriff im XX. Jahrhundert, 1969;
–, Erziehung und Emanzipation, 1968.
Hierzu auch die Forderung von *Philipp Eggers* einer soziotropen Pädagogik: Erziehung und Gesellschaft heute, 1970.

[5] *Wolfgang Ritzel,* Die Vielheit pädagogischer Theorien und die Einheit der Pädagogik, 1968; –, Zur historischen Pädagogik, Methodenfragen, in: Zur pädagogischen Dimension von Psychologie, Soziologie und Geschichte, Neue Folge der Erg.-Hefte der Vjs. f. wiss. Päd. 10, 1969.

[6] Der Begriff „päd. Vernunft" wurde in diesem Sinne gebraucht in: Bildungsmodelle und Geschichtlichkeit, Einleitung, S. 12 f.

[7] Zu dieser kritischen Funktion der Geschichte s. *Theodor Ballauff,* Systematische Pädagogik, 3. Aufl. 1970, S. 36 ff.: „Die historische Empirie".

[8] Hierzu: *Werner Loch,* Die anthropologische Dimension der Pädagogik, 1963; hinsichtlich des „Prinzips der offenen Frage“ kann er sich auf *Helmuth Plessner* berufen.

[9] Dieses Verfahren führt im Anschluß an O. *F. Bollnows* „Wesen der Stimmungen“ *Werner Loch* zu seiner „Anthropologischen Pädagogik“, s. Anm. 8.; vgl. Erziehungswissenschaft und Erziehungsforschung, S. 18.

[10] Die Schicksale der „Wolfskinder“ haben immer wieder pädagogische Reflexionen veranlaßt; z. B. bei *Comenius:* ‚Böhmische Didaktik‘ (dt. 1970), S. 47. 1964 wurde mit einem Geleitwort von *Adolf Portmann* der Bericht von *J. A. L. Singh* veröffentlicht: Die „Wolfskinder“ von Midnapore.

[11] Eine gute Übersicht über die empir. Kommunikationsforschung gibt *Georg Wodraschke* im Lexikon der Pädagogik. Neue Ausgabe, 1970 ff. Vgl. *Klaus Schaller, Georg Wodraschke* (Hrsg.): Information und Kommunikation, 1968; *Joachim H. Knoll,* Beitrag der Kommunikationswissenschaft zur Erkenntnis päd. Reformprozesse, 1970; Weitere Literatur zur Kommunikationsforschung s. Anm. IV, 8 f.

[12] *G. Maletzke,* Psychologie der Massenkommunikation, 1963.

[13] *C. J. Hovland,* Effects of the mass media communication, in: G. Lindzey (Hrsg.): Handbook of social psychology, 2 Bde. 1945.

[14] *C. Cherry,* Kommunikationsforschung – eine neue Wissenschaft, ^{2}1967.

[15] *Klaus Mollenhauer,* Erziehung und Emanzipation, 1968, S. 67.

[16] Neben der speziellen Literatur zum Utopismus-Problem s. *Karl Sauer,* Der utopische Zug in der Pädagogik, 1964. *Josef Guter,* Pädagogik in Utopia – Erziehung und Arbeitswelt in sozialpolitischen Utopien der Neuzeit, 1968.

[17] *H. Fend,* Sozialisierung und Erziehung, 1968; *Wilfried Kuckartz,* Sozialisation und Erziehung, eine Polemik gegen den Pädagogismus, 1969; Anpassung (s. Anm. 1); Bildung und Kultur, S. 227–233. Man sollte sich hier an den von *Dewey* entwickelten Begriff der Anpassung erinnern: Pädagogik III.

[18] Konflikterziehung (s. Anm. 1)

[19] *Peter Menck,* Die Pädagogik August Hermann Franckes, 1969; Pädagogik II, S. 318–326.

[20] *Wolfgang Klafki* u. a., Erziehungswissenschaft 3, Eine Einführung. (Funk-Kolleg Erziehungswissenschaft, Fischer-Bücherei), S. 263 f. Zu diesem Verständnis der kritischen Erziehungswissenschaft s. *Klaus Mollenhauer,* Erziehung und Emanzipation, 1968; *Herwig Blankertz,* Bildungstheorie und Ökonomie, in: *K. Rebel* (Hrsg.), Texte zur Schulreform, 1966, S. 61–86.

[21] Das spezifisch päd. Kriterium lag für *Herman Nohl* „In dieser Einstellung auf das subjektive Leben des Zöglings“ (Die päd. Bewegung in Deutschland und ihre Theorie, 5. Aufl., 1961, S. 127).

[22] *Wolfgang Klafki,* a.a.O. S. 285.

[23] Auch hierzu *Klafki,* a.a.O.

[24] *Karl-Hermann Schäfer,* Herman Nohl, in: Lexikon der Pädagogik, Neue Ausgabe 1970 ff.

[25] Vgl. *Theodor Ballauff,* Systematische Pädagogik. 3. Aufl. 1970, S. 39.

[26] Pädagogik I, S. 71–110.

[27] *Theodor Ballauff,* Philosophische Begründungen der Pädagogik, 1966, S. 54–84; *Margot Fleischer,* Die zweifache Periagoge in Platons Höhlengleichnis, in: Zeitschrift f. philos. Forschung, 1970.

[28] Als letzte internationale Sammelschrift, die das Spätwerk „Consultatio Catholica“ voll rezipiert: Jan Amos Komensky, Wirkung eines Werkes nach drei Jahrhunderten, hrsg. v. *Klaus Schaller,* 1970.

[29] Komenskys Schrift „Syllogismus practicus“ erschien 1665 deutsch. Zum darin sichtbar werdenden dialektischen Wirklichkeitsverständnis s. *K. Schaller,* Die politische Pädagogik Komenskys, in: Politik und Pädagogik, Comenius-Colloquium Bochum 1970, 1971 (hrsg. v. *G. Michel* u. *K. Schaller*).

[30] Hierzu Komenskys Ablehnung der Selbsteigenheit (samosvojnost) des Menschen, vor allem in: Centrum securitatis, hrsg. v. *K. Schaller*, 1964.

[31] Pädagogik II, 1970, S. 305–309.

[32] Hierzu vor allem: *Theodor Ballauff*, Vernünftiger Wille und gläubige Liebe, Interpretationen zu Kants und Pestalozzis Werk, 1957; Pädagogik II, S. 480–489.

[33] Zu dem Begriffspaar Selbstliebe-Eigenliebe s. neben den Rousseau-Arbeiten von *Rang, Ritzel* und *Röhrs* Pädagogik II, S. 326–338.

[34] So in „An die Unschuld, den Ernst und den Edelmut meines Zeitalters. Ein Wort an die Zeit", 1815.

[35] Zu *Jean Paul* s. Pädagogik III.

[36] *Karin Storch*, Erziehung zum Ungehorsam als Aufgabe einer demokratischen Schule, in: Jugendkundliche Gegenwartsprobleme, hrsg. *H. W. Opaschewski*, 1970; Erziehung zum Ungehorsam, hrsg. v. *G. Bott*, Frankfurt 1970; Ungehorsam (s. Anm. 1).

[37] *Jean Paul* wußte nicht, wie nahe er mit diesem Gedanken *Pestalozzi* kam.

[38] Zu *Belinski* gleichfalls Pädagogik III.

[39] Ebenda.

[40] *Heinrich Deiters*, Pädagogische Aufsätze und Reden, 1957, S. 378–380.

[41] Von *K.-H. Schäfer* ist eine Monographie über die Bildungstheorie des *K. Marx* in Vorbereitung. Auch *Ballauff/Schaller:* Pädagogik III.

[42] Ausführlicher in Pädagogik III.

[43] *Erich Kurzweil*, Zur folgenreichen Ethik und Pädagogik John Deweys, in: neue Sammlung 10 (1970), S. 491–504.

[44] *Heinrich Deiters*, a.a.O., S. 343 f.

[45] So interpretiert *Eduard Baumgarten* in seinen wichtigen Arbeiten *Dewey:* John Dewey, in: Internationale Zeitschrift f. Erziehungswissenschaft 5 (1936), S. 81 u. 407; 6 (1937), S. 177.

[46] Ebenda.

[47] Ebenda.

[48] *K. Schaller*, Die chassidischen Wurzeln der Pädagogik *Martin Bubers*, in: –, Der Gebildete ... (s. Anm. 1).

[49] Neben der dreibändigen Ausgabe seiner Werke in den mehrfach herausgegebenen „Reden über Erziehung", Heidelberg.

[50] *Werner Faber*, Das dialogische Prinzip Martin Bubers und das erzieherische Verhältnis, 1962; *Bernhard Casper*, Das dialogische Denken, 1967.

[51] Die Krise ... (s. Anm. 1), S. 94.

[52] A.a.O., S. 105.

[53] Studien (s. Anm. 1), S. 62.

[54] A.a.O., S. 60.

[55] Lexikon der Pädagogik, Neue Ausgabe, I, 390.

[56] *Heinz Mühlmeyer*, Bildung, in: Lexikon der Pädagogik, Neue Ausgabe, I, 180.

[57] *Josef Derbolav*, Problem und Aufgabe einer pädagogischen Anthropologie im Rahmen der Erziehungswissenschaft, in: Psychologie und Pädagogik, hrsg. v. *J. Derbolav* u. *H. Roth*, 1959.

[58] Hierzu mit Literatur *Josef Dolch*, Grundbegriffe der pädagogischen Fachsprache. 3. Aufl. 1960, S. 65 ff.; Erziehungswissenschaft und Erziehungsforschung, S. 87 f.

[59] Vgl. Pädagogik II, S. 353 f.

[60] So in seinem „Ameisenbüchlein oder Anweisung zu einer vernünftigen Erziehung der Erzieher", 1806.

[61] Die kulturpädagogische Richtung tritt bei *Richard Meister* deutlich hervor. Vgl. Bildung und Kultur, S. 105–112.

[62] *Wolfgang Klafki*, Studien zur Bildungstheorie und Didaktik, 4. Aufl. 1964, S. 43.

[63] *Josef Derbolav*, Problem und Aufgabe (s. Anm. 57), S. 12 ff.

[64] *Theodor Litt*, Führen oder Wachsenlassen, 11. Aufl., 1964, S. 12 ff.
[65] *J. Derbolav*, a.a.O., S. 15.
[66] *J. Derbolav*, a.a.O., S. 21 f.
[67] *J. Derbolav*, a.a.O., S. 22.
[68] *Theodor Litt*, Berufsbildung, Fachbildung, Menschenbildung, 1958, S. 78 (Schriftenreihe der Bundeszentrale für Heimatdienst, H. 35).
[69] *J. Derbolav*, a.a.O., S. 22.
[70] Zu diesen drei Stufen der Sprachbildung s. *K.-H. Schäfer*, Sprache und Bildung, in: Evangelische Erwachsenenbildung, 1967, S. 81 ff. (Arbeiten der Melanchthon-Akademie Köln. Bd. 22.)
[71] Ausgeführt in: Bildung und Kultur, S. 30 ff.
[72] *Hans Schönberg*, Situation als pädagogisches Problem, 1963, S. 21.
[73] Ebenda, S. 20.
[74] Dieser Umschlag (metabole) der Möglichkeit in die ontologisch-vorrangige Wirklichkeit – ein von *Aristoteles* stammender Gedanke – ist als Grundakt der Erziehung in der neuzeitlichen Pädagogik weithin in Vergessenheit geraten. Hierzu Studien (s. Anm. 1) S. 40 ff.
[75] Zu *Diesterweg* mit ausführlicher Bibliographie Pädagogik III.
[76] *F. A. Diesterweg*, Wegweiser zur Bildung für deutsche Lehrer, bes. v. *Jul. Scheveling*, 1958, S. 16.
[77] *F. A. Diesterweg*, a.a.O., S. 18.
[78] Pädagogik II, S. 326; *Peter Menck*, Die Pädagogik August Hermann Franckes, 1969.
[79] *Immanuel Kant*, Kritik der Urteilskraft, Einleitung III. (Werke in 6 Bänden, Bd. V, hrsg. v. *Wilhelm Weischedel)*, Darmstadt 1957, S. 248 f.
[80] *I. Kant*, Kritik der reinen Vernunft (Werke in 6 Bänden, Bd. II, hrsg. von W. Weischedel), Darmstadt 1956, S. 184.
[81] *Kant*, Kritik der Urteilskraft, Einleitung V; a.a.O. S. 257.
[82] *Hermann Holstein*, Bildungsweg und Bildungsgeschehen, 1965, S. 22, 27 ff.
[83] Pädagogik II, S. 472–479.
[84] Pädagogik III; *Bernhard Schwenk*, Das Herbart-Verständnis der Herbartianer, 1963.
[85] *Hans Bokelmann*, Der pädagogische Consensus, in: Zs. f. Päd. 5 (1959), S. 224 bis 242.
[86] *Hans Bokelmann*, Maßstäbe pädagogischen Handelns, Normenkonflikte und Reformversuche in Erziehung und Bildung, Würzburg: Werkbund-Verlag (Weltbild und Erziehung. 27.), S. 94 f.

II. Pädagogik der Kommunikation

[1] An *H. Schelers* Einteilung des Wissens als Herrschaftswissen, Bildungswissen und Heilswissen ist hier zu erinnern. Wie genau geklärt werden müßte, was bei *Bacon* Machtwissen heißt (es hat zunächst weniger mit dem Handeln als mit dem Herstellen zu tun), so ist auch *Schelers* Einteilung problematisch, weil sie eben nicht die Wissensqualität, sondern die Wissensanwendung als qualifizierend verwendet. Auch wäre von „Bildungswissen“ in sehr verschiedenem Sinne, je nachdem, was als Bildung gelten soll, zu reden.
[2] Vgl. *Theodor Ballauff*, Unterricht als Einbezug ins Denken, in: *Johannes Flügge*, Zur Pathologie des Unterrichts, 1971; –, Skeptische Didaktik, 1970.
[3] *Bacon*, Novum Organon, Teil I, Aphor. 129.
[4] *Jerome S. Bruner*, The process of education, 1966, S. 33.
[5] Vgl. *Johannes Beck*, Zur ideologischen Funktion der Pädagogik, in: *Klaus Kippert* (Hrsg.): Einführung in die Soziologie der Erziehung, 1970, S. 93–115; *Johannes Beck*,

Hans Jochen Gamm, Verhindert die Pädagogik die Schulreform, 11 Thesen (These 4), in: *J. Beck – L. Schmidt* (Hrsg.), Schulreform oder der sog. Fortschritt, 1970 (Fischerbuch, Informationen zur Zeit).

[6] *Wilhelm Hennis,* Demokratisierung, Zur Problematik eines Begriffs, in: Beiträge pädagogischer Arbeit (Gem. Evgl. Erzieher in Baden), 14 (1970), S. 50–73.

[7] *John Locke,* Two treatises of Goverment. In the former, the false Principles and Foundation of Sir Robert Filmer and his Followers are detected and overthrown . . ., The works, Bd. V, London 1823, S. 207–337.

[8] Zitiert nach *W. Hennis,* a.a.O., S. 67.

[9] *John Locke,* Two treatises . . . Book II, § 71; a.a.O., S. 378 f.

[10] Vgl. *Klaus Schaller,* Ende der Erziehung? in: Studien (s. Anm. I, 1), S. 102–117.

[11] So in seiner Rede „Über das Erzieherische", abgedr. in Reden über Erziehung, Heidelberg 1956 (u. ö.)

[12] Oeuvres compl., Paris 1887–1908, Bd. III/283.

[13] Akad.-Ausg. Bd. IX/S. 453.

[14] *Siegfried Bernfeld,* Antiautoritäre Erziehung und Psychoanalyse, Ausgew. Schriften, hrsg. v. *Lutz v. Werder* und *Reinhardt Wolff,* 2 Bde, Darmstadt 1969; *Wilhelm Reich, Erich Fromm, Siegfried Bernfeld,* Dialektischer Materialismus und Psychoanalyse, Berlin: Underground Press, 1968 (Revolutionäre Schriften, Bd. 2.); Als „Klassiker" der antiautoritären Erziehung wird oft – nicht ganz verständlich – *Alexander Sutherland Neill* angesehen, Theorie und Praxis der antiautoritären Erziehung, Das Beispiel Summerhill, 1969.

[15] Ausgeführt in: „Das Menschenbild des Geisteswissenschaftlers" (s. Anm. I, 1).

[16] *Wilhelm Dilthey,* Über die Möglichkeit einer allgemeingültigen pädagogischen Wissenschaft; in Ges. Schr., Bd. VI, 1962, S. 62.

[17] Vgl. *K. Schaller,* Plastizität, in: Lexikon der Pädagogik, Neue Ausgabe.

[18] So bei *Heinrich Roth* in seiner Pädagogischen Anthropologie, Bd. I: Bildsamkeit und Bestimmung 1966 (2. Aufl. 1968); vgl. hierzu die Besprechung von Roths Buch in: Theologia practica 1969, S. 187–198.

[19] Hierzu: Pädagogik II S. 310–317.

[20] Hierzu vgl. *Ulrich Freyhoff,* Bildsamkeit, in: Lexikon der Pädagogik, Neue Ausgabe, 1970 ff.

Klaus Schaller, Theorie der Bildsamkeit, in: Erziehungswissenschaft und Erziehungsforschung S. 190–203 (auch in „Der Gebildete heute", 3. Aufl., Bochum o. J.).

[21] *U. Freyhoff,* Theorie der Bildsamkeit, in: Geisteswissenschaftliche Pädagogik am Ausgang ihrer Epoche, hrsg. v. *I. Dahmer* u. *W. Klafki,* 1968.

[22] Dieses Aspekt der Bildsamkeit wird bei *Gunter Eigler* herausgearbeitet, Bildsamkeit und Lernen, 1967.

[23] Vgl. das „Beispiel" in: „Vom ‚Gegenstand' der Erziehung", in: Studien (s. Anm. I, 1), S. 53–60.

[24] *Reiner Walrafen,* Reflexion und Engagement, in: Lexikon der Pädagogik, Neue Ausgabe; auch Studien (s. Anm. I, 1), S. 51 ff.

[25] *Joachim H. Knoll, Horst Siebert,* Erwachsenenbildung – Erwachsenenqualifizierung, 1968; –, –, *Georg Wodraschke,* Erwachsenenbildung am Wendepunkt, 1967; *Klaus Schaller,* Ist Wissen Macht? Zur Frage nach Erwachsenenbildung oder Erwachsenenqualifizierung in der Volkshochschularbeit, in: Im Dienst für Schule, Kirche und Staat, Gedenkschrift für A. Bach, hrsg. v. *Hermann Horn* und *Ingeborg Röbbelen,* 1970, S. 229–236.

[26] Hierzu der Sammelband: Curriculumrevision, Möglichkeiten und Grenzen, hrsg. v. *Frank Achtenhagen* u. *Hilbert L. Meyer,* 1971.

[27] Pädagogik II, S. 351.

[28] *Doris Knab,* Ansätze zur Curriculumreform in der Bundesrepublik Deutschland, in: b:e (betrifft erziehung) 4 (1971), H. 2, S. 20.

III. Didaktik zwischen Autorität und Emanzipation

1 *W. Brezinka,* Empirische Erziehungswissenschaft, in: Lexikon der Pädagogik, 1970 f., S. 348.

2 *H. Schelsky,* Ortsbestimmung der deutschen Soziologie, 1959², S. 68 f.

3 *H. Schelsky,* a.a.O. S. 81.

4 *H. Schelsky,* a.a.O. S. 71.

5 *W. Brezinka,* Empirische Erziehungswissenschaft, in: Lexikon der Pädagogik, 1970 f., S. 349.

6 *K. R. Popper,* in: *H. Albert* (Hg.), Theorie und Realität, 1964, S. 90 f.

7 *H. Schelsky,* a.a.O. S. 67.

8 *H. Schelsky,* a.a.O. S. 122.

9 *J. Habermas,* Erkenntnis und Interesse, in: Technik und Wissenschaft als Ideologie, 1970⁴, S. 160.

10 *J. Habermas,* a.a.O. S. 157.

11 *H. Schelsky,* a.a.O. S. 75.

12 *W. Brezinka,* a.a.O. S. 349.

13 *Th. W. Adorno,* Zur Logik der Sozialwissenschaften, in: Kölner Zeitschrift für Soziologie und Sozialpsychologie, 1962, S. 206.

14 *J. Fijalkowski,* Über einige Theorie-Begriffe in der deutschen Soziologie der Gegenwart, in: Kölner Zeitschrift für Soziologie und Sozialpsychologie 1961, S. 102 f.

15 *K. R. Popper,* Logik der Forschung, 1966², S. 14.

16 *K. R. Popper,* Die Logik der Sozialwissenschaften, in: *Th. W. Adorno, H. Albert* u. a. (Hg.), Der Positivismusstreit in der deutschen Soziologie, 1969, S. 115.

17 *K. R. Popper,* Die Logik der Sozialwissenschaften, a.a.O. S. 105 f.

18 *K. R. Popper,* Logik der Forschung, 1966², S. 15.

19 *J. Habermas,* Erkenntnis und Interesse, a.a.O. S. 156.

20 *W. Dilthey,* G. S. Bd. IX, S. 192 ff.

21 *W. Dilthey,* a.a.O. S. 192 u. S. 197 f.

22 *W. Dilthey,* a.a.O. S. 197.

23 *W. Dilthey,* a.a.O. S. 192 f.

24 *F. D. Schleiermacher,* Erziehungslehre, in: *Friedrich Schleiermacher's* sämtliche Werke, hg. v. *C. Platz,* 1849, III, 9, S. 27; vgl. hierzu *K.-H. Schäfer,* Die Pädagogik Schleiermachers in ihrem Zusammenhang mit seiner Philosophie, Phil. Diss. Bonn 1965.

25 *E. Weniger,* Didaktik als Bildungslehre, Teil 1, Theorie der Bildungsinhalte und des Lehrplans, 1971⁹, S. 5.

26 *E. Weniger,* a.a.O. S. 7.

27 *W. Schulenberg* hat diese These überzeugend nachgewiesen in seinem Aufsatz „Pädagogische Theorie und Gesellschaftsbegriff", in: Geisteswissenschaftliche Pädagogik am Ausgang ihrer Epoche – *Erich Weniger,* hg. v. *I. Dahmer* und *W. Klafki,* 1968, S. 209 ff.

28 *E. Weniger,* Didaktik . . . S. 42.

29 *E. Weniger,* a.a.O. S. 33.

30 *E. Weniger,* a.a.O. S. 62.

31 *E. Weniger,* a.a.O. S. 62.

32 *E. Weniger,* a.a.O. S. 12.

33 *E. Weniger,* a.a.O. S. 62 f.

34 *E. Weniger,* a.a.O. S. 35.

35 *E. Weniger,* a.a.O. S. 93.

36 *E. Weniger,* a.a.O. S. 87. *Weniger* unterscheidet drei Schichten des Lehrplans: Die erste Schicht des Lehrplans: Der Staat und die Bildungsmächte – Das Bildungsideal; die zweite Schicht des Lehrplans: Die geistigen Grundrichtungen und die Kunde; die dritte Schicht des Lehrplans: Kenntnisse und Fertigkeiten.

[37] *H. Nohl,* Die pädagogische Bewegung in Deutschland und ihre Theorie, 1957⁴, S. 128.

[38] *H. Nohl,* Vom Wesen der Erziehung, in: Pädagogik aus dreißig Jahren, 1949, S. 280.

[39] *E. Weniger, Didaktik,* a.a.O. S. 36.

[40] Im Rahmen einer Anthropologie des Lehrers vermeidet *E. Weniger* diesen Dualismus.

[41] *E. Weniger,* Die Erziehungsaufgabe des Volksstaates, in: Die Eigenständigkeit der Erziehung in Theorie und Praxis, 1952, S. 222.

[42] *E. Weniger,* Bildung und Persönlichkeit, in: Die Eigenständigkeit der Erziehung in Theorie und Praxis, 1952, S. 133.

[43] *E. Weniger,* Bildung und Persönlichkeit, a.a.O. S. 137 f.

[44] *E. Weniger,* a.a.O. S. 139.

[45] *E. Weniger,* Didaktik, a.a.O. S. 63.

[46] *E. Weniger,* Die Erziehungsaufgabe des Volksstaates, in: Die Eigenständigkeit der Erziehung in Theorie und Praxis, 1952, S. 222 f.

[47] *E. Weniger,* Zur Frage der staatsbürgerlichen Erziehung, hg. von *H. Wetterling,* 1951, S. 21.

[48] *E. Weniger,* Didaktik, a.a.O. S. 93.

[49] *W. Klafki, G. M. Rückriem* u. a. Erziehungswissenschaft 2, Fischer-Bücherei, 1971, S. 79.

[50] *W. Klafki,* Didaktik, in: *I. Dahmer, W. Klafki,* Geisteswissenschaftliche Pädagogik am Ausgang ihrer Epoche – *Erich Weniger,* 1968, S. 151.

[51] *K. D. Bracher,* Staatsbegriff und Demokratie in Deutschland, in: Politische Vierteljahresschrift, 1968, S. 2.

[52] *K. D. Bracher,* a.a.O. S. 12.

[53] *E. Weniger,* Didaktik a.a.O. S. 35.

[54] *E. Weniger,* a.a.O. S. 33.

[55] *E. Weniger,* a.a.O. S. 35.

[56] *K. D. Bracher,* a.a.O. S. 23.

[57] vgl. hierzu *H. Blankertz,* Theorien und Modelle der Didaktik, 1969; Didaktik, in: Lexikon der Pädagogik, 1970 f.

[58] *P. Heimann,* Didaktik als Theorie und Lehre, in: Die deutsche Schule, 1962, S. 423.

[59] *H. J. Lieber,* Philosophie – Soziologie – Gesellschaft, Gesammelte Studien zum Ideologieproblem, 1965, S. 98 u. 103.

[60] *P. Heimann,* Didaktik als Theorie und Lehre, a.a.O. S. 423 f.

[61] *P. Heimann,* Didaktik 1965, in: *P. Heimann, G. Otto, W. Schulz,* Unterricht, Analyse und Planung, hg. v. *A. Blumenthal* u. *W. Ostermann,* 1969⁴, S. 10.

[62] *P. Heimann,* Didaktik als Theorie und Lehre, a.a.O. S. 423.

[63] *P. Heimann,* Didaktik 1965, a.a.O. S. 9.

[64] *P. Heimann,* Didaktik als Theorie und Lehre, a.a.O. S. 409.

[65] *P. Heimann,* Didaktik 1965, in: *P. Heimann, G. Otto, W. Schulz,* Unterricht, Analyse und Planung, 1969⁴, S. 9.

[66] *P. Heimann,* Didaktik 1965, a.a.O. S. 10.

[67] *H. Albert,* Wertfreiheit, in: Wörterbuch der Soziologie, hg. v. *W. Bernsdorf,* 1969.

[68] *W. Northemann, G. Otto,* Geplante Information, 1969, S. 166.

[69] *W. Schulz,* Unterricht, Analyse und Planung, in: *P. Heimann, G. Otto, W. Schulz,* Unterricht, Analyse und Planung, 1969⁴, S. 40.

[70] *P. Heimann,* Didaktik 1965, a.a.O. S. 9.

[71] Vgl. zur empirisch-analytischen Wissenschaftstheorie das „Handbuch der empirischen Sozialforschung“, hg. v. *R. König* unter Mitwirkung von *H. Maus,* 2 Bde. 1963

u. 1969, und vor allem die einschlägigen Arbeiten von *K. Popper* und *H. Albert.*

[72] *E. Fraenkel* u. *K. D. Bracher,* Staat und Politik, Das Fischerlexikon, 1959^4, S. 123.

[73] *W. Schulz,* Unterricht – Analyse und Planung, in: *P. Heimann, G. Otto, W. Schulz,* Unterricht . . . a.a.O. S. 40.

[74] *W. Schulz,* a.a.O. S. 40.

[75] *W. Schulz,* a.a.O. S. 20.

[76] *W. Schulz,* a.a.O. S. 19.

[77] *W. Schulz,* a.a.O. S. 20.

[78] *W. Schulz,* a.a.O. S. 18.

[79] *W. Schulz,* in: Neue Folge der Ergänzungshefte zur Vierteljahresschrift für wissenschaftliche Pädagogik, Heft 11, 1970, S. 43 ff.

[80] *W. Schulz,* Didaktik, Umriß . . . a.a.O. S. 41.

[81] *W. Schulz,* a.a.O. S. 49.

[82] *H. Blankertz,* Theorien und Modelle der Didaktik, 1969^2, S. 110.

[83] *W. Schulz,* Didaktik, Umriß . . . a.a.O. S. 43 f.

[84] *E. Weniger,* Didaktik als Bildungslehre, a.a.O. S. 10.

[85] *E. Weniger,* Theorie und Praxis, in: Die Eigenständigkeit der Erziehung in Theorie und Praxis, 1952, S. 8.

[86] *E. Weniger,* Didaktik als Bildungslehre, a.a.O. S. 5.

[87] *E. Weniger,* a.a.O. S. 6.

[88] *W. Schulz,* Unterricht – Analyse und Planung, a.a.O. S. 17.

[89] *W. Schulz,* a.a.O. S. 18.

[90] Dieses Arbeitspapier trägt den Titel „Aufgaben der Didaktik, Eine Darstellung aus lehrtheoretischer Sicht" und erschien inzwischen in dem Sammelband: Allgemeine Didaktik, Fachdidaktik, Fachwissenschaft, Ausgewählte Beiträge aus den Jahren 1953 bis 1969, hg. v. *D. C. Kochan,* 1970, S. 403 ff.

[91] *W. Schulz,* Unterricht – Analyse und Planung, a.a.O. S. 17.

[92] *W. Schulz,* Aufgaben der Didaktik, PZ – Didaktische Informationen, 69–04–01, S. 23.

[93] vgl. hierzu die These: „Der pädagogische Bezug" ist „nichts anderes als eine spezielle Gestalt menschlichen In-der-Welt-Seins, und darauf beruht seine Fundamentalität für die Erziehung." In: *K. Schaller, H. Gräbenitz,* Auctoritas und Potestas, 1968, S. 22.

[94] *W. Schulz,* Unterricht – Analyse und Planung, a.a.O. S. 14.

[95] E. *Weniger,* Theorie und Praxis in der Erziehung, in: Die Eigenständigkeit . . . a.a.O. S. 11.

[96] vgl. hierzu: Bildung und Kultur, 1968.

[97] *K. W. Spence,* in: Handbook of experimental psychology, ed. *S. S. Stevens,* 1951, p. 691; vgl. hierzu, Bildung und Kultur, 1968, S. 9 ff.

[98] *K. Lukasczyk,* Kommunikation, in: Wörterbuch der Soziologie hg. von *W. Bernsdorf,* 1969, S. 577 f.

[99] *E. Katz* and *P. F. Lazarsfeld,* Personal Influence, The Part played by People in the Flow of Mass Communications, New York 1964. p. 1, vgl. auch *H. Koszyk* und *K. H. Pruys,* dtv-Wörterbuch zur Publizistik, 1969.

[100] *E. Katz* and *P. F. Lazarsfeld,* a.a.O. p. 82.

[101] *W. Bernsdorf,* Gruppe, in: Wörterbuch der Soziologie, hg. v. *W. Bernsdorf,* 1969, S. 384 ff.

[102] *E. Katz* and *P. F. Lazarsfeld,* a.a.O. p. 84 ff.

[103] *G. C. Homans,* The Human Group, New York 1950, p. 182.

[104] *G. C. Homans,* a.a.O. p. 184.

[105] *R. Lippitt* and *R. K. White,* An Experimental Study of Leadership and Group Life, in: Readings in Social Psychology, N.Y. 1952.

[106] *K. Spangenberg,* Chancen der Gruppenpädagogik, Gruppendynamische Modelle

für Erziehung und Unterricht, 1969, S. 58. Solche gruppendynamische Modelle wurden bisher vor allem in Gruppen mit erwachsenen Gruppenmitgliedern erprobt.

[107] vgl. hierzu die These von *L. J. Pongratz* in seinem Buch, Problemgeschichte der Psychologie, 1967.

IV. Emanzipatorische und kommunikative Didaktik

[1] vgl. *H. Blankertz,* Theorien und Modelle der Didaktik, 1969; Didaktik, in: Lexikon der Pädagogik, Neue Ausgabe 1970.

[2] *J. Habermas,* in: Merkur 1965, S. 1145.

[3] vgl. hierzu: Der pädagogische Bezug als emanzipatorisches Interesse von Kommunikationsprozessen, in: Pädagogischer Bezug, Lexikon der Pädagogik, 1970 f.

[4] *J. Habermas,* Protestbewegung und Hochschulreform, 1969, S. 44.

[5] *W. Schulz,* Didaktik, Umriß ... in: Erg. H. z. Vierteljahresschrift für wissenschaftliche Pädagogik, N. F., H. 11, 1970. S. 41 ff.

[6] *H. Blankertz,* Didaktik, in: Pädagogisches Lexikon, Gütersloh 1970, Sp. 573.

[7] *P. Watzlawick, J. H. Beavin, D. D. Jackson,* Menschliche Kommunikation, 1969, S. 53.

[8] vgl. hierzu die Arbeiten von *J. H. Knoll* und *K. Koszyk* zur Kommunikationswissenschaft und Kommunikationsforschung; vor allem *J. H. Knoll,* Beitrag der Kommunikationswissenschaft zur Erkenntnis pädagogischer Reformprozesse, in: *J. H. Knoll* u. *I. v. Münch* (Hg.), Projekte, Probleme und Perspektiven des Fernstudiums im Medienverbund, 1970; und *K. Koszyk, K. H. Pruys,* Wörterbuch zur Publizistik, München u. Berlin 1970.

[9] vgl. *K.-H. Flechsig,* Unterrichtsforschung, in: *W. Horney, J. P. Ruppert, W. Schultze* (Hg.) u. *H. Scheuerl* (wiss. Berat.), Pädagogisches Lexikon, 1970, Sp. 1258 ff, mit ausführlichem Lit.-Verzeichnis.

[10] *J. Withall, W. W. Lewis,* Social Interaction in the Classroom, in: *N. L. Gage* (Hg.) Handbook of Research on Teaching, Chicago 1963.

[11] *R. Tausch,* Variablen und psychologische Zusammenhänge der sozialen Interaktion zwischen Erwachsenen und Jugendlichen; vgl. *O. Ewert,* Erziehungsstile in ihrer Abhängigkeit von sozio-kulturellen Normen, in: *Th. Herrmann* (Hg.), Psychologie der Erziehungsstile, Beiträge und Diskussionen des Braunschweiger Symposions (28. 3.–31. 3. 1966) 1966; vgl. *E. Weber,* Erziehungsstile, 1970.

[12] *R. Tausch,* in: Th. Herrmann (Hg.), Psychologie der Erziehungsstile a.a.O. S. 196 f.

[13] *R. Tausch,* a.a.O. S. 198.

[14] *R. Tausch,* a.a.O. S. 190.

[15] *H. Heckhausen,* in: *Th. Herrmann,* a.a.O. S. 224.

[16] *P. B. Baltes,* Methodologische Überlegungen zur Erfassung der Beziehungen zwischen Erwachsenen und Jugendlichen, in: *Th. Herrmann,* a.a.O. S. 207 f.

[17] *B. P. Baltes* verweist in diesem Zusammenhang auf *Cattell's* Multiple Abstract Variance Analysis oder experimentelle Längsschnittanalysen, Kagan und Freeman, 1963, Schaefer and Bayley 1963.

[18] *R. u. A.-M. Tausch,* Erziehungspsychologie, Psychologische Vorgänge in Erziehung und Unterricht 1965².

[19] *R.* u. *A.-M. Tausch,* Erziehungspsychologie, a.a.O. S. 3 f.

[20] *R.* u. *A.-M. Tausch,* a.a.O. S. 348.

[21] *J. Derbolav,* Die Entwicklungskrise der Deutschen Pädagogik, in: *H. Bokelmann* u. *H. Scheuerl,* Der Aufbau erziehungswissenschaftlicher Studien und der Lehrerberuf, 1970, S. 24.

[22] vgl. Bildung und Kultur, Ein Repertorium moderner Bildungstheorien I, 1968;

im Blick auf den Unterschied zwischen Verhalten und Handeln sei auf das Sachregister dieses Buches verwiesen (s. Anm. I, 1).

[23] Der Gedanke der „Reversibilität" *(Tausch)* ist ein fortschrittliches Moment, das den engen Rahmen eines einseitigen Beeinflussungsprozesses überschreitet.

[24] *G. Bateson,* Culture Contact and Schismogenesis, in: Man, 35, 1935.

[25] *P. Watzlawick, J. H. Beavin, D. D. Jackson,* Menschliche Kommunikation, 1969, S. 69.

[26] *P. Watzlawick* u. a., a.a.O. S. 22.

[27] *P. Watzlawick* u. a., a.a.O. S. 37; vgl. hierzu *R. Walrafen,* Reflexion und Engagement, in: Lexikon der Pädagogik, 1970 f.

[28] vgl. hierzu die Arbeiten von *A. O. Schorb* zur Unterrichtsmitschau.

[29] *Th. Litt,* Führen oder Wachsenlassen, 1964, S. 112.

[30] vgl. hierzu die Bedenken, die in dem Buch, *Th. Herrmann* (Hg.), Psychologie der Erziehungsstile, 1966, gegen die Bezeichnung Erziehungsstil vorgetragen werden.

[31] vgl. *U. Freyhoff,* Bildsamkeit, Lexikon der Pädagogik, 1970 f.

[32] vgl. *R.* u. *A.-M. Tausch,* z. B. Erziehungspsychologie, a.a.O. S. 44 f.

[33] vgl. *R.* u. *A.-M. Tausch,* a.a.O. S. 146 ff.

[34] *J. Muth,* Pädagogischer Takt, 1962, S. 20.

[35] Menschenbild des Geisteswissenschaftlers, S. 148 (Anm. I, 1).

[36] *J. Habermas,* Erkenntnis und Interesse, 1968, S. 237.

[37] *J. Habermas,* a.a.O. S. 241.

[38] vgl. Theorie und Praxis, in: Lexikon der Pädagogik, 1970 f.

[39] *G. Amendt* (Hg.), Kinderkreuzzug oder beginnt die Revolution in den Schulen? rororo, aktuell, 1968, S. 85.

[40] vgl. *G. Hartfiel,* Die autoritäre Gesellschaft, 1970.

[41] *B. L. Whorf,* Science and Linguistics, in: *J. B. Carroll* (Hg.), Language Thought and Reality. Selected Writings of Benjamin Lee Whorf, New York 1956, S. 207 f.

[42] *P. Watzlawick* u. a., a.a.O. S. 57.

[43] vgl. hierzu das formal Analoge, inhaltlich jedoch unterschiedliche Schaubild, in: *P. Watzlawick* u. a., a.a.O. S. 59.

[44] vgl. hierzu *P. Watzlawick* u. a., a.a.O. S. 47 f.

[45] *J. Habermas,* Gegen einen positivistisch halbierten Rationalismus, in: Der Positivismusstreit in der deutschen Soziologie, Soziologische Texte, Bd. 58, 1970², S. 254.

[46] vgl. *R. Süßmuth,* Anpassung und Emanzipation, Kritische Überlegungen zum Emanzipationstypus des jugendlichen Protestes, in: Vierteljahresschrift für wissenschaftliche Pädagogik, 1970, H. 3, S. 169 ff., mit ausführlichem Lit.-Verzeichnis.

[47] *W. Klafki,* Von der Lehrplantheorie zur Curriculum-Forschung und -Planung, in: *W. Klafki* u. a.: Erziehungswissenschaft II, (Funk-Kolleg) 1970, S. 84 f.

[48] *G. Kerschensteiner,* Das Grundaxiom des Bildungsprozesses und seine Folgerungen für die Schulorganisation, hrg. v. *J. Dolch,* 1964¹⁰.

[49] Didaktik, Lexikon der Pädagogik, 1970 f.

[50] vgl. *B. S. Bloom,* Taxonomy of educational objectives, 1966 f.

Sachregister

Namenregister